대통령 선택의 심리학

싸우는
심리학자
김태형의

대통령
선택의
심리학

김태형 지음

원더박스

왜 대선주자
심리분석이 필요한가

얼마 전까지만 해도, 가능한 한 생존해 있는 인물의 심리는 분석하지 않으려고 노력해왔다. 누군가의 심리를 분석하여 공개하는 것이 그에게 도움이 될 수도 있지만, 오히려 상처를 악화시킬 우려도 있기 때문이다. 그래서 2015년 4월에 진행했던 한 언론사와의 인터뷰에서 박근혜의 심리에 관해 질문을 받고도 간단한 언급만 하고 지나갔다. 당시에 나는 다음과 같이 주장했다.

박 대통령은 심리적으로 의존 상대가 필요하다. 하지만 사람을 믿지 못하기 때문에 그마저도 극소수다. 그리고 이들 소수는 '박근혜'를 다룰 줄 아는 사람들이다. 박 대통령 본인도 심리적으로 굉장히 의존하고 있을 것이다.

2015년 4월 29일, 《프레시안》 인터뷰 중에서

당시 독자나 관련 전문가들은 이런 의견에 반 정도는 동의했지만, 나머지 반 정도는 믿을 수 없다거나 터무니없다는 반응을 보였다. 그러나 2016년에 최순실 국정농단 사건이 터지자 이 분석이 옳았음이 증명되었고 한동안 빗발치는 언론사 인터뷰 요청에 시달려야 했다. 이 일을 겪으면서 생존해 있는 인물, 특히 사회에 큰 영향력을 행사하는 공인에 대한 심리분석이 필요하다는 사실을 분명히 깨닫게 되었다.

공인에 대한 심리분석은 하나의 자격 검증 도구로 활용될 수 있다. 공인의 심리를 올바르게 파악해야 그의 행동을 이해하고 예측할 수 있으며, 그에 대한 태도를 결정할 수 있다. 만일 내가 박근혜가 대통령에 당선되기 훨씬 전에 그에 대한 심리분석서를 출간했다면 어땠을까? 대선 결과에 영향을 미치지는 못했다 하더라도, 박근혜에 대한 사람들의 태도를 조금이라도 바꿀 수 있었을지 모른다. 내가 2017년 대선에 출사표를 던진 대선주자들의 심리분석을 진행하기로 결심한 것은 이 때문이다.

나는 이 책이 심리분석의 중요성을 한국인들이 이해하는 계기가 되기를 바란다. 외국에서는 공인에 대한 심리분석 결과를 적극적으로 활용해오고 있다. 예를 들면 미국의 OSS(CIA의 전신)는 1940년대 초에 한 심리학자에게 히틀러의 심리분석을 의뢰했다. 히틀러를 직접 만나 분석할 수 없었기에 히틀러의 책, 연설, 기사 등에 기초해서 심리분석을 진행했다. 그 심리학자는 히틀러가 위기 상황에 몰리면 '극적인 자살'을 할 가능성이 매우 높다고 예측했는데, 그것은 몇 년 뒤에 현실이 되었다.

반면 한국은 범죄 수사에 프로파일링 기법을 도입한 지도 오래지 않았음이 말해주듯, 아직 심리분석의 중요성을 잘 이해하지 못하고 그것을 제대로 활용하지도 못하고 있다.

대권주자들에 대한 심리분석이 그들을 올바르게 이해하고 그들의 행동을 예측하게 해줌으로써 사회 발전에 도움이 된다면, 심리분석에 대한 한국인들의 인식이 제고될 것이라 기대한다. 더욱이 2016-2017 촛불항쟁으로 박근혜가 권좌에서 쫓겨나고 적폐 청산과 새 사회에 대한 국민적 열망이 그 어느 때보다 뜨거운 현 시점에서, 대선주자들에 대한 심리분석은 국민들의 현명한 판단에 어떤 식으로든 도움을 줌으로써 국민항쟁에 기여할 것이다.

이 책에서의 심리분석은 정신분석학이나 미국의 주류 심리학과 같은 기성 심리학 이론이 아니라 새로운 심리학 이론에 기초하고 있다. 나는 기존의 심리학 이론에서 긍정적인 면은 계승하고 부정적인 면은 혁신하는 원칙에 입각해 과학적인 심리학 이론을 정립하기 위해 노력해왔다. 이 이론은 인간을 사회적 존재로 보는 인간관에 기초하고 있으며, 인간 심리 중에서 가장 중요한 것을 동기(욕구, 요구 등을 포괄하는 개념)로 간주하며, 인간 본성과 사회역사적 환경 사이의 상호작용 속에서 인간 심리가 형성·발전한다는 견해 등을 포함하고 있다. 내가 정립한 과학적인 심리학 이론에 기초하는 심리분석 작업의 정당성은 그것이 분석 대상 인물들의 과거 행동을 설명해줄 뿐만 아니라 미래 행동을 예측하는 것을 통해서 검증되고 평가될 것이다.

문재인, 이재명, 안철수, 유승민은 정신 건강이 상당히 양호한 인물들이다. 누가 나에게 이들을 친구로 사귀어도 괜찮겠냐고 물어본다면, 나는 "어떻게 해서든 친구로 사귀세요."라고 대답할 것이다. 이들은 이웃 혹은 친구로는 우리에게 어떤 피해도 주지 않을 좋은 사람들이다. 아니,

오히려 도움을 줄 사람들이라고 해야 옳을 것이다. 그러나 보통 사람으로 살 때에는 거의 문제가 되지 않는 마음의 상처일지라도, 그가 권력을 행사하는 지위에 오르면 큰 문제를 일으킬 수 있다. 대권주자 중 한 명인 안철수는 다음과 같이 말했다.

조직의 정점에 가면 사람의 장점이 증폭될 수 있거든요. 반대로 부적격자가 가면 그 사람의 단점이 조직 내의 과잉 충성파들을 통해 증폭되면서 조직 전체가 망가져버리게 됩니다.

평범한 사람으로 살아갈 때에는 별 문제가 되지 않는 사소한 마음의 상처도 그가 대통령이 되면 완전히 다른 결과를 초래할 수 있다. 조직의 정점에 가면 장점만이 아니라 단점까지도 크게 증폭되기 때문이다. 만일 문재인, 이재명, 안철수, 유승민이 대권에 도전하지 않았다면 나는 굳이 그들의 심리를 분석하지 않았을 것이다. 그들에게는 세상에 상당한 피해를 줄 정도의 심리적 문제들은 없기 때문이다. 그러나 대권에 도전한 이상, 그들에 대한 심리분석은 반드시 필요하다고 생각한다.

원래 이 책은 촛불항쟁이 시작되기 훨씬 이전에, 2017년 연말에 대선이 치러질 것을 전제로 기획되었다. 그러나 탄핵 정국으로 인해 대선 시기가 앞당겨지는 바람에 연구와 집필 시간에 쫓기게 되었고 그 결과 문재인, 이재명, 안철수, 유승민 외의 다른 대선주자들은 포함시키지 못했다. 여론조사에서 유의미한 지지율을 얻고 있는 안희정, 심상정 등을 다루지 못한 것이 아쉽다. 하지만 구색을 갖추려다 때를 놓칠 수는 없기에 먼저 분석을 마친 후보들을 중심으로 책을 출간하기로 했다.

지금 한국은 심각한 위기 상황에 직면해 있다. 한국의 자살률은 세계 최고이고 출산율은 세계 최저 수준이다. 이것은 한국인들이 끔찍한 고통과 불행으로 신음하고 있으며, 미래에 대한 희망조차 잃었음을 보여주는 명확한 증거이다. 그러나 우리 국민은 2016년 말, 촛불을 치켜듦으로써 고통과 불행을 끝장내기 위한 결전에 나섰고 다시금 희망을 꿈꾸기 시작했다.

나는 이번 대선이 극우 세력 청산을 핵심으로 하는 적폐 청산과 새 사회 건설로 나아가는 역사적 분기점이 되어야 한다고 굳게 믿는다. 개혁 세력이 대선에서 승리하는 데 도움이 될 수 있는 집단심리를 별도로 다룬 것은 이 때문이다.

나는 정치적으로 중립이 아니며, 중립을 지키고 싶지도 않다. 나는 어제도 오늘도 그리고 내일도, 한 줌도 되지 않는 극우 세력이 아니라 절대 다수 국민의 편에 서서 학문 활동을 해나갈 것이다.

이 책을 위대한 국민항쟁에 떨쳐나선 국민들께 바친다.

2017년 3월
심리학자 김태형

2장. 이재명
나의 행복을 위해 싸운다

3장. 안철수
삶의 흔적을 남기고 싶다

2. 한국 사회의 트라우마

3. 시민들은 달라졌다

부록 • 박근혜 심리분석

1

문재인

그는 왜
운명을 말하는가

한국에서 대통령 선거제가 도입된 이후 많은 이들이 대권에 도전했지만, 그중에서 문재인은 아주 독특한 경우에 해당한다. 그는 2012년 대선에서 그야말로 등 떠밀려 대권주자로 나서야 했던, 한국 역사에 전무후무한 대권 후보였다. 이렇게 말하면 박근혜도 등 떠밀려 대권에 도전하지 않았느냐고 반문할지 모른다. 그도 그럴 것이 나는 2015년 한 언론사와 인터뷰하며 박근혜를 기득권 세력에 의해서 얼굴마담으로 내세워진 인물, 즉 '대통령 하기 싫은 대통령'이라고 주장했기 때문이다.

그런데 박근혜와 문재인은 완전히 경우가 다르다. 박근혜는 정신 건강에 심각한 문제가 있는 인물, 정상적으로 사회생활을 할 수 있을지 의문이 들 정도로 불안감이나 의존심이 심한 인물이다. 이제는 잘 알려졌지만 박근혜는 과도할 정도로 최순실에게 의존하고 있었고, 기득권 세력이 이를 이용해 대통령으로 내세웠다. 그렇지만 박근혜는 무의식적으로는 대통령을 하기 싫었으면서도, 의식적으로는 자신이 대통령을 하고 싶어 한다고 믿었을 것이다. 두 사람은 최순실이 박근혜에게 '너는 대통령 하기를 원해.'라는 암시를 주면 그것을 박근혜가 자신의 내적 동기로 착각하고 '그래, 나는 대통령을 하고 싶어.'라고 생각하는 관계였다. 한마디로 박근혜는 자신이 대통령을 하기 싫어한다는 사실을 의식적으로 인지하지 못할 정도로 정신이 건강하지 않은 인물이다.

반면에 문재인은 누가 대통령을 하라고 권유하거나 압력을 가한다고 해서 그것을 자신의 내적 동기로 착각할 사람이 아니다. 그는 정신 건강이 상당히 양호한 사람이기 때문이다. 박근혜와 달리 문재인은 자신이 대권에 도전하기 싫어한다는 사실을 의식적으로 분명히 인지할 수 있으며 또 인지하고 있는 주체적이고 독립적인 사람이다. 따라서 문재인이야말로 정확한 의미에서 한국 역사상 처음으로 등 떠밀려 대권에 도전한 인물이라고 말할 수 있다.

그런 문재인이 한 번도 아니고 두 번씩이나 대권에 도전하고 있는데, 과연 이것을 어떻게 이해해야 할까? 그는 이번에도 등 떠밀려 대권주자로 나서게 된 것일까? 아니면 마음이 바뀌어 정말로 대권에 도전하고 싶어진 것일까? 이에 대한 해답을 찾으려면 문재인이 정치에 입문하는 과정부터 한번 살펴볼 필요가 있다.

진심으로 정치하기 싫다

과거에 문재인은 대권은 고사하고 현실 정치에 참여하는 것조차 완강히 거부했다. 이 점은 굳이 심리분석의 잣대를 들이댈 필요조차 없이 명확하다. 문재인 본인이 정치하기 싫다는 말을 직접적으로 또 반복적으로 해왔기 때문이다. 문재인은 거짓말을 즐겨하기는커녕 거짓말을 하고 싶어도 잘하지 못할 정도로 착한 사람이다. 그런 그가 반복적으로 정치를 하기 싫다고 말했으니, 그것은 진심이었을 것이다.

문재인은 노무현 전 대통령과 함께 인권변호사로 활동하던 시절부터 계속 정치 입문을 권유받았다. 그러나 그는 노무현이 정치에 입문한 뒤에도 계속 정치 참여를 거부했다. 노무현이 대통령 후보로 나섰던 2002년 대선에서 문재인은 의리상 부산 선거대책본부장을 맡았지만, 그 때에도 민주당에 입당하지 않는 조건으로 맡았을 정도였다. 이렇게 주변의 숱한 권유와 압력에도 정치 참여를 완강히 거절해온 문재인이 입장을 바꾼 것은 무엇 때문이었을까? 정치하기 싫다는 마음이 바뀌어서였을까? 아니다. 대통령에 당선된 노무현에 대한 의리 때문이었다.

2003년, 노무현 대통령은 문재인에게 청와대 민정수석비서관을 맡아 달라고 부탁했다. 대통령의 간곡한 부탁에도 불구하고 문재인은 즉답을 할 수 없어서 며칠 시간을 달라고 부탁했다. 답답했던 노무현은 "당신들이 나를 정치로 나가게 했고, 대통령을 만들었으니 책임져야 할 것 아니냐."라며 문재인을 압박했다. 그럼에도 문재인은 즉답을 하지 않고 부산으로 내려와서 1주일 정도 고민했다. 힘겨운 고민 끝에 마침내 결단을 내리던 때의 심경을 훗날 다음과 같이 회고했다.

한 1~2년 눈 딱 감고 '죽었다' 생각하고 일하다 내 자리로 다시 돌아오면 되겠지 하고 순진하게 생각했다. (…) 그러면서 두 가지 조건을 말씀드렸다. (…) "민정수석으로 끝내겠습니다.", "정치하라고 하지 마십시오."[1]

이 말을 통해 문재인의 두 가지 심리를 파악할 수 있다. 첫째, 문재인은 막상 노무현의 제안을 받아들이면서도 민정수석이 '내 자리'가 아니라고 생각했다. 죽었다 생각하고 일하다가 1~2년 뒤에는 자기 자리로 다시 돌아간다는 말은 그가 민정수석을 자기 자리로 생각하지 않았음을 명확히 보여준다. 둘째, 문재인은 민정수석이 되는 것은 정치하는 것이 아니라는 일종의 자기합리화를 시도했다. 문재인이 민정수석 자리를 꺼렸던 이유 중에는 자신이 민정수석이 되는 것을 세상 사람들이 정치 참여로 받아들이고, 그 결과 자신의 앞날이 정치 속으로 끌려들어갈지도 모른다는 우려도 있었을 것이다. 그래서 문재인은 민정수석을 맡으면서도 애써 그것을 정치하는 것이 아니라고 스스로에게 되뇌었던 것 같다.

자기 의사에 반해 억지로 떠맡은 일에서는 재미나 행복을 느끼기 어렵다. 하기 싫은 일을 억지로 떠맡게 된 문재인은 민정수석 일을 하면서 즐거움보다는 고통을 더 많이 경험한다.

> 청와대 생활은 힘들고 고달팠다. 업무 자체도 벅찬데다 매일 언론보도에 신경 쓰고, 무슨 일이라도 터지면 종일 기자들 전화 받고 응대하는 게 너무 힘들었다. (…) 내 한계용량을 늘 초과하고 있다는 느낌이었다.[2]

문재인은 민정수석을 맡을 때부터 그 일을 하다 보면 자연히 자신에 대한 정치 참여 압력이 더 거세질 것으로 우려했는데, 그 우려는 현실이 되었다. 2003년 12월 무렵, 총선이 이듬해 4월로 다가오면서 당에서 문재인을 국회의원으로 내보내자는 '징발론'이 나오기 시작했다. "민정수석을 하는 것만 해도, 원래 내 삶에서 너무 벗어난 것 같아 벅찼"던 문재인은 차라리 민정수석을 그만두기로 결심했다. 건강을 핑계로 사의를 표

　　　　　　　　　　　　　대통령 선택의 심리학

명하고, 2월 12일 정식으로 민정수석직에서 사퇴했다.

건강도 많이 상했습니다. 근래 점점 거세지는 출마 압력도 저로서는 감당하기 어려운 고통이었습니다. 그런저런 이유로 체력과 정신이 고갈되어 저는 이제 힘에 부치는 무거운 직책을 내려놓고 저의 원래의 자리로 돌아가고자 합니다.

정치 참여를 가늠하는 일종의 경계선이라고도 할 수 있는 민정수석 일을 억지로 하고 있던 문재인. 민정수석직에서 사퇴했을 때 그의 심경은 어떠했을까?

청와대 들어온 지 거의 1년 만의 해방이었다. (…) 바깥 공기는 자유로웠다. 모처럼의 꿈같은 자유였다. 곧바로 아내와 강원도 여행을 떠났다. (…) 최민식 씨가 나왔던 광고처럼 '나는 자유인이다!' 소리치고 싶은 기분이었다.[3]

문재인은 민정수석직에서 사퇴한 것을 '해방' '자유'라고 표현했다. 이 것은 그가 그 일을 자신의 자유를 구속하는 것으로 간주하고 있었음을 의미한다. 사람들은 통상적으로 자유를 구속당하는 삶, 즉 자신이 정말로 하고 싶은 일을 할 수 없는 삶에서 벗어나는 것을 해방이라고 표현한다. 그러나 문재인의 자유, 해방은 그리 오래 지속되지 않았다.

2004년 2월, 문재인은 오랫동안 꿈꾸던 네팔과 티베트, 북인도 지역을 도보여행 하던 중 국회에서 노무현 대통령 탄핵안이 가결되었다는 소식을 접한다. 그는 여행을 중단하고 한국으로 돌아와 변호사로 복귀했고 탄핵 재판에 임했다. 탄핵 재판이 끝나자 노무현 대통령이 다시 문재인에게 시민사회수석을 맡아달라고 간곡하게 부탁했다. 자신이 청와대를 떠났을 때 노무현 대통령이 탄핵까지 당했으니 문재인은 그 제안을 거절하기 어려웠을 것이다. 결국 문재인은 탄핵 재판 3일 후 시민사회수석 직책을 맡아 다시 청와대에 들어갔다.

이후 문재인은 2005년 1월에 다시 민정수석이 되었고, 2006년 5월에는 곧 다가올 지방선거를 지원하기 위해서 민정수석직을 사임했다. 그런데 부산에서 지방선거를 지원하다가 지역감정을 조장한다고 오해를 살수 있는 말실수를 해서 여론의 질타를 받았다. 모름지기 사람은 자기가 하고 싶은 일을 하다가 욕먹을 때보다 하기 싫은 일을 억지로 하다가 욕먹을 때 더 괴로운 법이다. 문재인은 이 사건을 겪으며 정치가 더 무서워졌을 뿐만 아니라 환멸까지 느꼈다고 회고했다.

정치가 더더욱 무섭게 생각되고 환멸을 느끼게 된 일이기도 하다. (…) 내가 평생 동안 제일 많이 욕먹은 일이어서, 그 일은 마음속에 상처로 남아 있다. 정치가 더 싫고 무서워졌다.[4]

정치에 넌더리를 냈지만, 결국 정치에서 발을 빼지 못한 채 2007년 3월 비서실장이 되어 청와대에 세 번째로 들어가게 된다. 당연히 이때에도 문재인은 청와대 일을 하기 싫었다.

진심으로 맡고 싶지 않았다. (…) 솔직히 이제는 자유롭고 싶고, 내 자리로

돌아가고 싶었다. (…) '그래 우짜겠노. 대통령과 마지막을 함께 하자.'[5]

지금까지 살펴보았듯이, 하기 싫은 정치를 계속 해야 했던 문재인은 몹시 괴로워하면서 끊임없이 자기 자리로 돌아가고 싶어 했다. 그래서 마침내 노무현 대통령이 퇴임했을 때 그 역시 마음속으로 '야, 나도 해방이다!'라고 외쳤고, 양산 시골집에서 살 때에도 집이 몹시 누추했으나 "그래도 좋았다. 해방감만으로도 즐거웠다."라며 환호했다.[6] 문재인은 참여정부가 끝났을 때의 심경을 다음과 같이 회고했다.

> 참여정부가 끝났을 때 나는 '드디어 해방이다'라고 외쳤다. 변호사로 돌아갈 수 있었다. (…) 어쨌든 이제야 내 자리로 돌아왔다. (…) 내 마음은 편하다.[7]

지금까지 살펴보았듯이, 문재인은 하기 싫었던 일을 그만둘 때마다 '자유' '해방'이라고 외쳤다. 따라서 어떤 일을 끝마칠 때, 그가 이 단어를 사용한다면 그 일을 싫어했다고 판단해도 무방할 것이다.

어쨌든 참여정부가 역사의 무대에서 사라지던 그 시점까지도 문재인은 정치에 발을 들여놓지 않으려 했으며, 어쩔 수 없이 정치에 발을 들여놓으면 자유가 구속되는 것 같은 심적 고통을 겪었다. 그렇다면 정치 공포증 혹은 정치 기피증이라고 표현해도 무방할 정도로 정치 참여를 꺼렸던 문재인은 무슨 이유로 2012년 대통령 선거에 나섰을까?

시대가
그의 등을 떠밀었다

문재인이 2012년 대권에 도전한 이유는 다음과 같은 그의 발언에 집약되어 있다.

그동안 정치와 거리를 두어 왔습니다. 그러나 암울한 시대가 저를 정치로 불러냈습니다.[8]

한마디로 사명감 때문에 정치에 발 담갔고, 대권에도 도전하게 되었다는 말이다. 문재인은 훗날에도 "한동안 정치 참여를 거절해왔는데 생각이 변한 계기가 무엇이냐?"라는 질문에 이명박 정부가 초래한 "엄중한 상황을 바라보면서 결국은 현실 정치 속으로 들어가야 한다는 결심에 이르게 되었"다고 대답했다.[9] 노무현 전 대통령이 서거한 지 얼마 지나지 않아 김대중 전 대통령 그리고 민주 투사 김근태가 그 뒤를 이었는데, 문재인은 민주 진영의 이들 세 지도자를 떠나보낸 뒤에야 그들이 몸담았던 민주당에 입당했다.[10]

공식적인 발언과 일련의 흐름만 보면 자신이 마음을 바꾼 이유가 사명감 때문이라는 문재인의 설명이 타당한 것처럼 여겨진다. 사람들 대부분이 이명박 정부의 역주행과 정치 보복, 그로 인한 노무현 전 대통령의 비극적인 서거가 문재인을 정치에 뛰어들게 만든 결정적 원인이라고 믿는 것은 이 때문일 것이다. 나아가 문재인 스스로도, 의식적인 차원에서는, 자신이 정치에 참여하게 된 이유를 사명감이라고 굳게 믿고 있을지 모른다. 그러나 사명감이 영향을 미치기는 했지만, 그것만으로는 문재인의 정치 참여 나아가 대권 도전을 온전히 설명할 수 없다. 왜냐하면 그는 이명박 정부의 반민주적 폭정과 노무현 전 대통령의 서거 이후에도 여전히 정치에 참여하지 않겠다고 공언했었기 때문이다.

문재인은 2010년 4월 23일 MBC라디오 〈손석희의 시선집중〉에 출연해서 이렇게 말했다.

> 저는 정치인이 맞지 않다고 생각한다. 그다음에 정치를 또 잘할 자신이 없다. (…) 다들 저를 높이 평가해주시는 것은 고마운 일이지만 솔직히 저로서는 곤혹스럽다.[11]

실재로 문재인은 다수의 강력한 요구에도 불구하고, 민주 진영 세 지도자를 차례로 떠나보낸 뒤에도 여전히 대권에 도전하려 하지 않았다.

문재인을 대권 도전으로 떠민 결정적인 힘은 국민적 지지였다. 문재인은 2011년 6월에 『문재인의 운명』을 출간했는데, 예상치 못하게 그 책이 날개 돋친 듯 팔렸다. 책이 베스트셀러가 된 것이 대권 도전과 도대체 무슨 상관이냐고 물을 수도 있겠다. 하지만 이 두 가지는 분명히 상관이 있고, 그 사실을 문재인 스스로도 잘 알고 있다.

> 살다 보면 정말 운명 같은 섭리가 있나 봅니다. 출발은, 한 권의 책이었습니다. 2011년 6월에 펴낸 『문재인의 운명』. 지금 생각해보면, 제가 대선 출마까지 간 것도 결국은 그 책 출간에서 시작됐다는 생각이 듭니다. (…) 책이 나오고 나서 생각지도 못한 반응이 나타났습니다. 수십만 부가 팔리

는 베스트셀러가 될 줄은 몰랐습니다.[12]

　책이 베스트셀러가 된 이후 문재인에 대한 국민적 지지는 계속 상승세를 탔다. 북콘서트가 폭발적인 인기를 끌면서, 문재인의 표현을 빌자면 "한 번만 더!"가 이어졌다. 그는 지지자들의 요청에 부응하기 위해서 전국 순회를 했고, 그 과정에서 자신에 대한 국민적 지지가 얼마나 뜨거운지를 생생하게 체험했다. 이 시점부터 문재인의 마음은 서서히 대권 도전 쪽으로 기울기 시작한다. 노무현 전 대통령의 서거라는 충격적인 사건조차 움직이지 못했던 문재인의 견고한 마음을 뜨거운 국민적 지지가 움직이는 대이변이 일어났던 것이다. 이런 흐름 속에서 여러 인사들이 문재인을 간곡하게 설득하자 마침내 그는 대권에 도전하기로 결심한다.

　어쨌든 북콘서트 형식으로 전국 순회를 한 것이 하나의 중요한 분기점이 됐습니다. (…) 저로서는 마치 호랑이 등에 올라탄 것처럼 내릴 수 없는 상황이 됐습니다. 한 일에 대해 뭔가 책임을 져야 하고, 책임이 또 다른 책임을 낳는 상황이 이어졌습니다. 피할 수 없는 선택에서 자유롭지 못하게 됐습니다.[13]

　그런데 위의 문장에는 여전히 '자유롭지 못하게 되었다'는 표현이 등장한다. 이것이야말로 문재인이 얼마나 독특한 대권주자였는지를 잘 보여주는데, 대권에 도전함으로써 자신이 자유롭지 못하게 되었다고 생각했다는 것은 그에게는 대통령이 되고자 하는 내적 동기가 없다는 것을 의미하기 때문이다.

사람은 사회적 존재인 만큼 시대 상황, 사회 상황을 접하면 누구나 사명감을 갖게 될 수 있다. 최순실 일당의 국정 농단 사태를 접한 사람들이 촛불을 들고 거리로 나온 것 역시 사명감과 떼어놓고 생각할 수 없다. 그런데 촛불을 들고 거리로 나오는 사람들을 큰 범주로 구분하면, 두 부류로 나눌 수 있다.

첫 번째는 사명감을 자기 것으로 온전히 받아들임으로써 사명감이 내적 동기로 전환된 이들이다. 이 경우 촛불집회 참여는 사명감에 의한 행동인 동시에 자신의 내적 동기에 의한 행동이다. 따라서 이들은 억지로 참여한다는 느낌을 받지 않는다.

두 번째는 사명감을 자기 것으로 온전히 받아들이지 못해, 사명감이 여전히 외적 동기에 머무르는 이들이다. 이 경우 촛불집회 참여는 대부분 사명감에 의한 행동이지 자신의 내적 동기에 의한 행동은 아니다. 따라서 이들은 한편으로는 촛불집회에 참여해야만 한다고 생각해 거리에 나오면서도, 다른 편으로는 참여하기 싫기 때문에 촛불집회에 동참하는 일을 힘겹다고 느끼고 심한 경우에는 고통스러워하기도 한다.

한마디로, 사명감을 내적 동기로 소화하는 것이 매우 중요하다. 문재인은 과연 어느 쪽에 속할까? 사명감이 내적 동기로 전환됐기에 대권에 도전한 것일까 아니면 사명감 따로 내적 동기 따로인 상태에서 도전한 것일까?

답은 후자이다. 문재인은 강렬한 국민적 요구와 지지로 인해 대권주자로 나서겠다는 결심을 하기는 했지만 여전히 대권 도전, 정확히 말하자면 정치 참여를 싫어했다. 즉 문재인은 호랑이 등에서 내릴 수 없게 되어 대권 도전을 결심했지만, 여전히 대통령 되기를 싫어했고 자신이 대권주자로서의 역할을 제대로 해낼 수 없을 것이라고 불안해했다.

> 달리는 호랑이 등에서 내릴 수 없는 양상이었습니다. 그래도 대선 출마는 어려운 결정이었습니다.
> 저의 의사와는 무관하게 사람들은 이미 오래전부터 저를 잠재적 대선주자로 분류해왔습니다. (…) 정권 교체는 반드시 해야 되는데, 마땅한 대안이 없다는 것이었습니다.
> 고민을 두 가지로 좁혔습니다. '첫째, 피할 수 있는가. 둘째, 나선다면 잘할 수 있는가.' (…) 피할 수 없다고 마음을 추슬렀습니다. 나선다면 잘할 수 있는가. 솔직히 자신이 없었습니다.[14]

호랑이 등에 올라타 대권에 도전하게 된 문재인은 '나는 할 수 있다!'라는 확신보다 '내가 과연 잘할 수 있을까?'라는 회의를 품은 채, '어떻게든 해내겠다.' 하는 결연한 투지보다 '하다가 안 되면 그만두면 되지.'라는 낙향 염원을 품은 채 대권 경쟁에 뛰어들었다. 그러니 많은 이가 문재인에게서 대권 의지를 읽을 수 없다고 평한 것은 당연한 결과였다. 이와 관련해 『문재인, 행동하는 리더』라는 책을 집필한 김성곤은 다음과 같이 말하기도 했다.

> 문재인을 볼 때면 늘 하나의 의문이 머릿속을 맴돌았다. 과연 그가 진흙탕과 같은 현실 정치에 참여할까. 나아가 야권주자로 대선전에 뛰어들까라는 점이었다. 아무리 생각해봐도 회의적이었다. (…) 이유는 간단했다. 문재인에게서는 권력의지를 읽을 수 없었다.[15]

그런데 이 책의 저자는 대권 도전을 머뭇거리던 시절의 문재인에게는 권력의지가 없었지만 대권에 도전하기로 결심한 이후에는 문재인이 권력의지를 갖게 되었다고 주장했다. 과연 그럴까? 아주 심할 정도로 없었던 권력의지가 그렇게 쉽게 생겨날 수 있을까? 문재인 본인의 입을 통해서도 확인할 수 있듯이, 적어도 대선 출마선언을 하는 시점까지도 그에게는 대권에 도전하려는 내적 동기가 없었다. 문재인은 비장한 각오로 출마선언을 하던 시기에도 참모들에게 다음과 같이 부탁했다.

> 그렇게 해서 힘이 못 미치면 언제든지 그만두면 되는 것이니, 그 이상의 욕심은 부리지 말자고 부탁했습니다.[16]

일단은 해보다가 안 되면 언제든지 그만두면 된다는 문재인의 말에서 대권 의지가 있다고 보는 것이 상식적일까? 적어도 참모들을 맥 빠지게 만들 수 있는 그런 말은 대선 출마선언을 하는 시점에서 할 얘기는 아니라고 보는 것이 상식일 것이다.

2012년 대선을 치르는 과정에서 상당수 사람들이 문재인에게서 절박함이나 열정이 느껴지지 않는다고 불만을 표했다. 하지만 그것은 엄밀히 말하자면, 과녁을 빗나간 불만이나 비판이라고 할 수 있다. 대권에 도전하기 싫은 사람을 등 떠밀어 대권주자로 내세우는 경우, 그에게서 절박함이나 열정을 기대하기란 애당초 불가능에 가깝기 때문이다. 훗날 문재인은 "적어도 대통령이 되려는 열정이나 절박함이 부족했던 것은 사실입니다."라고 말하며,[17] 자신이 지난 대선에서 그런 문제점을 드러냈음을 인정했다. 사실상 자신에게 대권 의지가 없었음을 시인한 셈이다. 대선

날 그가 어떤 심정이었는지를 들여다보면 더욱 명확해진다. 그는 선거가 끝나고 나서 "체력의 마지막 한 방울까지 다 쏟아부었으니 여한이 없다고 생각했다."라고 훗날 회고했다. 그리고 다음과 같이 덧붙였다.

그리고 '이제 해방이다'는 생각이 들었습니다.[18]

과거에도 그랬듯이, 문재인은 대권주자가 되어 대선전을 치렀던 것을 자유가 구속당하는 것이라고 생각했다. 따라서 대선이 끝나자 당연히 해방감을 느꼈다. 만일 문재인이 지난 대선에서 승리했다 하더라도, 그는 대통령직에서 퇴임하는 날 역시 '해방'되었다고 느꼈을 것이다.

동기 부조화와 사회개혁운동

시대적 사명감에서 자유롭지 못하면서도 문재인은 왜 정치 참여를 한사코 꺼렸을까? 여기에 대한 해답을 찾으려면 '동기 부조화' 문제를 살펴볼 필요가 있다. 이제는 대중적으로 많이 알려져 있듯이, 사람에게는 의식적 동기만이 아니라 무의식적 동기가 있다. 의식적 동기란 당사자가 의식할 수 있는 동기, 무의식적 동기란 당사자가 의식하기 힘들거나 잘 의식되지 않는 동기라고 정의할 수 있다.

검정말과 흰말이 끌고 가는 마차가 두 갈래 길에 도착했다. 검정말과 흰말이 동시에 한 방향으로 나아가야 마차는 목적지를 향해 힘차게 달려갈 수 있다. 검정말과 흰말이 서로 다른 길로 나아가려고 하면 어떻게 될까? 마차는 움직이지 못하거나 좀 더 힘이 센 말이 끄는 방향으로 움직이기는 하지만 영 속도가 나지 않을 것이다. 심한 경우에는 마차가 부서질 수도 있다. 여기에서 검정말을 무의식적 동기, 흰말을 의식적 동기로 대치하면 동기 부조화의 문제가 금방 이해될 것이다. 이 문제를 사회개혁운동과 관련시켜 조금 더 자세히 살펴보자.

1) 불건강한 무의식적 동기 + 사회개혁 동기

사회개혁운동을 하는 이들 중에도 건강하지 않은 무의식적 동기를 가진 사람들이 있다. 전형적인 부류로는, 사실상 병적인 무의식적 동기를 달성하기 위해서 동분서주하면서도 의식적으로는 사회개혁운동의 탈을 쓰는 이들이다. 무의식적으로는 공명출세 혹은 사익 따위를 추구하면서도 의식적으로는 자신이 사회개혁운동을 위해 헌신한다고 착각한다.

대학 시절에 잠깐 데모를 했던 이명박, 학생운동과 노동운동을 했던 김문수를 대표적 예로 들 수 있다. 최악의 동기 부조화에 해당하는 이런 사람들은 사회개혁운동에 음으로 양으로 피해를 주다가 결국에는 대의를 배신하고 변절한다. 한마디로 사회개혁운동에서 내부의 적 역할을 하는 것이다.

2) 무의식적 결핍 동기 + 사회개혁 동기

무의식적 동기가 악하다거나 병적이라고 말할 수는 없지만, 그것이 사회개혁 동기를 뒷받침해주지 못하는 경우가 있다. 다리가 아프면 내달리고 싶어도 마음껏 달리기 힘든 것처럼, 마음을 아프게 하거나 힘들게 하는 무의식적 동기의 영향 아래 있는 사람은 사회개혁운동에 총력을 기울일 수 없다. 흰말이 열심히 달리려고 해도 검정말이 협력하지 않는 동기 부조화 때문이다.

어린 시절에 충분히 사랑을 받지 못해 마음이 허전하고 아픈 사람은 사회개혁운동을 하면서도 계속 에너지가 딸린다는 느낌을 받게 되고, 어느 정도 일이 마무리되면 초야에 묻혀서 살고 싶다는 식의 은둔 동기 혹은 귀향 동기를 갖는 경향이 있다. 이런 사람들은 분명히 착한 사람이기는 한데, 권력의지가 부족해서 도통 앞에 나서려고 하지를 않고 틈만 나면 뒷선으로 물러서려 한다. 비유하자면 앞으로 나아갔다가 뒤로 물러서기를 반복하는 것이다.

사회개혁운동을 하는 사람을 기준으로 말하면 동기 부조화가 없는 것, 즉 특별한 무의식적 동기가 없어서 아예 동기 부조화 문제가 없거나 두 개의 동기가 동질인 경우가 가장 좋다고 말할 수 있다.

어린 시절에 주요한 동기들이 원만히 충족되어 특별한 결핍 동기가 없는 사람은 청소년기 이후의 의식적 동기를 실현하기 위해서 총력을 집중할 수 있다. 그에게는 특별한 무의식적 동기가 없기 때문이다. 어린 시절에 사회개혁운동을 하던 아버지를 돕고 싶다거나 그의 뒤를 잇겠다는 무의식적 동기를 갖게 된 사람이 사회개혁운동을 하면 역시 사회개혁운동에 총력을 집중할 수 있다. 그의 무의식적 동기와 의식적 동기가 동질이어서 방향이 일치하기 때문이다. 문재인은 어느 경우에 해당할까? 그에게도 동기 부조화의 문제가 있을까?

고통을
홀로 참는 아이

문재인의 어린 시절과 성장 과정을 들여다보면 적어도 그가 부모에게 충분히 사랑을 받으면서 성장하지는 않았음을 알 수 있다. 그 시절 아이들이 대부분 그랬듯이, 문재인의 어린 시절은 가난했다.

집이 가난해서 돈이 없었던 어린 문재인은 팽이치기, 자치기, 연날리기 등에 필요한 놀이도구를 살 수가 없어서 직접 만들었다. 아버지가 장사를 하느라 집에 거의 계시지 않았기 때문에 어린 문재인이 직접 놀이도구들을 만들어야 했다. 그런데 초등학교 3학년인가 4학년 무렵에 부엌칼로 자치기용 자를 깎다가 그만 실수로 왼손 집게손가락을 내려쳐서 손톱의 거의 3분의 1이 잘려 나갈 정도로 크게 다쳤다. 어린 문재인은 엄청 아프기도 하고 피가 많이 나서 무서웠지만, 집에 아무도 없어서 혼자 헝겊을 감아 치료하고는 그 후 아물 때까지 당시 '아까징끼'라고 불렸던 머큐로크롬을 바르면서 버텼다. 그는 이 사건을 가장 아팠던 기억으로 간직하고 있다.

집에 어른들이 없어서 어린 문재인이 혼자 치료를 한 것까지는 충분히 이해가 되는데, 그가 다친 사실을 부모님께 말씀드리지 않은 것은 쉽게 이해되지 않는다. 다친 상처가 아물 때까지는 꽤 긴 시간이 걸렸을 텐데, 부모님께 말씀드리지 않은 문재인도 이상하고 자식이 손을 다친 사실을 눈치채지 못했던 부모도 이상하다. 어린 문재인은 왜 다친 사실을 부모님께 말씀드리지 않았을까? 대선주자가 된 후 '가장 아팠던 기억'이 무엇인지 묻는 질문에 문재인은 이 사건을 언급하며 이렇게 말했다.

요즘 같아선 병원에 가서 여러 바늘 꿰매야 할 상처였는데도 야단 안 맞으려고 어른들에게 말하지 않고 혼자서 상처를 싸매고 버텼는데 아프기도 하고 피가 엄청 나서 무섭기도 했던 기억이 생생하네요.[19]

엄청나게 아팠고 무서웠음에도 상처가 난 사실을 부모님께 말씀드리지 않았던 것은 야단맞을까봐 무서워서였다. 이를 통해서 문재인의 부모가 어린 문재인을 어떻게 양육했는지를 어느 정도 짐작할 수 있다. 추측컨대 문재인의 부모는 다소 엄격한 분들이었거나 최소한 지지적인 부모가 아니었던 것 같다. 부모는 아이가 아프거나 다치면 일단 잘잘못을 가리기 전에 상처 걱정부터 하며 아이를 안아주는 법이다. 그래서 아이는 나중에 혼이 날 것이라고 예상하더라도 상처가 나면 무조건 부모한테 달려가는 것이다. 그러나 문재인의 부모는 어린 문재인이 곤란을 겪을 때면, 그를 안아주고 지지해주기보다는 무심하게 대하거나 나무랐던 것 같다. 어려운 문제가 생기더라도 부모에게 얘기를 하지 않는 행동은 반복적으로 확인된다. 어린 문재인은 부모님께 자전거를 사달라는 얘기조차 하지 못했다.

가난 때문에 하고 싶어도 못한 일이 많다. 돈이 드는 일은 애당초 부모님께 말씀드릴 수가 없었다. 지금도 나는 자전거를 타지 못한다.[20]

문재인의 동시대인 중에서 자전거를 탈 줄 알았던 아이들은 다 자전거를 살 만한 여유가 있는 집 아이들이었을까? 가난한 집의 아이들이 다 문재인처럼 자전거를 타지 못하는가? 문재인은 가난 때문이었다고 말하고 있지만, 그가 부모님께 자전거를 사달라고 얘기하지 못했던 것은 거절당할 것이 분명하다고 믿었거나 혼날지도 모른다고 두려워했기 때문이었을 것이다. 나아가 자신이 부모에게 자전거 얘기를 꺼내지조차 못한 것을 부모에게 문제가 있어서라고 생각할 수는 없었을 터이므로 가난 탓으로 돌렸을 것이다. 가난한 집 자식이라고 해도 아이들은 원래 먹고 싶거나 갖고 싶은 것이 있으면 부모에게 사달라고 조르는 법이다. 그것이 아이다운 행동이다. 이런 점에서 문재인은 아이다운 욕구의 표현조차 자유롭게 하지 못하면서 성장했다고 말할 수 있다.

초등학교 시절, 선생님이 문재인의 성적이 매우 좋다고 칭찬하면서 자기한테 과외를 받으면 일류 대학에 진학할 수 있을 거라며 부모님께 한 번 말씀드려보라고 권했다. 그러나 문재인은 "집에 가서는 아예 말도 꺼내지 않았다."[21]

중학교 시절, 어느 일요일 새벽에 어머니는 문재인을 깨워 암표 장사를 하러 부산역까지 한참을 걸어갔다. 그런데 막상 부산역에 도착하자 장사를 포기하고 그냥 집으로 돌아왔고, 두 번 다시 암표 장사를 시도하지 않았다. 그렇게 먼 길을 걸어갔다가 그냥 돌아왔으면서도 문재인은 어머니에게 왜 그냥 돌아가느냐고 묻지 않았다. 그는 어른이 되어서까지 그 일이 못내 궁금했는지 『문재인의 운명』을 집필하면서 어머니에게 그때 왜 그냥 돌아오셨냐고 물어봤다. 그러자 문재인의 어머니는 "듣던 거 하고 다르데."라고 대답했다. 당연히 조금 더 캐물을 법도 한데, 문재인은 더 이상 묻지 않는다. 그러고는 책에다가 돈이 안 돼서? 단속 때문에? 어린 아들과 함께 하기에 내키지 않아서? 등의 추측만 나열해놓았다.[22] 문재인과 어머니 사이의 이런 소통을 건강한 소통이라고 보기는 어렵다. 상대방에게 직접 물어 확인하지 못하고 상대방의 의중을 추측하면 서 눈치껏 맺는 관계는 건강한 관계가 아니다. 더욱이 중학교 때부터 계 속 궁금했으면서도 끝내 궁금증을 속 시원히 풀지 못하는 관계라니….

대학생 시절인 1975년, 문재인은 학생운동을 하다 구속되었다. 구속은 대형 사건이자 비상 상황이라 할 수 있는데, 이때 문재인은 부모님께 자 신의 구속 사실을 알렸을까? 알리지 않았고, 알리고 싶어 하지도 않았다.

나는 집에 알리고 싶지도 않았다. 언젠가 알게 되겠지만, 가능한 한 늦게 알게 되기를 바랐다.[23]

문재인은 어렸을 때부터 성인이 되고 나서도 부모님께 욕구 표현을 하 기 어려워했으며, 어려운 상황에서도 구조를 요청하지 않았다. 이것은 문재인의 부모가 자식의 욕구 표현이나 도움 요청에 적절하게 반응해주 는 부모가 아니었음을 의미한다. 어린 문재인이 손가락을 크게 다쳤음에 도 그 사실을 알아채지 못했던 것으로 미루어볼 때, 문재인의 부모는 자 식에게 무심한 방치형 부모였을 가능성이 있다.

부모님은 중, 고등학교 6년 내내 나에게 공부하라고 잔소리하거나 간섭하 지 않았다.[24]

부모가 자식을 사랑해주면서 잔소리나 간섭을 하지 않는다면, 그것에 대해서는 뭐라고 할 수 없다. 그러나 자식을 사랑해주지 않으면서 잔소 리나 간섭도 하지 않는다면, 그것은 전형적인 방치이다. 방치당한 채 자

대통령 선택의 심리학

란 아이는 스스로를 심리적 고아라고 생각한다. 부모가 자기 뒤에 굳건하게 서 있으면서 자기를 지지해준다고 믿지 못하기 때문에 어려운 상황이 되더라도 부모에게 도움을 요청할 수 없으며 도움을 요청해도 소용없다고 여긴다. 문재인이 성장하면서 일관되게 부모에게 욕구 표현이나 도움 요청을 하지 않았던 것은 이 때문이었을 것이다.

문재인의 삶을 지배하는 두 가지 동기

부모에게 사랑받지 못한 아이는 당연히 부모에게 사랑받기 위해 필사적으로 노력한다. 아이에게 부모의 사랑은 최대 소망이기 때문이다. 문재인은 부모에게 사랑받기 위해서 어떤 노력을 했을까? 부모에게 사랑받으려면 어떻게 해야 한다고 믿었을까? 부모에게 사랑받지 못한 아이들 중 상당수가 그러하듯이, 문재인은 부모님의 기대에 부응하기 위해 노력했고 부모님의 기대에 부응하지 못하면 괴로워했다. 단순화시켜 말하자면, 문재인은 부모님한테 사랑받기 위해서 자신의 욕구를 포기하는 것이 습성화된 아이였다. 그가 역사를 전공하고 싶다는 희망을 포기하고 법대에 입학한 것 역시 부모님의 기대에 부응하기 위해서였다.

나는 원래 대학에서 역사를 전공하고 싶었다. (…) 처음 변호사 할 때 '나중에 돈 버는 일에서 해방되면 아마추어 역사학자가 되리라'는 생각을 한적도 있다. 그래서 대학입시 때에도 역사학과를 가고자 했다. 그런데 담임

선생님과 부모님이 반대했다. 내 성적이 법·상대에 갈 수 있는 등수라는 게 이유였다. 할 수 없이 방향을 틀었는데, 입시공부를 등한히 한 대가를 톡톡히 치렀다. (…) 재수 끝에 당시 후기였던 경희대 법대에 입학했다.[25]

어떤 이들은 자식이 부모의 기대에 부응하는 것을 효도라고 착각한다. 그러나 그것은 부모가 자식을 자기의 욕구를 실현하는 도구로 간주하는 것이므로 본질에 있어서 은밀한 학대 혹은 친절한 학대이다. 진정으로 자식을 사랑하는 부모는 그 무엇보다 자식이 행복해지기를 바라기 때문에 자식의 욕구를 최우선적으로 존중한다. 부모가 자신의 행복을 진심으로 바라고 있음을 알고 있는 자식은 부모가 자기가 원하는 것과 다른 기대를 갖고 있더라도 자기가 원하는 것을 포기하지 않는다. 나아가 설사 부모가 반대하더라도 그것에 개의치 않고 자기가 가고자 하는 길로 나아가는 저력이 있다. 어떤 경우에도 부모가 자기를 사랑할 것이라는 확신이 있기 때문이다.

반면에 부모한테서 사랑받지 못한 채 자라난 사람은 부모의 기대에 어긋나는 행동을 하면 부모의 사랑을 잃게 될까봐 두려워한다. 이런 사람은 부모의 기대에 어긋나는 길로는 가지 못한다. 그랬다가는 부모가 사랑을 철회할 것이라고 믿기 때문이다. 통속적으로 말해, 사랑받지 못한 사람일수록 부모한테 개기거나 저항하지 못한다는 것이다. 하지만 이들은 대부분 부모의 기대를 저버릴 때마다 '아! 부모님이 사랑을 철회할 텐데. 어떻게 하지?'라고 생각하지는 않는다. 오히려 자신이 불효를 저질렀다거나 부모님한테 몹쓸 짓을 했다면서 미안함이나 죄책감을 느낀다. 그러나 이들이 느끼는 미안함이나 죄책감은 허위의식일 뿐이고 그것의

대통령 선택의 심리학

진짜 정체는 '사랑 상실에 대한 공포'이다.

건강한 부모란, 자식에게 뭔가를 받으려고 사랑을 주는 사람이 아니다. 아무런 조건 없이 사랑을 주는 사람이 건강한 부모다. 이런 부모 밑에서 자란 사람은 부모가 준 것에 보답해야 한다거나 부모의 기대에 호응해야 한다는 식의 의무감이나 책임감에서 자유롭다. 이들은 부모님을 사랑하기 때문에 더 열심히, 더 행복하게 살기 위해 최선을 다하고 의무감이나 압박감에서가 아니라 마음에서 우러나오는 부모 사랑을 할 뿐이다. 다소 설명이 길어졌는데, 요지는 자식이 부모의 기대에 부응하지 못할 때 느끼는 죄책감이나 미안함은 단지 허위의식일 뿐이고 실제로는 사랑 상실에 대한 공포라는 것이다.

부모에게 사랑받지 못한 아이는 자기를 사랑해주지 않은 부모에게 화가 나 있다. 또한 자기가 원하는 삶이 아니라 부모의 기대에 부응하기 위해 살아가는 삶을 지긋지긋해한다. 그렇기 때문에 부모에게 사랑받지 못한 아이는 '노골적인 반항아 노선'이 아니라 '말 잘 듣는 착한 아이 노선'을 선택하더라도 은밀하게, 수동적으로 부모에게 반항한다. 한마디로 부모에게 사랑받지 못한 아이는 어떤 식으로든 부모에게 반항하기 마련이다. 이런 점에서 문재인이 고3 시절 술담배를 하면서 불량한 친구들과 어울리다 정학당하고, 대학 시절 학생운동을 한 것은 부모에 대한 반항이었을 가능성이 크다. 머리가 커진 문재인은 한편으로는 부모님의 기대에 부응하기 위해 열심히 노력했고 다른 편으로는 부모에게 반항했다.

암울한 유신독재 시절을 목도하면서 문재인은 학생운동에 뛰어들었다가 구속되었다. 부모님의 기대를 저버리는 대형 사고를 친 것이다. 그는 구속되었을 때 상황을 다음과 같이 회상한다.

서대문 구치소에 수감되고 나니 오히려 마음이 편했다. 다만 고통스러운 건 부모님에 대한 죄송함이었다. 어려운 형편에 무리해서 대학까지 보내주신 건데, 내가 그 기대를 저버렸다는 괴로움이었다. (…) 가끔씩 면회 오는 어머니를 뵙는데, 영 미안하고 괴로웠다. "좋은 일이라 하더라도 하필 네가 왜 그 일을 해야 했느냐?"라고 묻는 것 같았다. 할 말이 없었다. 아버지는 아예 면회를 오지 않으셨다.[26]

문재인의 어머니가 면회를 통해 문재인의 불효막심함을 일깨워주었다면, 문재인의 아버지는 아들의 면회를 가지 않음으로써 노골적으로 문재인을 압박했다. 그랬던 문재인의 아버지는, 문재인의 표현을 빌자면, 문재인이 낭인 시절에 돌아가심으로써 그의 가슴에 지울 수 없는 커다란 상처를 남겼다. 부모한테 사랑받지 못한 채 자란 문재인은 어떻게 해야 아버지의 사랑을 받을 수 있는지를 잘 알고 있었다. 문재인이 부산에서 최고의 일류 학교로 꼽히던 경남중학교에 합격했을 때 그의 아버지는 정말 기뻐했다.

아마 내가 태어난 후 가장 큰 기쁨을 드린 때였을 것이다. 아버지가 나를 데리고 국제시장에 있는 교복 맞춤집에 데리고 가서 교복을 맞춰줬다. (…) 교복집 주인이 학교를 물어보고는 아버지에게 축하 말을 건네자, 아버지가 자랑스러워하던 모습이 지금도 기억에 남아 있다.[27]

문재인은 아버지를 기쁘게 해드리려면, 정확히 말해 아버지한테서 인정받고 사랑받으려면 아버지의 기대를 저버리지 말고 출세해야 한다고 생각했다.

문재인은 훗날 인생에서 가장 후회되는 사건이 무엇이냐는 질문에 대학에서 제적당하고 실업자 신세가 되었던 시절에 아버지가 돌아가신 것이라고 대답했다. 그는 시위를 하다 구속되고 학교에서도 제적당했다. 곧바로 강제징집 당해 군복무를 했고 제대 후 집에 돌아왔지만 딱히 할 일이 없었다. 문재인은 훗날 그 시기를 "내 인생에 있어 가장 난감하고 대책 없는 기간"이라고 표현했다. 그런데 하필이면 그 시기에 아버지가 심장마비로 갑자기 돌아가셨다. 당시 문재인 아버지의 연세는 겨우 쉰아홉이었다.[28] 어쩌면 문재인은, 적어도 무의식적으로는, 자기 때문에 아버지가 돌아가셨다고 생각했을지도 모른다. 그렇지는 않다 하더라도, 그가 아버지의 죽음을 자기의 인생에서 가장 후회되는 사건으로 꼽은 것을 보면, 아버지의 죽음이 문재인에게 거대한 영향을 미쳤음은 분명하다.

> 나는 아버지의 삶과 죽음이 너무 가슴 아팠다. 돌아가시는 순간의 이야기를 듣고는, 나는 아버지가 삶에 너무 지쳐서 생명이 시나브로 꺼져간 것 같이 느껴졌다. 그렇게 생각하니 내게 기대를 걸었던 아버지에게 잘되는 모습이나 희망을 보여드리지 못한 것이 너무나 죄송스러웠다.
> 아버지를 위해서도 그냥 취업하는 정도로는 안 된다고 생각했다. 늦게나마 잘되는 모습을 보여드리고 싶었다. 사법시험을 보기로 결심했다.[29]

졸지에 문재인은 아버지에게 불효막심한 자식, 빚진 자식이 되었다. 아버지에게 자신이 잘되는 모습을 보여드리지 못했기 때문이다. 이런 점에서 문재인에게 변호사라는 직업은 각별한 의미를 가진다고 할 수 있다. 그것은 돌아가신 아버지에게 바치는 선물이었다. 아마도 문재인이 변호사를 천직처럼 생각하면서 틈만 나면 자신이 '돌아갈 자리'라고 말하는 것은 이와 관련이 있을 것이다.

그렇다면 문재인에게 사회개혁운동은 어떤 의미가 있는 것일까? 사회개혁운동은 그에게 이중의 의미가 있다. 하나는 사명감과 관련된 것으로, 사회개혁운동은 옳은 것이므로 해야만 하는 것이다. 사회개혁운동과 관련된 사명감은 학생운동 경험과 노무현과의 만남을 통해 굳건해졌을 것이다. 나머지 하나는 아버지의 죽음과 관련된 것으로, 사회개혁운동은 아버지를 배신하는 것이다. 문재인은 아버지의 기대를 저버리고 학생운동에 뛰어들었다. 그 결과 아버지의 사랑을 잃었고 나아가 아버지의 죽음에도 일정한 원인을 제공하게 되었다.

참으로 안타깝지만, 사회개혁운동의 이중적 의미로 인해 문재인은 사회개혁운동을 해야만 한다는 사명감과 함께 사회개혁운동을 하면 안 된다(혹은 아버지를 위해 출세를 해야 한다)는 갈등을 떠안게 되었다. 이것을 동기의 견지에서 표현하면 문재인은 사회개혁운동을 하고 싶다는 동기와 효도를 위해 출세해야 한다는 양립하기 어려운 동기를 갖게 되었다고 말할 수 있다.

문재인이 아버지에게 간절히 보여드리고 싶었던 '잘되는 모습'이 출세를 의미함은 그가 말하는 '잘된 사람들' 면면을 살펴보면 짐작할 수 있다.

경남고등학교 동기들 가운데 나중에 잘된 친구들이 많다. 박맹우 울산시장, 한나라당 서병수 최고위원, 박종웅 전 의원, 최철국 전 의원, 진익철 서초구청장 등이 정치권에 있는 동기들이다. (…) 행정고시를 거쳐 고위관

직을 지낸 동기들도 꽤 여럿이고 법조계에 몸담고 있는 친구들도 있다. 대학에서 학생들을 가르치는 친구들도 많고 대학교 총장을 역임한 친구도 있다. 어느덧 고등학교를 졸업한 지 40년이 지나, 얼마 전 졸업 40주년 홈커밍 행사를 했다.[30]

문재인은 잘된 친구들을 사회개혁운동이 아니라 세속적인 출세를 기준으로 선별하고 있다. 이것은 그가 아버지에게 잘된 모습을 보여드리려면, 즉 아버지한테서 인정과 사랑을 받으려면 혁명가가 아니라 일반인이 높이 평가하는 사회적 지위를 획득한 사람이 되어야 한다고 믿고 있었음을 보여준다.

지금까지 살펴보았듯이 사회개혁 동기와 출세 동기가 표면적인 문재인의 두 가지 동기이다. 그가 지금까지도 이 두 가지 동기의 실현을 중요하게 여긴다는 것은 대선주자로 나선 후 인생에서 가장 즐거웠던 때를 '사법시험에 합격했을 때'와 '노무현 대통령이 당선됐을 때'로 꼽은 사실에서 잘 드러난다.[31] 여기에서 사법시험 합격은 출세 동기를, 노무현의 대통령 당선은 사회개혁 동기를 대변한다. 모름지기 사람은 가장 강렬한 동기가 실현되었을 때 가장 기뻐하기 마련이다.

문재인은 학생 시위로 구속되어 유치장에 수감된 지 이십삼사 일쯤 후에 사법시험에 합격했다는 소식을 듣는다. 합격을 축하하기 위해 경희대 학생처장, 법대 동창회장 같은 사람들이 유치장에 갇혀 있던 문재인을 찾아왔다. 당시만 해도 사법시험 합격은 출세의 보증수표 같은 것이어서 경찰은 그들을 유치장 안으로 들여보내 축하파티를 하게 해줬다. 유치장 안에서 사식 안주를 곁들여 축하주까지 마실 수 있었다. 게다가 사법시험 합격은 문재인이 무사히 석방되는 데 큰 영향을 미쳤다. 그 해의 사법시험에서 경희대 합격자는 두 명이었는데 그중 한 명의 합격이 취소될 판이라, 학교 측이 문재인 구명에 총력을 기울였다.[32]

구속된 상태의 문재인을 가장 괴롭혔던 것은 부모님 기대를 저버렸다는 것, 즉 부모님의 사랑을 잃을지도 모른다는 두려움이었다. 이 상황에서 사법시험 합격 소식을 들었으니, 당연히 부모님이 매우 기뻐하실 거라고 생각했을 것이다. 극적으로 부모님의 사랑을 되찾을 수 있게 되었으니 문재인은 얼마나 기뻤으랴. 문재인은 이때 사람들의 축하인사, 경찰의 특별대우를 경험하면서 아버지 말을 잘 들어 출세를 하면 얼마나 행복해지는지를 극적으로 강렬하게 느꼈고, 그로 인해 그의 출세 동기가 한층 강화되었을지 모른다.

문재인은 자신이 사회개혁 동기만이 아니라 아버지의 사랑을 받기 위한 출세 동기를 가지고 있다는 사실을 의식하지 못할 수도 있다. 그렇지만 나는 문재인이 의식하든 못하든 간에 이 동기는 그의 삶에 커다란 영향을 미쳤고 지금도 미치고 있다고 생각한다.

절묘한 타협, 인권변호사

아버지의 인정과 사랑을 받으려면 명문 학교에 진학해야 하고 사법시험에 합격해서 번듯한 직업도 가져야 한다. 동시에 잘못된 사회에 맞서야 하고 사회를 개혁하는 일도 해야 한다. 그렇지만 전자에 집중하면 사회개혁운동을 할 수 없고, 후자에 집중하면 출세가 불가능해진다. 어떻게 하면 좋을까? 답은 인권변호사다.

변호사 자리를 계속 지키는 한 아버지의 인정과 사랑을 붙잡아둘 수 있다. 동시에 돈벌이를 목적으로 하지 않는 인권변호사 활동을 하는 한 사회개혁운동을 회피하는 비양심적인 삶을 살았다는 죄책감을 면할 수 있다. 문재인의 동기 부조화는 그가 어느 쪽에도 전력을 다할 수 없는 삶을 살도록 만든 기본 원인이다. 이를 좋게 표현하면 두 마리 토끼를 다 잡는 삶이고, 나쁘게 표현하면 양다리 걸치는 삶이라고 할 수 있다.

문재인은 대학에 진학한 후 한편으로는 학생운동에 뛰어들면서도 다른 편으로는 사법시험 준비를 포기하지 않았다. 그는 대학 3학년 가을에 교내 시위를 주도하면서도 겨울방학 때 사법고시 1차 시험에 응시해 합격했다. 그의 학년에서 유일한 합격자여서 문재인은 단번에 '고시 유망주'가 됐다.[33] 1980년, 서울의 봄과 함께 학생 시위는 절정에 달했다. 이 와중에도 문재인은 "그동안 공부했던 것이 아까워, 80년 4월 학내 시위 와중에" 제22회 사법시험 2차 시험에 응시했다.[34] 그리고 앞에서 언급했듯이, 구속 수감된 상태에서 합격 소식을 듣는다. 문재인의 학생운동과 사법시험 병행을 70~80년대에 학생운동을 했던 이들은 어떻게 생각할까? 학생운동으로 눈코 뜰 새 없이 바쁜 와중에 잠깐씩 짬을 내 사법시험 준비를 했는데도 합격했으니 '문재인은 천재'라고 놀라워할까? 아니면 학생운동에 전념하지 않고 치사하게 사법시험 준비를 했다고 비판할까? 어쨌든 분명한 것은 문재인은 어느 한쪽에만 전념할 수 있는 심리를 가진 사람이 아니라는 것이다.

원래 문재인은 판사를 지망했으나 시위 전력 때문에 어쩔 수 없이 변호사가 되었고, 노무현을 만나게 되었다. 모두들 짐작하겠지만, 노무현과의 만남은 문재인의 삶을 송두리째 흔들어댔다. 다소 늦은 나이에 사회개혁운동에 눈을 뜬 노무현은 문재인과 달리 그 어떤 선도 긋지 않고 운동에 전력투구했다. 문재인은 달랐다. 그는 항상 선을 그어놓고 운동에 참여했다. 물론 그 선은 아버지의 사랑이 사라지는 지점을 경계 삼아 그어졌다.

나는 '변호사니까 내가 할 수 있는 행동의 선은 여기까지다'라는, 스스로 설정한 행동의 한계가 있었다. (…) 노 변호사는 그렇지 않았다. 경계가 없었다. 옳다고 생각하는 그대로 실천하고 행동했다. 후일 정치인 노무현도 같았다.[35]

문재인은 훗날 이때의 인권변호사 시절을 "가장 안정된 시기"로 기억하면서, 인권변호사 일을 하는 것이 "행복"했다고 말했다. 그도 그럴 것이 인권변호사는 선을 그어놓고 할 수 있는 사회개혁운동, 즉 문재인의 두 가지 동기를 모두 실현할 수 있는 절묘한 절충점이었다.

내가 잘할 수 있는 일로 사람들을 도울 수 있다는 게 늘 행복했다. 일이 많아 힘들었지만 내 삶에서 가장 안정된 시기였다. 최선은 아닐지라도 나의 개인적인 삶과 세상을 향한 나의 의무감이 나름대로 균형을 잘 맞추고 있다는 느낌으로 지낼 수 있었던 시기였다.[36]

만일 문재인이 계속 인권변호사 생활을 할 수 있었다면 그에게 그다지 큰 고뇌는 없었을지도 모른다. 그러나 노무현이라는 거인과의 만남, 그의 대통령 당선과 서거 등으로 인해 문재인은 갑자기 대권주자로 차출되었다. 그것은 그 스스로가 그어놓은 선을 넘는 일이었다. 그러나 문재인은 결국 선을 넘었다.

착한 사람의 착한 아이 콤플렉스

앞에서 언급했듯이, 대권 도전 동기가 전혀 없었던 문재인이 마음을 바꾸게 된 결정적 계기는 국민적 지지였다. 국민적 지지가 도대체 무엇이길래 꿈쩍도 하지 않을 것만 같던 그의 마음을 움직일 수 있었을까? 즉 문재인에게 국민적 지지란 어떤 심리적 의미를 갖는 걸까? 이 질문에 대한 해답을 찾기 위해서는 '착한 사람'이라는 주제를 파고들 필요가 있다.

많은 이들이 인정하듯이, 인간 문재인은 착한 사람이다. 인터넷을 조금만 뒤져봐도 감동하지 않고는 배길 수 없는, 문재인의 선행에 관한 정보들을 쉽게 접할 수 있다.

문재인은 따뜻하고 반듯한 삼촌 스타일이다. 문재인을 알고 있는 지인들과 주변 인사들의 이구동성이다.[37]

세상 사람들만이 아니라 문재인 또한 자기 자신을 착한 사람이라고 믿고 있다.

살면서 부를 추구하거나 공명을 추구하지 않았습니다. 제 힘이 닿는 한 사회적 약자나 빈자에게 따뜻한 사람이고 싶었습니다.[38]

문재인이 착한 사람이라는 것에 대해서는 더 이상 왈가왈부할 필요가 없지만, 아무리 그렇더라도 그의 선량함은 다소 과하다고 느껴질 때가 있다. 그는 사법연수원 시절 검사 시보(검사 직무대리)로 일할 때, 교통사고치사 구속사건을 배당받았다. 실수로 갓난아이를 사망하게 한 운전기사를 기소하는 일이었는데, 문재인은 그 사건을 처리하면서 사람을 처벌하는 일이 자신의 성격에 맞지 않는다고 느꼈다. "사람을 처벌하는 일은 늘 부담스럽고, 마음이 불편했다." "내 무른 성격 때문에 검사는 안 맞겠다고 생각했다."[39] 문재인은 변호사 시절에도 특별검사로 불리는 공소유지 담당변호사가 되어 세관원 고문 사건의 범인을 기소하는 일을 하게 되었다. 고문 범죄자들을 처벌하는 일이었음에도, 여전히 문재인은 불편함을 호소했다.

내가 미워해 마지않는 고문을 처벌하는 일인데도, 나는 법정에서 엄벌을 구형하는 것이 마음 편치 않았다. 20년 넘게 공무원으로 봉직한 사람이 형뿐만 아니라 파면돼 퇴직연금도 받지 못하게 될 것이라는 사정 등이 딱하게 느껴졌다.[40]

이런 일들을 언급하면서 문재인은 스스로에 대해 "나는 어쩔 수 없는 변호사 체질"이라고 평했다.

그는 훗날 노무현 전 대통령 영결식에서 백원우 의원이 헌화를 하려던

대통령 선택의 심리학

이명박 대통령에게 "정치 보복 사죄하라!"라고 고함을 치자, 영결식이 끝날 때 이명박에게 사과했다. 문재인에 의하면, 백 의원의 마음은 이해할 수 있었지만 자신이 상주를 맡은 국민장의위원회 운영위원장이었기 때문에 도리상 사과하는 것이 맞는다고 생각했다고 한다. 이명박은 비열한 정치 보복으로 노무현 전 대통령을 자살로 몰아간 책임에서 절대로 자유로울 수 없다. 어떻게 보면 주범이라고도 할 수 있는 인물이다. 그럼에도 불구하고 문재인은 이명박에게 사과를 했다. 이 사건을 두고 어떤 이들은 어떻게 그럴 수 있느냐며 비판했고, 어떤 이들은 넓은 도량을 보여준 것이라며 칭찬했다.

지난 대선 시기 TV토론을 하면서 박근혜를 "우리 박근혜 후보"라는 친근한 명칭으로 불러 강한 인상을 남겼던 문재인은 대권 경쟁자인 박근혜를 거의 공격하지 않았고, 대선에서 패배한 이후에도 박근혜를 심하게 비판하지 않았다. 일례로 그는 2012년 대선에서 광범위하게 저질러진 관권 선거부정 문제와 관련해서도 다음과 같은 온화한 호소를 했을 뿐이다.

지난 대선이 광범위한 관권 선거부정으로 얼룩진 것은 매우 분노스러운 일입니다. (…) 박근혜 정부와 새누리당은 도대체 반성이 없습니다. 박근혜 대통령은 일말의 미안함도 표시하지 않습니다. (…) 저는 박근혜 대통령의 그런 태도를 이해할 수 없습니다. (…) 지금 박근혜 대통령은, 지난 대선 때 저와 경쟁했던 박근혜 후보와 다른 분 같습니다. 그때 박근혜 후보는 국민들의 뜻에 자신을 맞추려는 자세를 갖고 있었습니다. (…) 박근혜 대통령이 대선 후보 시절의 초심으로 되돌아가기를 간절히 바랍니다.[41]

2016년, 최순실 국정농단 사건으로 국민적 분노가 폭발해 박근혜가 퇴진 압력에 직면하자 문재인은 "지난 대선 때 박근혜 대통령과 경쟁했던 사람으로서 지금 상황이 안타깝고 연민의 정도 든다."[42] "지금이라도 대통령이 결단을 내려준다면 명예롭게 퇴진할 수 있도록 협력하겠다."[43]라고 말해 구설수에 올랐다.

명백한 독재자이자 범죄자인 박근혜에 대해서조차 연민의 정을 느끼고 살 길을 열어주려고 하는 문재인은 과연 착한 사람이 맞을까? 심리학적 기준으로 분류하자면 착한 사람에는 두 종류가 있다. 하나는 착한 아이 콤플렉스가 있는 착한 사람이고, 나머지 하나는 정말로 착한 사람이다. 착한 아이 콤플렉스란 타인들에게 사랑받기 위해서 착한 생각과 행동을 하는 일종의 심리적 상처이다. 어려서 충분히 사랑받지 못한 아이는 어른들에게 사랑받기 위해서 착한 생각과 행동을 하려고 애쓰게 되는데, 그것이 체질화되면 착한 아이가 된다. 한마디로 사랑받기 위해서 착한 사람이 되는 것이다.

물론 이런 사람도 착한 사람이기는 하다. 하지만 착한 아이 콤플렉스가 있는 사람은 사랑하기보다는 사랑받기 위해서 착한 행동을 하는 사람이므로 정말로 착하다고 볼 수는 없다. 정말로 착한 사람은 사랑받기 위해서가 아니라 인간을 사랑하기 때문에 착한 생각과 행동을 한다. 어려서 충분한 사랑을 받은 아이는 애정 결핍이 없고 인간을 사랑할 수 있는 능력이 우수하기 때문에 자연히 착한 사람이 된다.

현실적으로 착한 아이 콤플렉스만 100퍼센트인 사람 혹은 착한 아이 콤플렉스가 0퍼센트인 사람은 없다. 그렇지만 착한 아이 콤플렉스가 우세하면 그를 착한 아이 콤플렉스가 있는 착한 사람으로 분류할 수 있다.

누군가에게 착한 아이 콤플렉스가 우세한가 그렇지 않은가를 어떻게 판별할 수 있을까?

우선 착한 아이 콤플렉스가 있는 사람은 모두에게 착하게 굴지만 착한 사람은 사람을 가린다. 착한 아이 콤플렉스가 있는 사람은 모두에게 사랑받기를 원하지만 착한 사람에게는 그런 동기가 없기 때문이다. 인간을 사랑하는 착한 사람이 현실 세계를 접하다보면 사랑할 수 없는 사람이 있음을 알게 된다. 착한 사람은 인간성을 상실한 사람은 사랑하지 않으며 싫어한다. 또한 착한 사람이 현실 세계를 접하다보면 인간을 괴롭히거나 해치는 악인이 있음을 알게 된다. 착한 사람은 자식과 아내를 학대하고 때리는 아버지, 부하 직원을 괴롭히는 직장 상사, 노동자를 탄압하고 착취하는 악덕 자본가, 국민을 학대하고 억압하는 독재자 등은 적대시하며 증오한다. 착한 사람은 본질적으로 인간을 사랑하는 사람이므로 인간에게 해를 끼치고 학대하는 악인을 당연히 증오하는 것이다.

어떤 부모들은 자식이 누군가에게 부당한 일을 당해 하소연하면, 그를 찾아가 혼을 내기는커녕 '그 사람이 잘못하기는 했지만 네가 이해해라.' '너한테도 잘못이 있으니 참아라.'라고 말하기도 한다. 심지어는 자식이 성추행을 당해도, 범인에게는 별로 화를 내지 않고 오히려 '너도 행실을 조심했어야지.'라며 자식을 나무라는 부모들도 있다. 이런 부모가 과연 자식을 사랑하는 부모일까? 자식을 괴롭힌 사람까지 포용하니까 착한 사람일까? 자식을 사랑하는 부모는 자식을 해치려 하거나 자식을 괴롭히는 대상을 향해 증오와 분노를 표출하기 마련이다. 약한 초식동물조차 자기 새끼를 해치려는 육식동물에게는 증오를 표출하며 덤벼들지 않던가. 일제강점기 시대에 안중근은 왜 이토 히로부미를 증오했고 그를 척살하기까지 했을까? 그는 민중을 사랑했기에 민중을 해치는 주범인 이토 히로부미를 증오했다. 반면에 자식을 사랑하지 않는 부모는 자식이 무슨 일을 당해도 별로 신경을 안 쓸 것이고 자식을 공격하는 대상에 대해서도 증오를 표출하지 않는다. 이완용은 민중을 사랑하지 않았다. 따라서 이토 히로부미를 증오하지 않았다.

인간을 사랑하기 때문에 착한 사람은 인간을 구분해서 대한다. 정상적인 인간은 사랑하지만 인간성을 상실한 사람은 사랑하지 않으며, 인간에게 해를 끼치는 인간은 증오한다. 그러나 사랑받기 위해서 사랑하는 착한 아이 콤플렉스가 있는 사람은 적아를 가리지 않고 모두에게 착하게 군다. 그에게서 누군가를 격렬히 증오하는 모습을 발견하기 어려운 까닭이 바로 여기에 있다. 착한 아이 콤플렉스가 있는 사람은 특히 사람들의 면전에서는 더 착해진다. 타인을 직접 대면하는 순간, 사랑받기 욕구(욕먹기 싫다는 욕구와 동전의 양면이다)가 한층 강하게 작동하기 때문이다. 그래서 착한 아이 콤플렉스가 있는 사람은 독재자나 부패 정치인을 싫어해야 마땅하다는 것을 알고 있더라도 막상 그들을 만나면 웃으면서 친근하게 대한다.

당연한 귀결이겠지만, 착한 아이 콤플렉스가 있는 사람은 욕먹는 걸 두려워하지만 착한 사람은 욕먹는 걸 두려워하지 않는다. 모두에게 사랑받고 싶다는 욕구란 곧 누구에게도 욕먹기 싫다와 통한다. 착한 아이 콤플렉스가 있는 착한 사람의 착함이란 본질적으로 사랑받기 위한 도구, 욕먹지 않기 위한 방어막이다. 그래서 이런 사람은 욕먹는 걸 매우 싫어하고 두려워할 뿐만 아니라 욕먹기 십상인 자리, 중요한 책임감이 부과되는 자리를 기피한다. 착한 아이 콤플렉스가 있는 사람이 권력의지가 약한 것은 이와 관련이 있다. 반면에 정말로 착한 사람은 인간을 사랑하기 위해서라면 언제든지 욕먹는 걸 감수할 의향이 있고, 욕먹기 십상인 자리도 마다하지 않는다. 좋은 의미에서의 권력의지가 있다는 것이다.

문재인은 어느 쪽일까? 착한 아이 콤플렉스가 있는 착한 사람일까 아니면 정말로 착한 사람일까? 안타깝게도, 문재인은 착한 아이 콤플렉스가 있는 사람이다. 그는 누구에게나 친절하고 누구에게나 연민을 느끼는 반면 그 누구도 격렬히 증오하지는 않는다. 특히 문재인은 욕먹는 걸 아주 싫어하고 두려워한다. 그는 선거운동을 하던 시기에 자신의 트위터에 다음과 같은 글을 남기기도 했다.

선거운동을 하면서 가장 서글플 때는 악수를 거절당할 때입니다. 수줍거나 바빠서가 아니라, 적대감 때문에 그런 분이 간혹 있습니다. 민주통합당 지지자들은 다른 당 후보가 내미는 손도 따뜻하게 잡아주면 좋겠습니다.[44]

확실히 문재인에게는 사랑받지 못하는 것을 두려워하는 거절 공포가 있다. 그는 사람들한테 사랑받지 못하는 것, 욕먹는 것을 몹시 두려워한다. 하지만 나라를 엉망진창으로 만들어 국민을 고통의 수렁으로 빠트린 새누리당 후보가 내미는 손을 따뜻하게 잡아주는 사람이 과연 착한 사람일까? 아니면 단호하게 거절하는 사람이 착한 사람일까? 분명한 것은 정말로 착한 사람은 민중을 위해, 인류를 위해 악인들과 치열하게 싸우는 사람이지 악인들까지 포용하려고 하는 사람이 아니라는 사실이다.

사실 문재인은 변호사를 하는 동안에는 욕먹을 일이 별로 없었다. 하지만 정치를 하면 무조건 욕먹을 일이 생기기 마련이다. 문재인이 정치 참여를 한사코 거부했던 데에는 이런 사정도 상당한 영향을 미쳤을 것이다. 욕먹는 걸 매우 싫어하는 문재인의 심리는 그의 정치 활동에서 어떤 결과로 나타났을까? 참여정부 시절 초기, 대북송금 특검법안 거부권 문제가 정국을 강타할 때 민정수석이었던 문재인은 거부권 행사를 고려하던 노무현 전 대통령에게 거부권을 행사하지 말라고 조언했다. 왜 그랬을까?

> 정부 출범 후 국회에서 이송돼온 첫 법안에 거부권을 행사한다는 부담, 그로 인해 야기될 다수당인 한나라당과의 대치, 정국경색의 정치적 부담도 적지 않았다.[45]

한나라당을 비롯한 기득권 세력에게 욕먹기 싫어서 거부권을 행사하라고 조언했다고 해석하면 지나친 것일까? 대북송금 문제가 불거지면서 문재인을 비롯한 참여정부 인사들은 한나라당과 수구 언론으로부터 집중포화를 받았다. 물론 문재인의 욕먹기 싫어하고 두려워하는 심리가 대통령의 거부권 행사를 말린 원인의 전부는 아니었겠지만, 상당한 영향을 미쳤을 가능성이 있다. 이 일로 인해 호남 지역에서 반문재인 정서가 싹트게 되었으니, 호남의 지지를 중요시하는 문재인으로서는 손해 보는 장사를 한 것일 수도 있지만, 대북송금 문제가 불거졌을 당시에는 먼 호남에서 욕하는 소리는 잘 들리지 않았던 반면 지근거리에서 한나라당이 욕하는 소리는 아주 시끄럽게 들렸을 것이다.

어쨌든 문재인에게는 욕을 안 먹거나 덜 먹어야 어떤 일을 밀어붙일 수 있다고 믿는 경향이 있는 것 같다. 그는 대선 패배 후 의지만 있다면

대통령 선택의 심리학

대북 정책, 경제민주화와 복지 정책 등을 박근혜 정부가 자기보다 더 잘할 수 있을 것이라고 말했다. 그러면서 그 이유로 욕 중에서도 가장 무서운 욕이라고 할 수 있는 '종북 좌파'라는 욕을 먹지 않을 수 있다는 걸 꼽았다.

대북정책 (…) 경제민주화나 복지정책도 박근혜 정부가 의지를 가진다면 더 강한 추진력을 가질 수 있습니다. 적어도 '좌파 정부'라는 공격은 받지 않을 것이기 때문입니다.[46]

박근혜 정부는 좌파 정부라는 욕을 먹지 않을 테니 정책을 잘 밀어붙일 수 있다는 말은 곧 문재인 정부는 좌파 정부라는 욕을 먹을 테니 정책을 잘 밀어붙이지 못할 수 있다는 말이기도 하다.

2012년 대선 과정에서 안철수 후보 진영, 시민사회, 심지어 민주당 내에서까지 이해찬 당대표와 박지원 원내대표의 퇴진을 광범위하게 요구하는 상황이 발생했다. 그러자 문재인은, 본인의 표현을 빌자면, "사퇴 주장이 너무 거세고 흐름이 도도해 결국 사퇴를 수용"했다.[47] 문재인은 훗날 이 결정을 어쩔 수 없이 한 것이고 잘못된 것이었다고 후회했다. 하지만 거세고 도도한 흐름을 거부하면 욕먹는 것은 당연지사이므로 당시에 문재인은 강한 압력에 맞서지 못했다. 착한 아이 콤플렉스로 인해 욕을 안 먹으면 별 문제가 없지만 욕을 먹으면 주저하며 물러서는 문재인의 약점은 앞으로도 그의 정치 활동에 상당한 영향을 미칠 것이다.

참고로, 문재인이 변호사라는 직업을 좋아했던 이유 중 하나 역시 그것이 사랑받기에 대한 갈망을 채워주는 직업이라는 것과 관련이 있음을 지적하고 싶다.

> 호칭이 어떻든 나는 노동·시국 사건 변론이 참으로 보람 있었다. 억울한 사람들이 변호사의 조력을 절실히 필요로 할 때 내가 그 역할을 할 수 있었기 때문이다. (…) 그런 변호사 생활을 떠나 청와대로 들어간 것은 그야말로 내 인생에서 '일탈'이었다. 내내 불편했다. 맞지 않는 옷을 입고 있는 듯, 내게 어울리는 자리가 아닌 것 같았다. '얼른 내 자리로, 변호사로 돌아가야지'라는 생각을 늘 하면서 지냈다.[48]

문재인에게
지지율 1위란?

이제 대권 도전을 한사코 거부하던 문재인의 마음을 바꾸는 데 왜 국민적 지지가 결정적인 역할을 했는지에 대해 답할 차례인데, 문재인에게 국민적 지지란 곧 사랑받기 욕구의 충족을 의미한다. 비록 불완전하기는 하지만, 국민적 지지는 사랑받기 욕구를 일시적으로나마 충족시켜줄 수 있다. 문재인은 대선 날 패배가 확정된 직후 자원봉사자들 앞에서 이렇게 말했다.

> 분에 넘치는 사랑을 받았습니다. 저는 지금 제가 받은 사랑만으로도 행복합니다.[49]

대통령 선택의 심리학

이 말을 별 생각 없이 대하면, 그런가보다 하고 넘어갈 수도 있다. 하지만 문재인의 심리적 맥락에 비춰 해석하면 이 말은 문재인에게 국민적 지지가 무엇을 의미하는지, 문재인이 가장 원하는 것이 무엇인지를 정확히 표현하고 있음을 알 수 있다. 스스로 말하고 있듯이, 문재인에게 국민적 지지란 곧 "사랑"이다. 또한 그가 가장 바라는 것은 사랑받기이므로 대선에서 패배하더라도 그는 "행복"할 수 있었다. 사고나 발언의 중심에 자기 자신이 아니라 국민이 있는 정치인이 대권에 도전했다가 실패했다면, 그는 선거 패배로 극심한 충격을 받은 자원봉사자들 그리고 국민에게 '나는 행복하다.'라고 말할 수 있었을까?

문재인은 노무현 전 대통령 3주기를 맞아 "국민들의 사랑이 가장 큰 무기라고 믿는 정치인 같지 않은 정치인으로 다시 시작"한다고 선언하며 대권에 도전했다.[50] 그리고 대선에서 패배한 후에는 이렇게 말했다.

제가 그분들에게 도리어 위로와 격려를 받는 게 더욱 미안했습니다. 그런 가운데 새로운 희망을 봤습니다. (…) 국민들에게서 도리어 위로와 힘과 희망을 얻다 보니, 제가 그분들에게 '빚'을 져도 크게 졌다는 생각을 했습니다. (…) 저는 이제 국민들에게 단단히 빚쟁이가 돼 버렸습니다. 정말 많은 국민들에게 과분한 사랑을 받았습니다. 그 빚을 평생 떠안게 됐습니다.[51]

문재인의 이 말을 요약하자면 국민들의 과분한 사랑을 받아서 빚쟁이가 되었다는 것인데, 이는 억지로 등 떠밀려 대권에 도전했던 문재인이 2017년에 또다시 대권에 도전하는 이유가 무엇인지를 짐작하게 해준다.

앞에서 언급했듯이, 문재인은 성장하면서 내내 사랑받기를 갈망했지만 정작 제대로 된 사랑을 받아본 경험은 별로 없었다. 그래서 문재인은 부모에게 사랑받기 위해서는 부모의 기대에 부응해야만 한다는 일종의 빚쟁이 심리를 갖게 되었다. 안타깝지만, 그는 부모의 사랑이란 아무런 부담 없이 그냥 받아도 되는 것, 뭔가를 되돌려줄 필요가 없는 무조건적인 것임을 알지 못한 채 자라난 셈이다. 문재인은 부모가 자기를 위해서 뭔가를 해주면 어떻게 해서든 보답을 해야만 한다고 믿는다. 안 그러면 부모의 사랑을 잃게 될 테니까.

원래는 대권에 도전할 생각이 전혀 없었던 문재인은 책이 많이 팔려 국민의 사랑을 받게 되면서부터 마음이 바뀌기 시작해 대선에 출마했다. 대권에 도전하면서도 문재인은 대선에서 패배하면 국민의 지지가 사라지고 비난이 쇄도할 것이라고 예상했을지도 모른다. 학생 시위로 구속되자 아버지가 면회를 오지 않은 데서 알 수 있듯이, 적어도 문재인의 부모는 그런 식으로 문재인을 대했으니까. 그런데 놀랍게도 대선에서 패배했는데도 국민은 문재인에게 욕을 하기는커녕 계속 지지를 보내주었다. 소위 대세론에서 알 수 있듯이, 꽤 오래전부터 문재인은 대선주자 중에서 가장 높은 지지율을 기록하고 있다. 타인의 기대에 부응하지 못했는데도, 타인이 사랑을 철회하지 않는 경험은 문재인에게 특별한 감동을 주었을 것이다. 또한 문재인은 부모에게 사랑을 받으면 부모의 기대에 보답해야 한다고 믿는 사람이다. 국민들이 계속 사랑을 해주는데, '사랑=빚'이라고 생각하는 문재인이 대선에 출마하지 않는 것은 불효이자 배은망덕이다. 사랑은 갚을 필요가 없지만 빚은 갚아야 한다. 이런 맥락에서 보면 문재인의 2017년 대권 도전은 크나큰 감동 반, 빚쟁이 심리 반이 합쳐져서 만들어낸 결과라고 할 수 있다.

문재인에게 국민적 지지는 절대적인 중요성을 갖는다. (적어도 무의식적으로는) 사랑받기 열망이 강한 문재인은 국민적 지지가 있으면 행복하겠지만, 국민적 지지가 없으면 불행해질 것이다. 따라서 문재인의 대권 의지는 국민적 지지 정도에 정비례할 수밖에 없다. 특별한 이유가 없다면, 국민적 지지가 높은 한 문재인은 대권 도전을 포기하지 않을 것이다. 반면에 국민적 지지가 줄어들면 그의 대권 도전 동기는 빠르게 퇴조할 것이다. 극단적으로 말해 문재인은 국민적 지지율이 군소 후보에게 추격당하거나 바닥을 치면 대권 도전을 포기할 가능성이 있다고 봐도 무방할 것이다.

2012년 대선에서 문재인이 대선주자로 나설 것인지 궁금했던 기자들이 그의 시골집으로 찾아가서 죽치고 앉아 답을 기다린 일이 있었다. 기자들이 이런저런 질문들을 했으나 문재인은 별 신통한 대답을 해주지 않았고 툭 던지듯이 한마디만 했다.

지지율이 높으니까 의무감이 생겼다.

이 말은 기자들에게 지지율이 떨어지면 접을 수도 있다는 의미로 들렸는데,[52] 나는 문재인의 심리가 지금까지도 본질적으로 동일하다고 생각한다.

멍석을 깔아주면
해보겠다

문재인은 2011년에 출간되어 베스트셀러가 된 『문재인의 운명』에서 자신의 삶을 돌아보며 다음과 같이 말했다.

> 굴곡이 많고 평탄치 않은 삶이었다. 돌아보면 신의 섭리 혹은 운명 같은 것이 나를 지금의 자리로 이끌어왔다는 생각을 하게 된다. (…) 그를 만나지 않았다면 적당히 안락하게, 그리고 적당히 도우면서 살았을지도 모른다. 그의 치열함이 나를 늘 각성시켰다.
> 그의 서거조차 그러했다. 나를 다시 그의 길로 끌어냈다. (…) 나야말로 운명이다.
> 당신은 이제 운명에서 해방됐지만, 나는 당신이 남긴 숙제에서 꼼짝하지 못하게 됐다.[53]

문재인의 삶을 살펴보면, 그가 '신의 섭리' 혹은 '운명'을 거론한 것에 그럴 만한 이유가 있음을 발견하게 된다. 고등학교 시절 문재인은 역사학자가 되고 싶었으나 선생님과 부모님의 반대에 부딪혀 법대에 진학했다. 법대에 진학할 생각은 없었지만 운명이 그를 법조계로 떠민 셈이다.

1973년, 대학 2년생인 문재인이 유신 반대 시위에 참여했을 때의 일이다. 당시에 문재인은 집회에서 낭독할 선언문을 작성했는데, 학생들이 모여들었는데도 집회를 이끌기로 되어 있던 학생 간부가 나타나지 않았다. 어쩔 수 없이 앞에 나서 선언문을 읽고 학생들을 교문으로 이끌게 되었는데, 그 일로 문재인은 학내에서 일약 학생운동의 중심인물이 됐다.[54] 박정희가 암살당하고 '서울의 봄'이 오자 1980년 1월 무렵부터 제적생들과 학교 측 사이에 복학 논의가 시작됐다. 문재인은 자기 의사와 무관하게 복학생 대표가 됐다. 그리고 그해 3월 초 복학하면서 곧바로 '서울의 봄'이 일으키는 정국의 소용돌이 속으로 끌려들어갔다.[55] 학생운동에 참여는 하되 앞에 나서서 주도할 의사는 없었는데, 운명이 문재인을 주동자로 만들거나 정국의 소용돌이 속으로 밀어붙인 셈이다.

문재인은 노무현을 만난 것도 운명, 그의 죽음으로 일약 국민적 관심을 받게 된 것도 운명, 자신이 대권주자가 된 것도 운명이라고 말하곤 했다. 물론 노무현 전 대통령이 유서에다 '운명'이라는 말을 남겼으므로, 그것에서 강한 인상을 받아 문재인이 운명이라는 말을 자주 사용하는 것으로 이해할 수도 있다. 하지만 정작 노무현 전 대통령은 평소에 운명이라는 말을 거의 사용하지 않았다. 그는 운명을 거부하기 위해 싸우는 사람이었지 운명에 끌려 다니는 사람이 아니었기 때문이다. 노무현 전 대통령은 최악의 역부족 상황에 몰려 자살을 결심했을 때에야 비로소 '운명'이라는 말을 사용하면서 운명을 뒤바꾸기 위한 싸움을 포기했다. 통상적으로 삶을 능동적으로 주동적으로 사는 사람은 운명이라는 말을 선호하지 않는 반면, 삶을 수동적으로 피동적으로 사는 사람은 운명이라는 말을 선호하는 경향이 있다.

학생운동에 자신을 전적으로 바칠 수 있었다면, 문재인은 운명이 그를 학생운동으로 이끌었다고 생각하지 않았을 것이다. 자신을 정치에 전적으로 던질 수 있었다면, 그는 운명이 자기를 대권 도전으로 이끌었다고 생각하지 않았을 것이다. 하지만 "처음에 마뜩찮아 하던 나를 설득해 책을 내도록 권고한 분들이 꽤 많다."[56]라는 말에서 짐작할 수 있듯이, 그는 『문재인의 운명』이라는 책도 등 떠밀려 썼다. 따라서 문재인이 지금까지도 운명이라는 말을 빈번하게 사용하고 있는 것을 그가 여전히 수동적이고 피동적인 태도로 정치를 하고 있음을 의미한다고 해석할 수 있지 않을까?

정치를 대하는 문재인의 수동적이고 피동적인 태도는 그를 주로 안전한 길로 가도록 이끌었다. 문재인은 위험한 길로 가려는 사람은 말렸고, 확실한 승산이 보여야 말리지 않았다. 물론 그 자신도 안전한 길을 걷는 것을 선호했다. 노무현 전 대통령은 일찍이 15대 대선 때 대선 출마 의지를 피력했는데, 승산이 없다고 생각했기에 문재인은 반대했다. 2000년 총선에서 노무현은 종로라는 지역구를 버리고 지역감정을 타파하기 위해 부산에서 출마하려 했다. 문재인은 역시 반대했다.[57] 안전한 길이 아니니까. 이런 문재인이 노무현의 국회의원 출마를 찬성한 경우가 있었는데, 1988년 4월의 제13대 총선이 그러했다. 왜 이때는 찬성했을까?

나는 찬성했다. 본인이 하고 싶어 한다고 느꼈고, 또 출마하면 당선될 것이라고 판단했기 때문이다.[58]

노무현은 옳다고 확신하면 당선이 보장된 곳을 마다하고, 승산 없는 지역구에 과감하게 출마했던 정치인이다. 문재인은 옳다고 확신하더라도 승산이 없는 지역구에는 절대로 출마하지 않는 정치인에 가깝다. 지난 대선 과정에서 전자개표기에 의한 개표 부정 의혹이 제기되었을 때, 문재인은 비록 의혹이 많기는 하지만 문제시하지 않겠다고 선언했다.

그때마다 저는 그분들 뜻에 함께할 수 없다고 분명히 밝혔습니다.

의혹이 많이 있다 하더라도, 그것이 선거 결과를 뒤집었다는 확실한 증거와 전 국민적 공감이 없는 한, 제가 선거 불복에 나서서 분열과 혼란을 야기하는 것은 국민들에 대한 도리가 아니라고 말씀드렸습니다.[59]

이 말을 뒤집어보면 "확실한 증거"가 나와서 "전 국민적 공감"이 있으면 싸우겠다는 말이 된다. 즉 국민이 개표 부정의 확실한 증거를 찾아내고 범국민적 항쟁을 시작하면 싸울지 말지 한번 고려해보겠다는 것이다. 문재인의 정치 스타일은 스스로가 솔선수범해서 확실한 증거를 찾아내거나 전 국민적 공감을 불러일으키는 활동을 하는 것과는 거리가 멀다. 한마디로 그는 국민의 맨 앞에 서서 가시밭길을 헤치고 피 흘리면서 국민이 나갈 길을 열어주는 정치인이 아니라 국민들이 멍석을 깔아줘야 비로소 움직이는 정치인이다.

최순실 국정농단 사건으로 촛불이 타올랐을 때, 문재인은 촛불집회에 참여하지 않았고 박근혜 퇴진이나 탄핵을 입에 올리지도 않았다. 그러다가 촛불집회가 유사 이래 최대 규모로 지속되자 비로소 참여했고 박근혜 퇴진과 탄핵을 외쳤다. 이런 정치 스타일은 문재인의 독특한 심리에 뿌리를 두고 있는 것이라 쉽게 고쳐지지 않을 것이므로 국민들은 앞으로도 그를 위해서 열심히 멍석을 깔아주는 수고를 해야만 할 것이다. 하지만 멍석을 깔아줘야만 움직이는 문재인의 정치 스타일은 언젠가 국민의 피로감을 임계치까지 끌어올리게 만들지도 모른다.

네거티브 거부,
갈등이나 싸움은 싫다

착한 아이 콤플렉스가 있는 사람은 갈등 상황을 싫어한다. 갈등 상황에서는 욕먹을 가능성, 싸워야 할 가능성이 높아지기 때문이다. 모두에게 사랑받기를 원하는 착한 아이는 이런 상황을 견딜 수 없다.

문재인은 갈등 상황에서 어떻게 느끼고 행동했을까? 이와 관련된 흥미로운 일화가 있다. 2011년에 치러진 서울시장 보궐선거에서 문재인은 난처한 입장에 놓인다. 당시 서울시장에 출마하려고 했던 박영선과 정동영이 모두 문재인과 잘 아는 사이였기 때문이다. 두 사람은 각각 문재인에게 서울시장 출마 문제를 상의했다. 한쪽을 편들어주면 다른 쪽에게 욕먹을 수 있는 상황에서 문재인은 어떻게 행동했을까? 두 사람 모두에게 출마를 권했다![60]

갈등이나 싸움을 싫어하는 문재인의 심리는 대선 과정에서의 '네거티브 거부' 입장에 상당한 영향을 미쳤다. 문재인은 2012년 대선에서 네거티브를 거부한다고 선언하고는 그 선언을 충실히 이행했다. 민주당 내부의 경선 과정에서 김두관 후보가 문재인을 다소 거칠게 공격했지만, 문재인은 김두관 후보에 대한 공격을 자제했다. 김두관 후보의 공세가 계속되자 그는 "이래선 안 된다. 전 그렇게 안 하겠다." 외치면서, 상대 측에 네거티브 자제를 요청했다.[61]

대선 과정에서 새누리당과 박근혜는 매우 비열하고 저급한 수단을 동원해 문재인을 공격했지만, 문재인은 네거티브가 아니라 정책 경쟁을 하자면서 상대방에 대한 공격을 자제했다. 예를 들면 박근혜의 약점 중 하나인 정수장학회 문제가 부각되었을 때에도 그는 자신의 트위터에서 박근혜를 공격하기보다는 선의에 호소했다.

정수장학회 문제 해결 어렵지 않습니다. (…) 정수장학회 문제에 대해 연이어 글을 올렸는데, 이 기회에 해결하고 털고 가자는 간곡한 말씀을 박 위원장께 드리고 싶은 겁니다. 이 문제가 대선 때까지 쟁점으로 이어지는 건 국민 통합 차원에서도 바람직하지 않다고 생각합니다. 박 위원장께 해결 능력이 있다고 저는 믿습니다.[62]

문재인은 대선 과정에서 박근혜에 대한 공격을 자제하는 것을 넘어서서 자기와 박근혜의 차별성보다 공통점을 부각하며 상대방을 포용하려는 모습을 보여주었다.

박근혜 의원은 생애 맞춤형으로 복지를 하겠다고 했으니 각 단계별로 필요한 모든 종류의 복지를 제대로 하겠다는 뜻 아니겠습니까? 그렇다면 그것이야말로 우리가 주장하는 보편적 복지와 다르지 않습니다.[63]

대권주자인 문재인이 앞장서서 자기와 박근혜의 복지 공약에 차이가 없다는 식으로 말한다면, 이런 얘기를 들은 국민은 누구를 찍어야 한다고 생각했을까?

문재인의 네거티브 거부 입장은 어떤 효과가 있었을까? 그의 네거티브 거부는 박근혜나 국민을 별로 감동시키지 못했다. 서로가 정책으로 경쟁하는 수준 높은 선거를 만드는 데에도 별로 기여하지 못했다. 네거티브 거부가 성과보다는 오히려 역효과가 더 컸음은 문재인의 다음 말을 통해서도 알 수 있다.

지난 대선에서 제가 페어플레이 원칙을 지키려고 애쓴 것은, 다른 이유가 아닙니다. 그것이 원칙이고 정도이기 때문입니다. 뿐만 아니라 선거가 끝난 뒤 다시 하나가 되는 국민 통합을 위해서도 그래야 한다고 생각했습니다. 그러나 상대는 줄곧 반칙을 했습니다.[64]

2012년 대선에서 호된 경험을 하고 나서 문재인은 넌더리가 난 듯 이렇게 외쳤다. "새누리당은 '더러운 싸움'의 기술에 아주 능통한 정당입니다."[65] 그렇지만 대선 이후에도 여전히 문재인은 박근혜나 새누리당과 싸우기보다는 그들의 선의에 호소하는 방식을 선호했다.

네거티브를 하지 않고 페어플레이를 하겠다는 말 자체에 대해서는 그 누구도 시비를 걸 수 없을 터이다. 그렇지만 문재인의 다소 결벽증적인 네거티브 거부는 현실에서 상대방에 대한 공격력을 약화시킬 위험이 있다. 비유하자면 이종격투기 시합을 하는데, 상대방 선수가 심판과 짜고서 칼을 숨겨 들어와 휘두르는데도 칼을 빼앗거나 상대를 제압할 생각은 하지 않고 '제발 정정당당하게 합시다!'라고 호소하는 모양새를 초래하기 십상이라는 것이다.

2012년 대선에서 상대방이 반칙의 왕임을 경험했음에도 문재인은 2017년에도 여전히 다른 정치인들에 대해 공격을 자제하는 모습을 보이고 있다. 물론 여기에는 대세론 혹은 네거티브 거부에 대한 문재인의 신념도 영향을 미치고 있겠지만, 갈등이나 싸움을 싫어하는 문재인의 심리

역시 상당한 영향을 미치고 있을 것이다.

갈등이나 싸움을 싫어하는 성향은 지난 대선에서 문재인의 전투력을 저하시킨 원인 중 하나였다. 지난 대선에서도 예외 없이 기득권 세력의 종북몰이가 강한 위력을 발휘했는데, 그것은 곧 지난 대선에서 문재인이 종북몰이에 잘 대처하지 못했음을 의미하기도 한다.

종북 좌파. 지난 대선을 지배한 프레임이었습니다. 박근혜 후보 진영과 국 정원이 함께 만들어내고 증폭시킨 '종북' 프레임은 박근혜 후보의 당선에 톡톡히 기여했습니다.[66]

문재인은 가장 최근 저서에서 종북몰이에 당하지 않고 당당히 맞서겠다고 말하고 있는데, 과연 그것이 가능할지 의문이다. 아무튼 문재인은 싸움꾼이나 승부사가 아니라 갈등이나 싸움을 체질적으로 싫어하는 사람임이 분명하다.

소통과 화합의 리더십, 누구를 위한 것인가?

문재인은 "우리나라의 국가 리더십은 너무 대결적"이라고 비판하면서 "거기서 벗어나려면 통합과 화합의 리더십이 반드시 필요"하다고 역설하는 정치인이다.[67]

더 넓고 더 긴 기간의 전망을 내다보는 타협보다는 지금 어느 편이 이기는 가, 누가 무릎을 꿇는가 하는 벼랑 끝 싸움이 이어졌습니다. 승자와 패자로 나뉘는 싸움에서 타협은 있을 수 없습니다. 정치권과 시민, 양쪽 모두가 이런 답답한 틀 안에서 벗어나야 합니다.[68]

한국을 지배해온 기득권 집단의 본질을 어떻게 보느냐에 따라 소통과 화합에 대한 정치인의 태도는 달라진다. 한국의 기득권 집단을 사대매국, 부정부패, 파시스트 집단이라고 보는 정치인은 국민과의 소통이나 화합은 중시하겠지만 기득권 세력과의 소통과 화합은 부차적인 것으로 간주하거나 불가능하다고 판단할 것이다. 따라서 이런 정치인은 기득권 집단에 대항해 비타협적으로 싸울 것이다.

매일같이 술을 마시고 들어와서 아내와 자식을 때리고 도박이나 유흥으로 가산을 탕진하며, 아내와 자식들이 뭐라고 하면 불순 종자로 모는 아버지가 있다면 어떻게 해야 할까? 그 아버지를 쫓아내야 가족 간 소통과 화합이 가능해진다. 매사에 잘난 체만 하고 사람들에게 마구 신경질을 부려대며, 남들의 조언이나 의견은 들은 체도 하지 않는 데다 곗돈까지 착복하는 계주가 있다면 어떻게 해야 할까? 그 계주를 몰아내야 계원들 간 소통과 화합이 가능해진다.

심리학자들은 연구나 임상경험 등을 통해서 소통을 하고 싶어도 할 수 없는 인간이 존재한다는 사실을 알게 된다. 일반인들 역시 사회 경험을 통해 소통이나 화합이 불가능할 뿐만 아니라 사람들 사이 소통과 화합을 방해하는 문제적 인간이 존재한다는 사실을 알게 된다. 그래서 그런 인간을 배제하거나 힘쓰지 못하게 해야만 비로소 소통이나 화합이 가능해진다는 사실을 깨닫게 된다. 이런 맥락에서 한국에서 소통과 화합의 리더십이 통하려면 소통과 화합을 불가능하게 만드는 비상식적인 혹은 정신병적인 정치 집단의 청산이 전제되어야 한다고 말할 수 있다.

문재인은 한국의 기득권 집단의 본질을 알고 있을까? 아니면 모르고 있을까? 민주 정부 10년이 지난 뒤인 2008년 대선에서 이명박이 대통령으로 당선했다. 이명박 정부는 한국 사회의 시계를 거꾸로 돌리려 광분했고, 비열하고 잔인한 정치 탄압과 보복으로 노무현 전 대통령을 벼랑 끝으로 내몰았다. 문재인은 2012년에 출간된 『사람이 먼저다』라는 저서에서 이명박 정부가 왜 그런 짓을 했는지 이해할 수 없다고 말했다.

이명박 정부는 대선에서 여유 있게 이겼는데도 상대를 포용하지 못하고, 왜 그렇게 가혹한 보복 행위를 계속했는지 이해할 수가 없습니다.[69]

1년이 지난 뒤 출간된 『1219 끝이 시작이다』라는 저서에서도 여전히 똑같은 말을 하고 있다.

이명박 정부(는) (…) 참여정부 출신 인사들을 마구 보복하고 핍박하는 '대결과 증오의 정치'를 했습니다. 대선에서 큰 표 차로 압도적 승리를 거뒀는데도 패자를 포용하는 여유가 왜 그리도 없었는지, 지금도 이해가 잘 안 됩니다.[70]

문재인은 단지 이명박만이 아니라 박근혜에 대해서도 비판을 하기보다 이해가 안 된다는 반응을 자주 보였다. 이것은 단순한 문재인의 언어

습관일까? 아니면 문재인이 한국 기득권 집단의 본질을 모르고 있어서 일까? 나는 문재인이 노무현 전 대통령을 죽음으로 몰아가고 국가를 사유화해 파탄 상태로 만든 기득권 세력의 본질을 모를 정도로 순진해서 '이해가 안 된다'는 표현을 사용한다고 생각하지 않는다. 그것은 기득권 세력에 대한 강한 공격, 기득권 세력과의 전면대결이 초래할 결과를 두려워해서 우회적으로 표현하려는 과정에서 나온 말이라고 생각한다.

비록 고등학교 3학년 때에는 술담배를 하기도 하고, 대학 시절에는 데모를 하기도 했지만 문재인은 기본적으로 부모의 권위를 꺾으면서 성장한 사람이 아니고, 부모의 권위에 용감하게 반항하면서 성장한 사람도 아니었다. 한마디로 권위에 맞섰던 경험이 부족하고, 권위에 맞서는 것을 어려워하는 사람이다. 더욱이 문재인은, 적어도 무의식적으로는, 출세 길이 막히거나 주류 사회에서 배제되면 아버지의 사랑과 인정을 받지 못하게 될 거라고 믿는 사람이어서 아버지를 상징하는 주류 사회에 완전히 등을 돌리기가 어렵다. 이런 심리가 모두에게 사랑받으려는 심리(갈등이나 싸움을 기피하는 심리)와 합쳐지면 결국 기득권 세력, 주류 사회에 대한 '싸움 기피증'과 '투쟁력 저하'로 귀결될 위험이 크다. 문재인이 그 누구에게도 욕을 먹지 않고 그 누구와도 싸우지 않아도 되는 "모두의 대통령"을 소망하는 주요한 이유가 바로 여기에 있다. 그는 대선주자가 된 후에 《조선일보》 인터뷰를 거부해오던 민주당 관례를 깨고 인터뷰에 응하면서 다음과 같이 말했다.

대통령이 되겠다고 나섰다면, 보수든 진보든 모두의 대통령이 되어야 합니다. 지금까지 우리의 정치는 늘 편 가르기로 극단적인 반목과 갈등이 이어져오고 나라가 분열되어 왔습니다. 저는 이미 출마를 선언할 때 편 가르기를 하지 않겠다고 말했습니다. 우리 정치와 사회 전반에서 나타나는 '소통 부재'를 해소하고 싶기도 합니다. 그러자면 나와 생각이 다른 사람, 심지어는 적대적인 사람에게도 문을 열고 맞아들일 수 있는 여유 있는 자세가 필요합니다. (…) 대통령이 된다면 어느 정당의 대통령, 어느 진영의 대통령, 어느 지역의 대통령이 아니라 모두의 대통령이 될 수 있도록 노력해야 한다고 생각했습니다.[71]

불가피한 싸움을 요리조리 피하면서 소통과 화합을 목 놓아 외친다고 해서 모두의 대통령이 될 수 있는 것은 아니다. 기득권 세력과의 일전불사를 각오하지 못하는 정치인이 할 수 있는 것이란 기득권 세력의 선의에 호소하는 것뿐이다. 하지만 '서로 소통을 좀 하자.' '서로 싸우지 말고 화합을 좀 하자.'라는 호소가 한국 사회를 화합으로 이끌 수 있을까? 무슨 수를 쓰더라도 4대강을 파서 돈을 만지려 했던 기득권 세력, 사욕을 채우기 위해서 국가를 사유화했던 기득권 세력에게 '4대강은 환경을 파괴할 뿐이다.' '국가를 사유화하지 말라.' 하고 호소하면 그들이 잘못을 깨닫고 착해질까? 소통과 화합의 리더십은 국민을 위한 것이지 기득권 세력을 위한 것이 아니다. 지금은 소통과 화합이 가능한 사회를 위해서라도 우선 적폐와 기득권 집단부터 청산해야 할 때이지 그들과 소통하고 화합해야 할 때가 아니다. 현 시점에서 소통과 화합의 리더십에 대한 과도한 집착은 한국 사회의 개혁에 오히려 걸림돌이 될 위험이 있다.

2017년 대선,
이번에는 달라졌을까?

2012년 대선과 2017년 대선에 임하는 문재인의 심리에는 상당한 차이가 있을 수밖에 없다. 당연히 지금 문재인의 대권 도전 동기가 2012년 대선에 비해서 상대적으로 높다.

첫째, 2017년 대선 국면을 한참 앞둔 시점에서부터 문재인의 지지율은 계속 1위였다. 국민적 지지가 문재인에게 미치는 결정적인 영향력을 고려해볼 때, 지지율 1위라는 조건은 문재인의 의식적인 대권 도전 동기를 강하게 뒷받침해줄 것이다. 더욱이 문재인은 2012년의 대선에서 패배했음에도 국민적 지지가 사라지지 않은 것에 감동하여 고무되어 있고, 국민의 사랑에 보답해야만 한다는 빚쟁이 심리까지 가지고 있다.

둘째, 2017년 대선은 수구 부패 정당인 새누리당이 무너진 상황에서 치러지므로 야권이 승리할 가능성이 매우 높다. 야권의 대선주자만 되면 대권을 차지할 가능성이 매우 높은 상황도 문재인의 대권 의지를 뒷받침해줄 것이다. 앞에서 살펴보았듯이, 문재인은 안전한 길을 선호하는 사람이다. 문재인의 앞날에 가시밭길이나 거친 흙탕길이 아닌 안전한 길이 열려 있는 한 문재인의 대권 도전 동기는 계속 유지될 가능성이 크다.

셋째, 문재인에게는 재수생 프리미엄이 있다. 원래 문재인은 낯을 가리는 내성적인 사람이라서 대중들 앞에 계속 나서야 하는 상황을 상당히 힘들어한다. 노무현재단 이사장 시절에 지인이 결혼식 주례를 부탁하자 문재인은 거절하면서 이렇게 말했다.

"제가 지금까지 주례를 한 번도 해본 적이 없어요. 사무실 직원들, 청와대 시절 직원들의 주례 부탁도 다 거절했어요." 그리고 한마디 덧붙였다. "솔직히 대중들 앞에 서는 게 두렵기도 해요."[72]

대중들 앞에 서는 것을 두려워했던 사람을 등 떠밀어 대선주자로 만들었으니 한국인들, 참 대단하기는 하다. 어쨌든 2012년 대선에서 온갖 경험을 다 해봤으니 문재인에게 2017년 대선은 지난 대선보다는 수월할 것이다.

문재인의 대권 도전 의지가 2012년에 비하면 상대적으로 높아졌으니 그는 드디어 '등 떠밀려 대권에 도전한 사람'에서 졸업한 것일까? 결론부터 말하면 그렇지 않다. 문재인이 대권을 거머쥐기 위해 자기의 모든 것을 불태울 수 있으려면, 그의 심리 구조가 혁명적으로 뒤바뀌어야 하는데 그런 징후를 발견할 수 없기 때문이다. 따라서 비록 과거보다 대권 도전 동기가 강해지기는 했지만 여전히 문재인은 등 떠밀려 대권에 도전하는 경우에 해당한다고 말할 수밖에 없다.

문재인은 2012년 대선에서 패배하고 나서, 차기 대선에 재도전할 의향이 없음을 명백히 밝혔다. 그는 선대위 해단식에서 "새로운 정치, 새로운 시대를 직접 이끌어보겠다던 꿈은 끝이 났지만 다음에는 보다 더 좋은 후보와 함께 세 번째 민주 정부를 만들어내는 일을 반드시 성취하기를 바란다."라고 말했다. 차기 대권 도전에 나설 생각이 없다고 선언한 것이다. 또한 문재인은 "민주통합당, 함께했던 시민사회, 국민연대 등 우리 진영 전체가 더 역량을 키워나가는 노력들을 하게 된다면 저도 거기엔 늘 힘을 보태겠다."라면서 대권주자가 아니라 정권 교체의 도우미 역할을 하겠다는 의사를 밝혔다.[73] 이런 말까지 하고서도 지지율 1위의 덫에 걸려서 또다시 대권에 도전하게 되었으니 문재인으로서는 정말 '운명'을 운운하지 않을 수 없을 것 같기도 하다.

문재인이 이번에도 등 떠밀려 대권 도전에 나섰다는 것은 그가 아주 독특한 배수진을 치는 모습을 통해서도 확인할 수 있다. 그가 배수진이라고 말하는 것이 정말로 배수진이냐 하는 것은 일단 논외로 한다. 문재인이 자주 사용하는 배수진은 '정계 은퇴' 혹은 '대선 불출마' 배수진이다. 다음은 2015년 11월 4일 JTBC 뉴스에 출연해 손석희 앵커와 나눈 대담의 일부이다.

문재인 저로서는 내년 총선의 결과, 특히 우리 당의 총선 승리에 저의 어떤 정치적인 운명이 걸려 있다고 생각합니다.

앵커 물론 만일 생각하신 대로 안 되면, 대선까지 접어야 하는 상황까지도 올 수 있다고 보시는 건가요?

문재인 저는 이미 내년 총선에 출마하지도 않겠다는 공약까지 했었죠. 요즘 와서는 다시 출마하라는 요구를 받고 있기는 합니다마는. 그래서 만약에 제가 내년 총선에서 좋은 성적을 거두지 못한다면 저는 제가 할 수 있는 정치적인 역할이 거기까지다라고 인정해야 하지 않을까 생각을 합니다.[74]

이런 말을 한 지 한 달이 지난 뒤에도 문재인은 당내 문제가 불거지자 정계 은퇴 배수진을 쳤다. 안철수 의원의 탈당을 초래한 극심한 당내 갈등에 휩싸이면서 문재인은 "진저리가 난다"(12월 3일), "지긋지긋하다"

(12월 8일)라는 표현을 사용했고, 결국 안철수 의원이 탈당하자 "정치가 싫다"(12월 13일)고 토로했다. 이 과정에서 문재인은 '2선 후퇴론'을 주장하는 의원들에게 정계 은퇴 배수진으로 맞섰다. 다음은 이에 대한 한 언론 기사 중 일부이다.

> 안 의원의 탈당으로 리더십에 상처를 입은 그가 위안을 얻으러 간 곳도 '정치가 없는 어머니 품'이었다. (…) 그러나 이번 안 의원의 탈당 과정에서, '정치를 안 할 수도 있다'는 문 대표의 태도는 '2선 후퇴론'을 주장하는 의원들을 압박하는 '배수진 정치'가 된 것으로 알려졌다. 지난 8일 수도권 의원들은 안 의원의 탈당을 막을 방법을 논의하기 위해 이튿날 대규모 모임을 계획했다. 이들 사이에선 문 대표가 대표직에서 물러난 뒤 비상대책위원회를 다시 구성하는 것이 좋겠다는 공감대가 번져 있었다. 이 소식을 접한 문 대표는 "대표직에서 물러난다면 난 양산(집)으로 가겠다."라고 말한 것으로 전해졌다.[75]

이런 일이 있은 후에도 문재인은 2016년의 4.13 총선에서 호남지역을 방문해 "호남이 도와주지 않으면 정계를 은퇴할 것"이라고 배수진을 쳤다. 호남의 지지가 없으면 대선에 불출마하고 정계를 은퇴하겠다고 선언한 것이다.

나는 반복적으로 정계 은퇴 혹은 대선 불출마를 배수진으로 사용하는 것이야말로 문재인의 마음을 가장 정확히 보여준다고 생각한다. 대권 도전 동기가 강한 정치인은 정말 극단적인 상황이 아닌 한 정계 은퇴, 대선 불출마라는 말 자체를 언급하기조차 꺼린다. 실제로는 정치를 하고 싶지 않으나 국민적 지지 때문에 어쩔 수 없이 대권에 도전하는 정치인이라면, 국민적 지지가 사라지면 당연히 정치를 할 이유도 없어진다.

문재인이 정계 은퇴까지 거론하면서 호남의 지지를 호소했지만, 2016년 총선에서 민주당은 호남에서 최악의 성적을 거뒀다. 참모들이 말려서인지 아니면 호남에서의 총선 패배에도 불구하고 대권주자로서 문재인에 대한 지지율이 여전히 1위를 고수하고 있어서였는지는 모르지만 문재인은 정계를 은퇴하지 않고 전략적인 차원에서 한 발언이었다고 둘러대 구설수에 올랐다. 어쨌든 정계 은퇴 배수진은 문재인의 심리를 정확하게 반영하는 것이라고 봐도 무방하다. 그는 국민적 지지가 없으면, 수틀리면 언제라도 정계를 은퇴해 자기 자리로 돌아갈 의지에 충만해 있는 특이한 대권주자이다.

홀로 링에 선 복서, 그의 고독과 두려움

문재인은 착한 사람이다. 비록 착한 아이 콤플렉스에서 자유롭지 못하기는 하지만, 그는 개인적 야욕을 채우기 위해서 대권에 도전하는 사람은 아니다. 따라서 만일 그가 대통령이 되면, 정치 보복이나 독재정치 따위를 걱정할 필요는 없을 것이다. 하지만 문재인은, 본인의 표현을 빌리자면, 2017년에도 호랑이 등에 올라탄 채 내리지 못해서 대권에 도전하고 있다. 그는 노무현 변호사를 처음 만났던 자리에서 다음과 같이 말했다.

대통령 선택의 심리학

나는, 내가 인권변호사를 하겠다거나 그걸 목표로 삼고 있는 건 아닙니다. 그러나 그런 사건들이 올 경우에 피하지는 않을 겁니다.[76]

문재인 스스로 분명하게 말했듯이, 그는 세상을 바꾸기 위해 인생을 다 바치고자 했던 혁명가가 아니다. 그는 오히려 시대가 자기한테 무언가를 요구하면 피하지는 않겠다고 다짐하는 양심적인 지사나 지식인에 가깝다. 따라서 주제넘게 대권을 욕심냈던 사람이라면 모르지만 대권 도전을 한사코 마다했던 문재인을 두고 세상을 바꾸려는 혁명가가 아니라고 손가락질하거나 그에게 혁명가가 되라고 요구하는 것은 완전히 번지수를 잘못 찾는 짓이다. 비유적으로 말하면, 문재인에게는 자기 개인의 삶을 꾸려가는 것 그리고 여력이 되는 정도까지 세상일에 참여하는 정도의 에너지밖에 없는 것 같다. 지금까지의 그의 삶 자체가 그 정도의 에너지만 갖도록 허용했기 때문이다.

문재인은 사법연수원 시절에 판사를 지망했다. 왜냐하면 체질에 맞을 것 같아서다. 그는 판사를 지망했던 이유를 다음과 같이 말했다.

연수원에서 모의기록으로 판결문을 쓰는 공부를 했는데, 재미있었다.[77]

그래도 명색이 학생운동가 출신의 사법연수원생이라면 사회개혁운동을 염두에 두고 지망을 선택했을 만도 한데, 의외로 문재인은 그저 재미있다는 이유로 판사를 하고 싶어 했다. 나는 이런 문재인을 탓하고 싶은 마음이 추호도 없다. 그는 어려서부터 역사학자가 되고 싶었지만 부모의 권위에 꺾여 변호사가 된 사람이 아니었던가. 문재인은 변호사라는 직업을 아주 좋아했을 뿐만 아니라 천직으로까지 여기고 있다. 하지만 그의 마음속에는 여전히 역사학자의 꿈이 있는 것 같다. 나는 앞에서 문재인의 사회개혁 동기와 출세 동기를 두 개의 '표면적인' 동기라고 지칭했다. 내가 군이 이런 표현을 사용한 것은 그에게는 심층적인 동기도 있다고 믿기 때문이다. 문재인은 자유롭게 자라난 사람이 아니다. 그는 어렸을 때 하고 싶은 일을 마음껏 해보기는커녕 자신의 정당한 욕구를 표현하는 것조차 제대로 하지 못한 채 성장한 사람이다. 그런 그가 역사학자가 되고 싶다고 했을 때, 부모님이 그러라고 말해주었다면 얼마나 좋았을까. 그는 역사학자의 꿈을 접고 법학과에 들어갔고, 노무현을 만났고, 대권주자로 징발되었다. 어쩌면 문재인의 무의식은 지금 이렇게 외치고 있을지도 모른다.

"나도 자유롭게 살고 싶어. 단 한 번이라도 좋으니까 내가 하고 싶은 일을 하면서 살 수 있는 기회를 달라고!"

문재인은 변호사 일이 마음에 든다고 하면서도 "점차 일을 줄이고 더 자유롭고 싶었"다고 말했다.[78] 그는 왜 변호사 일조차 줄이고 더 자유로워지고 싶었을까? 변호사가 자신의 자유의지로 선택한 것이 아니라고 생각해서가 아닐까? 문재인의 심층적인 동기를 한마디로 집약하면 '자유'다. 이 때문에 문재인은 변호사 일을 할 때가 아니라 여행을 떠나거나 초야에 묻힐 때 자유롭다고 느꼈고 행복했던 것이다. 이런 문재인이 한 번도 아니고 두 번씩이나 대권주자가 되어야만 했다니….

문재인은 노무현에 대해 회고하면서 "대의를 위해 자신에게 불리한 길까지 선택하는 것이 그의 원칙주의라는 건 많은 사람이 이미 알고 있다. 그뿐 아니다. 대의를 위한 실천에 있어서도 한계를 두지 않고 철저한 것,

이것이 그의 또 다른 원칙주의이다."라고 평했다. 그러고는 다음과 같은 말을 덧붙였다.

나는 이 점에서 그를 따라갈 수 없었다.[79]

　비록 예전보다 상황이 나아졌다고 해도, 사회개혁운동에 온전히 자기를 바친 노무현 같은 투사조차 기득권 세력의 공격으로 인해 비극적 최후를 맞아야 했던 한국에서 문재인의 앞길은 그리 순탄하지 않을 것이다. 지금은 국민적 지지, 즉 국민의 사랑이 문재인을 대권을 향한 길로 계속 밀어내고 있지만 그의 마음은 편치 않을 것이다. 국민의 사랑이 언제까지 계속될지 알 수 없고, 스스로 빚쟁이라는 표현을 쓴 데서 알 수 있듯이 문재인은 이 국민의 사랑에 보답해야만 한다는 부담감까지 갖고 있다. 하기 싫은 일을 억지로 해야만 하고, 더욱이 아주 잘 해내야 하는 압박감에 시달리는 문재인의 처지는 마치 부모에게 떠밀려서 억지로 수험 공부를 하는 학생과 유사하다고 말할 수 있다. 억지 공부를 하는 수험생이 매가리 없듯이, 억지 정치를 하는 문재인이 투지나 패기를 갖기란 무척 힘들다.

　원래 훌륭한 정치 지도자의 힘은 국민을 뜨겁게 사랑하고 국민의 힘을 신뢰하여 그 힘에 의거하는 데로부터 샘솟아 나오는 법이다. "신에게는 아직도 12척의 배가 남아 있나이다."라고 외칠 수 있는 장수의 저력은 백성의 힘에 대한 신뢰에 기초한다. 그러나 문재인은 강제로 올라타게 된 호랑이 등에서 언제 떨어질지 몰라 근심걱정이 가득한 특이한 대선주자다. 이 때문에 문재인은 스스로를 국민과 하나가 되어 혹은 국민의 일원으로서 기득권 세력과 맞선다고 느끼기보다는 관객의 환호를 등에 업은 채 홀로 링에 올라가 강적과 맞서는 고독한 권투선수라고 느낄 가능성이 크다. 문재인이 미래를 비관적으로 전망하면서 기득권 세력을 두려워하는 마음을 때때로 드러내는 것은 이와 관련이 있을 것이다. 그는 2012년 대선에서 패배한 후 2017년 대선을 바라보면서 다음과 같이 말했다.

지금 우리는 다음 희망을 이야기한다. 집권을 위한 방법론을 말한다. 그러나 나는 걱정이 된다. 지금 집권을 말하기 전에 진보·개혁 진영이 얼마나 달라졌을까 생각하면 두려운 마음마저 든다.[80]

문재인은 지난 대선에서의 패배를 두고 "우리 지지층이 유례없이 결집했지만, 상대 지지층은 더 무섭게 결집"했다고 평했고,[81] 새누리당에 대해서는 "워낙 당세가 도도하고 당 외곽의 조직적 뒷받침도 강"하다면서[82] 두려운 마음을 드러냈다.

새누리당이 떵떵거리는 재벌이라면 민주당은 낡고 부실한 영세 기업 같은 오랜 이미지에서 환골탈태하지 않으면 안 됩니다.[83]

문재인이 재벌에 비유할 정도로 강력하다고 평가한 새누리당은 2016년 시민의 압력을 견디지 못하고 공중분해되었다. 세상에서 가장 강한 무적의 힘은 국민의 힘이다. 그리고 이 힘을 발동시키고 총폭발시키는 것이 정치인의 중요한 임무 중 하나이다. 만일 문재인이 사회개혁운동에

대통령 선택의 심리학

모든 걸 쏟아부을 수 있는 정치인이었다면 항상 '국민과 함께'라는 느낌을 가졌을 터이므로 새누리당을 그리 두려워하지 않았을 것이다. 하지만 문재인은 그럴 수 없는 정치인이므로 일반 국민과 일체화되기도 어렵다. 대권주자로서의 문재인의 최대 약점은 바로 여기에서 비롯한다.

무엇보다 문재인은 지지율 변동과 사회적 압력에 취약하다. 지지율이 높으면 비교적 안정적인 역할을 수행하겠지만, 지지율이 떨어지거나 심하게 변동하면 심리적 안정을 잃을 가능성이 있다. 사회적 압력이나 비난을 심하게 받는 경우에도 마찬가지이다. 따라서 문재인이 대권주자로서의 역할을 제대로 해내려면 국민적 지지가 계속 높은 수준으로 유지되어야 한다. 문재인은 또한 측근 혹은 참모들에 대한 의존도가 심해질 위험이 있다. 그는 대권 도전 동기가 타 대선주자들에 비해 약한 데다 정치를 수동적이고 피동적으로 해온 습관을 가지고 있다. 맨 앞에 서서 측근들을 이끌어가거나 부하들을 강하게 휘어잡는 스타일도 아니다. 따라서 문재인 캠프에서 측근이나 참모의 역할은 상대적으로 커질 수밖에 없다. 만약 제반 환경이 나빠지는데도 문재인이 계속 대권주자의 역할을 감당해야 하는 상황이 조성되면 측근에 대한 의존도는 한층 심해질 가능성이 있다.

무거운 짐을 진 사나이

문재인은 노무현 전 대통령이 정치에 입문하는 것을 말리지 못한 것을 후회한다고 말했다.

> 나는 그의 좌절과 고통을 볼 때마다 그의 정치 입문을 찬성했던 것을 후회
> 했다. (…) 실제로 그에게 변호사로 돌아올 것을 권유한 적도 두어 번 있
> 다. (…) 비운의 일을 겪고 나니, 역시 처음부터 정치 세계로 들어가는 것
> 을 말렸어야 했다는 회한이 남는다.[84]

그렇다면 문재인은 노무현 전 대통령과의 만남 자체에 대해서는 어떻
게 평가하고 있을까?

> 내 인생에서 노무현은 무엇인가. 잘 모르겠다. (…) 그를 만나지 않았다면
> 나의 삶은 전혀 달랐을 것이다. 그런 점에서 운명이다. 그런데 그것이 꼭
> 좋았냐고 묻는다면 쉽게 대답할 수 없을 것 같다. 힘들고 고통스러운 순간
> 도 너무 많아서다.[85]

나는 다른 모든 것에 우선해 문재인이 한동안은 자유를 마음껏 누리면
서 살았으면 좋겠다. 그래서 한이 풀리면 그가 진정으로 원하는 일을 하
면서 행복하게 살아갔으면 좋겠다. 그런 기회가 주어진다면 아마 문재인
은 노무현의 삶을 좌절과 고통이 아니라 자랑스럽고 보람차고 행복했던
삶으로 기억할 수 있게 될 것이다. 그 사람 좋은 미소를 지으며 노무현과
만날 수 있어서 정말 좋았다고 말할 수 있게 될 것이다.

비록 노무현 전 대통령은 비극적으로 생을 마쳤지만, 그의 미소와 삶
은 참으로 아름다웠고 그의 삶이 있었기에 2017년의 촛불혁명이 가능했

다. 노무현은 충분히 잘 살다 갔고, 우리의 마음과 역사 속에 영원히 남을 것이다.

정치에서 물러난 2004년, 문재인이 안나푸르나 도보 여행에 나섰을 때 일이다. 문재인 일행은 포터를 2명 요청했는데, 체구가 작은 포터 한 명만 왔다. 난감해하는 문재인에게 그 포터는 두 사람 짐을 자기 혼자서 충분히 질 수 있다고 호언장담했다. 두 사람의 짐을 합치면 20킬로그램에 달했고 부피가 거의 포터의 체구와 비슷했다. 문재인의 마음이 편했을 리 없다. 그는 "그렇게 맡기고 빈손으로 산길을 오르자니 영 마음이 불편"해서 "에이 대한민국 남자가 체면이 있지" 하는 생각으로 자기 짐의 절반쯤을 짊어졌다. 그러고는 곧 후회했다.

> 10킬로그램도 안 되는 배낭 무게였는데, 트레킹 하는 동안 그게 그렇게 무거울 수 없었다. 그렇다고 도중에 다시 넘겨줄 수도 없고, 아내에게 떠넘길 수도 없고…. 끝까지 메고 갔는데 참 힘들었다.[86]

문재인은 마음이 불편하더라도 그냥 포터가 짐을 다 지도록 놔두는 편이 좋았을까? 아니면 그의 짐을 나눠서 짊어진 채 힘들어하며 후회하는 편이 좋았을까? 나에게 이 장면은 마치 지금의 문재인이 처한 상황을 상징하는 것만 같다. 지금 문재인이 지고 있는 짐은 그가 짊어지기에는 너무 무거워 보인다. 그렇다고 선뜻 짐을 내려놓으라고 말하기도 어렵다. 부디 문재인이 이번의 대권 도전을 고난과 고통으로 기억하면서 후회하지 않게 되기를 간절히 바란다.

참여정부에서 억지로 떠맡았던 정치 일을 끝내고 시골집에서 살고 있을 때, 그곳을 방문한 기자들에게 문재인은 이렇게 말했다.

여기에 와보면 내가 왜 정치를 하지 않으려고 하는지 이유를 잘 알 것이다. 물도 공기도 조용하다. 도 닦기에는 정말 최고다. 지금은 도를 닦고 있는 것도 아니고 하산한 것도 아니고 어중간하다.[87]

문재인의 대권 도전이 본인에게도 나라에도 좋은 일이 되기 위해서는 그가 하루빨리 어중간한 상태에서 벗어나야 한다. 그것이 가능할지에 대해서는 독자들 판단에 맡기겠다.

대통령 선택의 심리학

2

이재명

나의 행복을 위해
싸운다

2017년 1월 23일. 이재명은 경기도 성남시 중원구 상대원동에 자리 잡은 오리엔트 시계 공장에서 대선 출마를 선언했다.

> 이곳은 열두 12살부터 어머니 손을 잡고 학교 대신 공장에 출근했던 빈민 소년 노동자의 어릴 적 직장입니다. 바로 여기에서 저는 힘겨운 노동에 시달렸던 그 소년 노동자의 소망에 따라 대한민국 19대 대통령 선거 출마를 여러분께 고합니다.[1]

지금까지 숱한 정치인들이 나름대로 비장한 결의를 표현하기 위해 상징적인 장소에서 대선 출마 선언을 했지만, 공장에서 출마 선언을 한 대권주자는 이재명이 유일하다. 그는 '노동자' 출신임을 전면에 내세운 대통령 후보이다.

이재명의 대권 도전은 과거에 노무현이 대권에 도전했을 때와 유사한 혹은 그보다 더 큰 충격파를 한국 사회에 던지고 있다. 노무현은 부유하거나 뼈대 있는 가문 출신이 아니고 대학을 졸업하지 못했으며, 학생운동 경험도 없던 비주류 정치인이었다. 그런 그가 대권에 도전하자 한국 사회

특히 주류 사회는 큰 충격에 빠졌다. 그런데 이재명은 노무현보다 한술 더 뜨는 인물이다. 그는, 본인의 표현을 빌자면, 무(無)수저 가문 출신이고 초등학교를 마치자마자 공장에 다녔던 밑바닥 인생이며, 학생운동 경험도 없다. 그야말로 비주류 정치인이다. 비록 노무현 학습 효과가 있다고 해도, 그런 이재명이 유력한 대권주자가 되었으니 겉으로 내색하지 않아서 그렇지 한국 사회 특히 주류 사회가 받는 충격은 상당할 것이다.

노무현이 대권에 도전했을 때만 해도 그는 대중에게 거의 알려지지 않은 무명에 가까워서 노무현이 대권을 거머쥘 것이라고 예상하는 이들은 거의 없었다. 한국의 정치 상황과 정치인들에 대해 자세하게 파악하고 있던 미국이 막상 노무현 돌풍이 시작되자 부랴부랴 그에 대해 조사를 시작하고 노무현 캠프에 선을 대려고 애썼던 것은 그의 대권 도전이 얼마나 예상 밖의 사건이었는지를 잘 보여준다. 이재명은 2016년의 촛불 정국이 시작되기 전까지만 해도 대중에게 많이 알려지지 않은 정치인이었으나 촛불이 거세게 타오르면서 일약 대권주자의 반열에 자기 이름을 올렸다. 현 시점에서 이재명이 대권을 거머쥘 수 있을 것이라고 믿는 사람들은 많지 않은 듯하다. 하지만 세상일은 모르는 법이다.

2017년 대선에 출사표를 던진 야권의 유력 대선주자들은 노무현의 후계자 혹은 장자임을 내세우고 있다. 이것은 그들의 대권 도전이 크건 작건 노무현 전 대통령의 후광 덕을 보고 있음을 의미한다. 사실 친노는 이제 한국에서 비주류라기보다는 신흥 주류 세력에 가깝지 않은가. 반면에 이재명은 노무현의 후광과는 무관한 정치인이다. 그는 철저한 비주류로서 자력으로 대권 도전을 시작했다. 이런 점에서 노무현의 후계자를 자처하는 야권 후보들이 아니라 이재명이 오히려 과거의 노무현과 가장 유사

대통령 선택의 심리학

한 정치인일 것이다. 그러나 이재명은 노무현과는 여러 면에서 다르다.

이재명은 어떤 사람이고 그의 미래는 어떻게 될까?

찢어지게 가난했던
노동자 출신 정치인

여러모로 흥미로운 정치인인 이재명의 심리에 대한 분석이 어느 정도 마무리되었다고 판단하고 있을 즈음 그가 출마 선언에서 한 다음과 같은 말 때문에 나는 충격을 받았다.

> 저의 모든 판단과 행동과 정책은 제 삶의 경험과 가족, 이웃의 현실에서 나옵니다. 약자의 희생으로 호의호식할 수 없었고, 빼앗기지 않고 누구나 공정한 환경에서 함께 잘사는 것이 저의 행복이기 때문에 저는 저의 행복을 위해 싸웠을 뿐입니다.[2]

내가 놀란 것은 "저의 행복을 위해 싸웠을 뿐"이라는 대목 때문이다. 나의 행복을 위해 정치를 한다는 말은 아무나 할 수 있는 말이 아니다. 더욱이 그것을 대선 출마 선언 자리에서 하는 것은 정말 쉬운 일이 아니다. 이렇게 말할 수 있는 정치인은 두 부류뿐인데, 하나는 정신 나간 악질 정치인이고, 다른 하나는 국민과 일체감을 느끼고 있는 정치인이다.

만일 전과 14범이었던 이명박이 2008년의 대선에서 '나는 내 행복을 위해 정치한다'고 말했다면, 사람들은 어떤 반응을 보였을까? '저 놈이 대권을 잡아서 한몫 챙기려고 하는구나.'라고 생각했을 것이다. 이런 반응이 나올 것임은 삼척동자라도 알 수 있기 때문에 이명박은 자신의 행복을 위해서라고 말하지 못하고 '국민을 부자로 만들어주기 위해서'라고 거짓말했다. 박근혜도 마찬가지이다. 그 역시 자기 행복을 위해 대권에 도전한다고 말하지 못했고, 실제로는 최순실과 결혼했으면서 국가와 결혼했다고 뻔한 거짓말을 했다. 제아무리 악해도 대선 출마 자리에서 '나는 대권을 국민이 아니라 내 행복을 위해 사용할 거야. 어쩔래?'라고 말하는 정치인은 없다. 정신이 온전치 못한 경우라면 모를까.

공적인 자리에서 자기 행복을 위해 정치했다 혹은 싸웠다고 말할 수 있으려면 일반 국민과의 일체감이 필수적이다. 즉 무의식에 '나=국민', '나의 꿈=국민의 꿈', '나의 행복=국민의 행복'이라는 등식이 자리 잡고 있어야 그런 말을 거침없이 할 수 있다. 그렇다면 이재명이 과연 그런 정치인인가? 만일 그렇다면 어떻게 그런 정치인이 될 수 있었나?

통속적으로 말해 이재명은 무수저에서 출발해 지자체 시장, 나아가 대권주자까지 벼락출세를 했다. 개천의 지렁이에서 출발해 용이 되고도 지렁이의 정체성을 잃지 않는 것이 그리 쉬운 일은 아니다. 어떤 이들은 가난한 집 혹은 노동자 출신이면 당연히 그럴 거라고 생각하기도 하는데, 실제로는 그렇게 단순하지가 않다. 어쨌든 이 문제를 해명하기 위해서 노동자 출신이라는 사실이 이재명의 심리에 미친 영향부터 살펴보기로 한다.

이재명이 노동자 출신이라는 것은 그 누구도 부정할 수 없는 객관적인 사실이다. 오늘날 한국의 정치인들은 대체로 자신이 가난한 집 출신이라서 어릴 때 고생하며 자랐다는 것을 부각시키는 편이다. 부자들에 대한 분노는 큰 반면 가난한 사람이 절대다수인 한국 사회에서 가난한 집 출신임을 부각시키는 것이 표를 얻기에 유리해서일 것이다. 또한 가난한 집 출신의 성공 스토리는 사람들 심금을 울려 동정심을 유발할 수 있고, '귀족 출신이 서민들 삶을 알겠어?'와 같은 우려를 불식시키는 데도 유리하다. 그래서인지 요즈음의 정치인, 특히 대권에 도전하는 정치인들은 자신이 가난한 집 출신이라는 점을 부각시키는 경향이 있다. 그러나 '나도 가난한 집 출신이야!' 하고 외치는 그 어떤 정치인도 이재명에게는 명함조차 내밀지 못할 것이다. 이재명은 경상북도 안동의 한 시골 마을에서 9남매의 일곱째로 태어났다.

돌투성이 거친 땅, 경북 안동 깡촌 마을. 서러움과 배고픔만 기억되는 아픈 땅. 그곳이 제가 태어난 곳입니다. 보리 좁쌀 한 줌씩 넣고 밥도 아닌 죽을 끓이던 저녁 무렵 어머니는 저를 낳으셨습니다. 그날이 22일인지 23일인지, 고생으로 뱃골이 빠져 정신이 없으시던 어머니는 제가 태어난 날을 정확히 모릅니다. 9남매의 일곱째, 태어나지 않았다면 어머니의 그 지독한 고생을 조금이나마 덜어드렸을까요?[3]

나는 점을 믿지는 않지만 간혹 호기심이나 심심풀이로 보기도 하고, 간혹 점을 통해 일시적으로 위안을 얻기도 한다. 그런데 정확한 생일을 모르면 어떻게 점을 볼까? 생일로 정한 날을 기준 삼을 수는 있겠지만, 신뢰도가 떨어질 텐데…. 가난이 이재명에게서 점 보는 재미마저 빼앗아 갔으니 참으로 안타깝다.

이재명 가족은 그가 초등학교를 졸업한 1976년에 성남으로 이주했다.

당시 열두 살이었던 이재명은 다른 아이들이 중학교에 진학할 때, 꼬마 노동자가 되어 어머니 손을 꼭 붙잡은 채 공장에 출근했다. 노동자, 특히 나이 어린 노동자에게 공장은 가혹한 곳이다. 더욱이 그가 꼬마 노동자로 일하던 때는 유신독재 시절인 1970년대였다. 그는 동마고무, 아주냉동, 대양실업, 오리엔트 등 상대원 공단의 공장을 전전하면서 사장이 석 달 치 월급을 떼먹고 야반도주하는 일을 겪는가 하면 수차례 산재 사고를 당해 심각한 후유장애를 경험했다.

동마고무에서는 모터벨트에 왼손이 감기는 사고를 당했고, 오리엔트에서는 신나로 인해 후각이 마비되었으며, 대양실업에서는 프레스 사고로 왼팔이 부서지는 큰 사고를 당했다. 현재 이재명은 왼팔이 제 기능을 못하는 6급 장애인이다.[4] 이재명을 포함하는 7남매(5남 2녀, 9남매 중 2명 사망)가 모두 초등학교나 중학교만 졸업하고 공장에 다녔으니, 이재명의 집안은 전형적인 노동계급 가정이었다고 말할 수 있다.

1980년, 군사 쿠데타를 통해 정권을 잡은 전두환 정권이 본고사를 폐지하자 학력고사 성적만으로 4년간 장학금을 주는 사립대학들이 생겨났다. 학력고사에서 우수한 성적을 받기만 하면 등록금 면제는 물론이고 돈까지 받으면서 대학에 다닐 수 있는 길이 열린 것이다. 이재명은 공장에 다니면서 이를 악물고 공부해 학력고사에서 높은 점수를 받았다. 중앙대 법대에 입학한 그는 등록금 면제에다 매달 장학금을 받았는데, 그 돈이 노동자로 일할 때에 받던 월급의 4배가 넘었다. 노동자 이재명의 엄청난 신분 상승이 시작된 것이다.

어떤 이들은 이재명이 노동자 출신이기는 하지만, 대학을 졸업했고 변호사 생활도 했으니 순수(?) 노동자가 아니라고 말하기도 한다. 맞는 말이다. 그는 적어도 청년기 이후에는 노동계급이 아니었다. 그러나 그렇다고 해서 노동자로서의 삶이 그의 심리에 커다란 영향을 주지 않았을 거라고 보면 큰 오산이다.

첫째, 심리학적으로 볼 때 아동기와 청소년기의 경험은 인간 심리에 절대적인 영향력을 미친다. 이재명은 인간 심리의 뼈대가 완성되는, 초등학교를 졸업하고 청년이 되기까지의 중요한 시기를 노동자로서 살았으니, 그것이 그의 심리에 큰 영향을 미쳤다고 보는 것이 상식적이다.

둘째, 비록 이재명은 신분 상승에 성공했지만 나머지 형제들은 여전히 노동자이다. 그의 형제들은 여전히 건설노동자, 환경미화원, 요양보호사, 야쿠르트 배달원 등의 직업을 가진 채 살고 있었다. 다섯째(5남 중 4남이라 집에서는 '넷째'로 부른다)인 이재명을 제외하면, 7남매 가운데 셋째 형만이 대학을 졸업하고 회계사가 되어 유일하게 신분 상승에 성공했다. (이재명이 성남시장에 당선한 후 사이가 틀어졌고 현재 박사모 성남지부장 일을 하고 있다.) 이재명의 큰형은 산재로 다리를 다쳐 휠체어를 타는 장애인이 되었고, 여동생은 환경미화원 일을 하다가 과로사했다.

분당에서 야쿠르트 배달 일을 하던 여동생은 다른 일을 하고 싶었지만 오빠가 시장에 당선되었으니 좋은 데로 가느냐는 말이 듣기 싫다면서 야쿠르트 배달을 계속했다. 그는 이재명이 재선한 다음에야 더 좋은 직장으로 옮겼는데, 그 더 좋은 직장이 바로 환경미화원이었다. 그러나 2014년 여름, 새벽 청소를 나갔다가 뇌출혈로 갑작스레 과로사로 세상을 떠났다.[5] 이재명은 아내에게 자신이 시장이 아니었으면 여동생이 차라리 더 편한 일을 구할 수 있었을 것이라고 말하며, 한동안 심하게 자책했고 심지어는 시장이 된 것을 후회하기까지 했다. 그는 2015년 3월 9일자 페이스북에 다음과 같은 글을 올려 동생의 죽음을 애도했다.

어려운 형편 때문에 그리도 원했던 여고 진학을 못한 채 봉제공장 시다로, 미싱사로, 야쿠르트 아줌마로 일하면서 언제나 활달하게 열심히 살았다.

지금까지 살펴보았듯이, 이재명은 기본적인 심리가 형성되는 결정적인 시기라고 할 수 있는 청년기 이전까지 노동자였고, 그의 가족은 과거에도 현재에도 노동자요 서민층이다. 이것이 그가 대선에 출마하는 시점까지도 일반 국민과의 일체감을 유지할 수 있게 해주는 객관적인 기초로 작용했음은 의심할 여지가 없다.

출신 계급을 배반하는 심리적 요인

노동자 출신이라는 객관적인 기초가 있다고 해서 자동으로 계급성이나 민중과 일체감을 갖는 것은 아니다. 사실 한국인들이 사회계급적 이익의 견지에서 사고하고 투표했다면 한국은 진즉에 뒤집어졌을 것이다. 한국인 절대다수는 노동자이고 피지배계급, 즉 민중에 속하기 때문이다. 객관적인 사회계급적 처지가 이데올로기와 일대일 대응 관계에 있지 않음을 알 수 있다.

가난한 집 출신자가 출세하고 나서 가난한 이웃을 돕기보다 기득권 세력의 앞잡이가 되어 잔인하고 악랄하게 탄압하고 착취하는 예는 흔하다.

노동계급 출신인 노동운동 지도자나 간부 중에도 노동계급을 위해서가 아니라 개인적 이익이나 명예를 위해 알량한 권력을 휘두르거나 지배계급에 빌붙는 계급 배반자들이 있다. 물론 지배계급 출신보다는 노동계급 출신자가 노동자나 민중의 이익을 더 잘 대변할 개연성은 있다. 하지만 계급 배반 심리를 초래하는 많은 요인이 있기 때문에 현실에서는 '가난한 집 출신 정치가는 당연히 가난한 이들을 위해 싸운다.'라는 명제는 성립되지 않는다.

계급 배반을 초래하는 심리적 요인은 무엇일까? 여러 가지가 있겠지만, 가장 일반적이고 강력한 것은 '자기혐오'이다. 자기혐오는 자기와 같거나 유사한 사람들을 혐오하고 나아가 공격하게 만드는 주범이다. 아침에 일어나 거울을 볼 때마다 자기 얼굴이 너무 마음에 드는 사람이 있다고 해보자. 그가 거리에 나섰을 때 자기처럼 생긴 사람과 마주치면 어떤 감정을 느낄까? 친근감, 반가움, 호감과 같은 긍정적인 감정을 느낄 것이다. 그 결과 그는 자기처럼 생긴 사람을 사랑할 것이다. 반대로 거울을 볼 때마다 자기 얼굴이 너무 싫어서 화가 나는 사람은 어떨까? 거리에 나섰을 때 자기처럼 생긴 사람과 마주치면 그는 불쾌감, 짜증, 분노, 적대감 같은 부정적인 감정을 느낄 것이다. 또 자기처럼 생긴 사람을 미워하고 적대시할 것이다.

가난한 자기를 혐오하는 사람은 가난한 이웃들도 혐오한다. 그는 가난한 이들을 멀리하고 부자들과 어울리려 한다. 그리고 언젠가는 자기도 부자가 될 거라는 꿈을 꾸면서 부자들을 대변하는 정당에 투표한다. 자기혐오는 계급 배반 심리를 초래하는 결정적인 심리적 요인이다.

이명박은 자신이 가난한 집 출신임을 무지하게 내세웠던 정치인이다.

그가 어렸을 때 가난한 집안에서 자라난 것은 사실이다. 그렇지만 그에게서 가난한 사람들을 사랑하는 모습은 전혀 발견할 수 없다. 이명박 정부 초기에 발생한 용산참사를 통해서도 알 수 있듯이, 그는 출세한 이후 가난한 사람들을 업신여기고 괴롭히고 착취하며 잔인하게 공격하는 모습만을 보여주었다. 이명박은 왜 계급 배반자가 되었을까? 그가 가난한 자기를 혐오하는 자기혐오자였기 때문이다. 고등학교 시절 이명박은 가난한 고학생 신분으로 행상을 했는데, 동지상고 동기인 강원구 씨는 당신의 이명박을 이렇게 기억했다.

명박이가 친구들이 놀릴까봐 밀짚모자 눌러쓰고 행상을 했지만 공부는 정말 잘했다.

이명박은 가장 창피했던 때를 묻는 질문을 받자 "고교 시절 여학교 앞에서 뻥튀기 장사를 할 때"[6]라고 대답했는데, 이것은 이명박이 가난한 자기를 매우 부끄러워했음을 명확히 보여준다. 부끄러움 혹은 창피함은 혐오와 통한다. 남들한테 보여주기 싫을 정도로 스스로를 부끄럽고 창피하게 여기는 사람은 자기를 사랑할 수 없고, 그 상태가 지속되면 결국 자기를 혐오하게 된다. 이명박은 가난한 자기를 혐오했기 때문에 가난한 이웃들을 멀리하고 권력자나 부자를 쫓아다녔다. 대학 시절에 젊은 혈기로 정신이 그만 흐릿해졌던지 6.3데모를 앞장서서 이끌다가 감옥신세를 지기도 했지만, 훗날 자기를 감옥에 가둔 독재자인 박정희 대통령에게 장문의 편지를 써서 현대건설에 입사한다. 이후로 이명박은 권력과 돈을 향해 줄달음쳤다. 대통령이 된 후 행적에 대해서는 다들 잘 알고 있으니 굳이 언급하지 않겠다.

가난한 자신을 사랑할 수 있는가

가난한 사람이 가난한 자기 혹은 가난 그 자체를 혐오하게 되는 이유는 무엇일까? 여러 이유가 있지만 무엇보다 부모의 영향을 꼽을 수 있다.

첫째, 부모가 아이를 사랑하지 않으면 아이가 가난한 자기를 혐오하게 될 위험이 크다. 아이는 부모의 사랑을 받지 못하면 화가 나기 마련이다. 이때 아이가 가난 때문에 부모가 자기를 사랑하지 않는다고 믿게 되거나 자신의 분노를 가난으로 인한 각종 스트레스와 연관시키기 시작하면, 가난한 자기를 혐오하게 될 가능성이 높아진다. 단순하게 말하면 실제로는 부모한테 사랑받지 못해서 화가 나는 것인데, 가난해서 화가 난다고 착각해 가난한 자기를 혐오하게 되는 것이다.

둘째, 부모가 가난을 부끄러워하고 부자들에게 비굴하게 굴면 아이가 가난을 혐오하게 될 가능성이 커진다. 부모가 입만 열면 가난한 신세를 한탄하거나 돈타령을 하면 당연히 아이는 가난을 지긋지긋하게 여기고, 나아가 가난이야말로 불행의 원천이라고 믿게 된다. 부모가 부자들 앞에서 머리를 조아리며 비굴하게 굴면 아이는 굴욕감과 창피함으로 얼굴이 화끈 달아올라 가난하면 인간 대접을 받을 수 없고 삶이 한없이 비루해질 수 있음을 인식한다. 원래 자식에게는 자랑스러운 부모, 존경할 만한 부모를 가지고 싶다는 간절한 소망이 있다. 부자에게 비굴한 부모 밑에서 자란 아이는 가난이 자신의 소망을 무참히 짓밟았다고 믿고 가난을 혐오하기 쉽다.

지금까지의 논의를 기초로 해서 다시 이명박 얘기를 꺼내보면, 어린 이명박은 부모에게 사랑받지 못했고 그의 부모는 가난을 부끄러워하며 부자에게 비굴하게 굴었을 가능성이 높다. 그 결과 이명박은 어려서부터 가난 그리고 가난한 자기를 혐오하게 되었을 것이다.

찢어지게 가난하더라도 부모가 자식을 사랑하고 가난을 부끄럽게 여기지 않고 당당하게 살아간다면 자식이 가난한 자기를 혐오하는 대신 사랑할 수 있을까? 답은 '그렇다'. 부모에게 사랑받은 아이는 아주 어려서부터 자기긍정과 자기사랑의 심리를 가지고 성장한다. 이런 심리는 무의식 깊이 자리 잡기 때문에 성장하는 과정에서 가난으로 이런저런 스트레스를 받더라도 자기혐오에 빠지는 경우는 드물다. 여기에 더해 부모가 가난을 부끄러워하지 않으며 부자 앞에서도 당당하면 아이는 가난한 부모를 자랑스러워하고 존경할 수 있으며 가난한 자기까지 자랑스러워할 수 있다. 가난하게 자라났음에도 가난한 자기를 혐오하지 않았던 대표적인 인물로 현대그룹 창업자인 정주영을 꼽을 수 있다.[7] 그는 재벌 그룹 회장이 되어서도 물욕이 없었고, 검소한 생활을 한 것으로 유명하다.

이재명은 가난한 자기를 사랑했을까 아니면 혐오했을까? 이에 대한 답을 찾으려면 어린 시절 그가 부모의 사랑을 받았는지부터 살펴볼 필요가 있다.

이재명은 아버지보다는 어머니 사랑을 많이 받으면서 자라난 것 같다. 그의 아버지는 경제적으로 무능력해서 어머니가 산비탈에 밭을 일구고, 막걸리 장사를 하고, 상대원시장 화장실 앞에서 휴지를 팔아가며 7남매를 키웠다. 이재명은 초등학교를 졸업하자마자 교복이 아닌 회색 작업복을 입고 공장으로 출근을 했는데, 어린 아들을 학교가 아닌 공장에 보내야만 했던 어머니의 마음은 너무나 아팠을 것이다. 그래도 천만다행인 것은 이재명의 어머니가 어린 아들의 손을 꼭 붙잡은 채 공장까지 데려다주었다는 것이다.

가난으로 스트레스를 받다 보면 우울해지기 쉬운데, 이럴 경우 자식을 방치하게 될 위험이 커진다. 만일 어린 이재명이 공장에 나가게 되었을 때 그의 어머니가 아들을 데려다주지 못할 정도로 상태가 안 좋았다면, 오늘날의 이재명은 존재할 수 없었을지도 모른다. 머리통이 제법 굵어진 청년들도 처음 직장생활을 시작할 때는 떨리고 무서운 법이다. 하물며 갓 초등학교를 졸업한 나이에 그리 좋은 직장도 아닌 공장에 출근하게 되었을 때, 이재명은 얼마나 떨리고 무서웠을까. 부모가 자식에게 지지적인 역할을 해줘야 할 순간에 그 역할을 해주는 것은 참으로 중요한데, 그런 점에서 이재명의 어머니는 좋은 어머니였다.

이재명의 어머니는 상대원시장 화장실 앞에서 휴지를 팔다가 밤 10시가 넘어서 퇴근했다. 몹시 피곤했을 텐데도 그녀는 철야를 마치고 새벽 4시가 되어야 귀가하는 어린 이재명을 기다려주었다. 정주영은 자서전에서 회사 일을 마치고 늦게 귀가할 때에도 아버지가 주무시지 않고 기다리고 있다가 자기를 맞이해주었던 일을 뜨겁게 회고했다. 부모의 사랑은 중년기에 접어든 아들조차 감동시키고 힘을 북돋아주는 위력을 가지고 있다. 어린 나이에 힘겨운 철야를 마치고 새벽 4시에 집에 들어왔을 때, 본인도 힘들게 일해서 많이 피곤할 텐데도 그 시간까지 꿋꿋하게 아들을 기다려주었던 어머니. 그런 어머니가 이재명에게 얼마나 큰 힘이 되었는지에 대해서는 굳이 설명할 필요조차 없을 것이다.

이재명의 어머니는 불쌍한 아들 때문에 여러 번 우셨다. 아니, 눈물 마를 날이 없었다고 말하는 것이 맞겠다. 이와 관련해 이재명은 대선 출마 선언을 하면서 다음과 같이 말했다.

고무공장 샌드페이퍼에 깎여 피가 배어 나오는 제 손바닥을 보고 또 우셨습니다. (…) 벨트에 감겨들어 뭉개져버린 제 손가락을 보고 또 우셨고, 프레스 사고로 비틀어져버린 제 왼팔을 보고 또 우셨고, 단칸방 가족들이 잠들었을 때 마당에 물통을 엎어놓고 공부하던 저를 보고 우셨고, 장애와 인생을 비관해 극단적 시도를 두 번이나 하는 저를 보고 또 우셨습니다.[8]

어머니는 넷째 아들인 이재명에게 유난히 기대가 컸다. 그 기대 덕인지 몰라도, 그는 대학에 진학했고 사법시험에도 합격했다. 그런데 사법연수원을 마치던 1989년에 진로 선택 문제로 고민에 빠진다. 판검사 발령을 받으면 미래가 보장되고 어머니도 기뻐하시겠지만 군사독재 정권에 복무하며 호의호식하기는 싫었다. 인권변호사가 되면 떳떳하게 살 수 있겠지만 이재명 하나만 쳐다보고 있던 어머니와 가족을 크게 실망시킬 것이 분명했다.

문제는 가족이었다. 자주 표현하지는 않으셨지만 '넷째'에 대한 기대가 남다른 어머니, 판검사가 나오는 집안 경사를 꿈에서조차 기다리던 가족들에게 도저히 '운동'을 위해 판검사를 포기한다고 말할 용기가 없었다. 결국 어머니에게 '성적 부족으로 변호사를 할 수밖에 없다'고 거짓말을 하고

대통령 선택의 심리학

인권변호사의 길로 들어섰다.

이재명은 오랜 시간이 지난 어느 날, 어머니에게 거짓말을 실토하고 죄송하다고 말씀드렸다. 그랬더니 어머니는 빙그레 웃으며 이미 알고 있었다고 말씀하셨단다. 이 일화는 이재명과 어머니의 관계가 매우 좋았음을 보여준다. 이유야 어찌 됐든 어머니에게 거짓말한 것에 대해 늦게라도 사과한 이재명도 훌륭하지만, 아들이 거짓말하는 것을 알고 있었으면서도 암묵적인 침묵과 미소로 아들을 일관되게 지지해주었던 그의 어머니는 더 훌륭하다. 어머니의 한없이 넓고 깊은 사랑을 다시금 확인한 이재명은 당시의 심경을 이렇게 회고했다.

이미 거짓말하는 아들의 마음을 읽으시고도 별다른 말씀조차 하지 않으셨던 어머니. 만약 내가 이 세상에서 누군가를 위해 아주 작은 일이나마 할 수 있었다면 또 할 수 있다면, 그것은 작디작은 몸속에 헤아릴 수 없이 큰 마음을 가지신 바로 어머니 때문이리라.[9]

이재명은 자서전에서 "나를 있게 해주신 하늘, 어머니"라고 쓰면서 어머니를 하늘에 비유했다. 참혹했던 어린 시절을 견디고 이겨낼 수 있게 해준 어머니의 사랑을 고려해보면, 그가 어머니를 하늘이라고 부른다고 해서 과장이라고 폄하하기는 어려울 것이다.

나는 여러 저서를 통해 어머니의 사랑이야말로 생의 에너지의 원천이라고 강조했고, 그와 관련된 분석 사례들을 제시해왔다. 이재명을 보면 마치 에너지가 넘쳐나는 것 같다. 좀 심하게 말하면 에너지 과잉처럼 보이기도 한다. 가난한 어린 시절, 고통스러웠던 세월을 통과해온 사람답지 않게 이재명의 얼굴에서는 힘들고 지쳐 보이는 표정을 발견하기가 힘들다. 어쩌면 이재명은 훗날 어머니의 사랑과 지지가 자식에게 얼마나 강력한 생의 에너지를 제공하는지를 보여주는 대표적 사례로 회자될지도 모르겠다.

비록 가난한 집에서 태어나더라도 부모의 사랑을 받으면 아이는 '나는 사랑받을 만한 사람'이라는 확신을 가질 수 있다. 또한 부모가 자신을 귀중히 여기듯이 자기도 스스로를 귀중하게 여기고 그 결과 자기를 긍정하고 사랑하게 된다. 자기를 사랑할 수 있는 사람은 타인도 사랑할 수 있다. 정확히 말하자면, 자기를 사랑할 수 있는 사람은 모든 인간을 사랑할 수 있다. 자기사랑의 결정적인 중요성이 바로 여기에 있다.

가난한 사람이 자기를 사랑한다는 것은 자기의 가난, 가난한 자기까지도 사랑함을 의미한다. 이재명은 적어도 어머니의 사랑을 받았기 때문에 자기사랑이 가능했던 것 같다. 자기사랑이 가능했다면 그는 가난한 이웃들, 노동자와 민중도 사랑했을 것이다.

그는 가난이 준 상처를 극복했을까?

가난한 자기를 사랑하는 사람이 가난한 이웃을 배반할 가능성은 거의 없다. 그러나 단지 이것만으로 항상 가난한 이웃과 함께하며 그들을 위해 싸우는 사람, 잘못된 세상을 변혁하려는 사회개혁가가 되는 것은 아니다. 즉 자기사랑(이웃 사랑)은 민중의 편에 서서 사회개혁을 할 수 있게 해주는 필수조건이지 충분조건이 아니다. 그렇다면 가난한 집안 출신 혹은 노동자 출신이 사회개혁운동에 헌신할 수 있으려면 무엇이 필요할까? 무엇보다 가난으로 인한 심리적 상처를 치유하고 극복해야 한다.

사실 가난한 사람에게 가장 큰 고통은 가난 그 자체가 아니라 가난으로 인해 사람대접을 받지 못하는 것이다. 부모에게는 사랑을 받더라도 가난한 아이는 학교에서 친구들에게 놀림당할 수 있고, 선생님한테 차별 대우를 받을 수 있다. 나아가 사회생활을 하면서 타인들에게 업신여김을 당하기도 한다. 반대로 누군가가 비록 가난할지라도 그를 친구, 선생님을 포함하는 대부분의 타인이 존중하고 사랑하며 위해준다면, 가난은 그다지 고통스럽지 않을 수 있다.

이재명은 초등학교 생활을 하면서부터 가난으로 인한 사회적 스트레스를 본격적으로 경험했다. 그에게 가난이란 매 맞는 것, 즉 가혹한 학대였다. 이재명은 초등학교 시절에 학교에서 요구하는 과제를 수행하지 못해 숱하게 매를 맞거나 벌을 받아야 했다. 나락 한 되 가져오라는 과제를 수행하지 못하거나 육성회비 기부금을 내지 못해서 매를 맞았고, 미술 도구 같은 것을 준비해가지 못한 벌로 화장실을 푸기도 했다(당시는 다 재래식 화장실이었다). 초등학교 내내 이재명은 정신적인 학대는 물론이고, 육체적인 학대를 당했던 셈이다. 초등학교를 졸업하고 공장에 다니면서도 상황은 달라지지 않았다.

성남으로 와서 공장을 다녔는데 공장을 가니까 또 때리는 거예요. (…) 졸업을 하고 76년부터 공장을 갔는데 그때가 군사정권 시대 아닙니까? (…)

공장 관리인들이 다 군복을 입고 있었어요. 군복을 입고, 출근하는 꼬맹이들, 다 우리 나이 또래들이 일했으니까 그 꼬맹이들을 줄 세워놓고 속칭 빠따를 치는 거예요. 철들라고. 퇴근할 때 되면 또 줄 세워놓고 빠따를 쳐서 집에 보내고.[10]

어린 이재명에게 가난이란 사람대접은커녕 짐승처럼 매 맞으면서 학교를 다니고 공장을 다녀야만 하는 비참한 삶을 의미했다. 가난하면 매를 맞아야 하고 고통 속에서 살아야 한다고 믿게 되면, 당연히 가난을 싫어하고 두려워하게 될 것이다. 다시 말해 '가난=매' '가난=고통'이 되기 때문에 가난한 자기, 가난했던 시절 나아가 가난 그 자체를 회피하려는 마음의 상처가 생길 수 있다. 이런 상처가 심하면 부모한테서 사랑받은 사람일지라도 가난을 멀리하며 돈과 권력을 추구하는 삶을 살게 된다. 부모에게서 사랑받으면서 자라난 노동자들이 모두 노동계급을 위해 싸우는 것이 아니라 한 푼이라도 더 벌기 위해 발버둥치는 사람이 되는 것은 가난으로 인한 상처 때문이라고 해도 과언이 아닐 것이다. 그렇기 때문에 가난한 집안 출신자가 민중을 위한 사회개혁운동에 매진할 수 있으려면 이 가난으로 인한 상처를 반드시 치유해야 한다.

누군가가 마음의 상처를 치유했는지 치유하지 못했는지를 알 수 있는 가장 쉬운 방법은 상처를 대하는 그의 태도를 관찰하는 것이다. 최악의 경우는 자기에게 상처가 있다는 것을 아예 의식조차 하지 못하는 억압 상태인데, 이는 일단 논외로 한다. 상처를 치유하지 못한 사람은 상처에 대해서 언급하는 것조차 꺼린다. 어릴 때 매를 많이 맞고 자랐다던데 힘들지 않았냐고 물으면, 그때 일은 입에 담기도 싫다며 회피하는 경우를 예로 들 수 있다. 상처를 어느 정도 치유한 사람은 상처에 대해 언급은 할 수 있지만, 그럴 때마다 다소 강한 감정 반응을 동반한다. 매 맞던 시절 이야기를 하기는 하지만 울거나 화를 내는 식이다. 상처를 치유한 사람은 매 맞던 시절에 대해 언급하면서도 격한 감정 반응이 없고, 심지어는 웃거나 유머를 섞어 말하기도 한다. 손에 상처가 나 있다고 해보자. 상처가 다 아물었으면 상처가 났던 부위를 웃으면서 툭툭 칠 수 있다. 상처가 덜 아물었으면 상처가 난 부위를 건드리기는 하지만 여전히 아프니까 눈물이 난다. 여전히 상처가 심한 상태이면 상처가 난 부위를 건드리지 못한다. 결론적으로 말해 상처를 대하는 태도는 상처의 치유 여부를 가늠하는 하나의 척도이다.

이재명은 가난으로 인한 상처를 극복했을까? 그는 초등학교 시절에 선생님을 꿈꿨다. 대한민국을 이끌어갈 인재를 길러내기 위해서가 아니라 선생님을 하면서 한번 때려보기 위해서였다.[11] 이재명은 공장에 다니던 시절에는 관리자를 꿈꿨다. 관리자를 하면서 노동자들을 도와주기 위해서가 아니라 단지 매를 맞지 않기 위해서였다.

하도 많이 맞아서 안 맞는 방법을 찾아봤는데, 때리는 사람이 되면 안 맞을 수 있잖아요? 그래서 나도 관리자가 되어야지 마음먹게 되었습니다. (…) 그런데 그분이 고등학교 졸업이라서 나도 고등학교 졸업하면 저렇게 될 수 있나 보다 이렇게 막연한 생각을 했었죠. 그래서 이 악물고 검정고시로 중학교 고등학교 마쳤는데도 잘 안 되더라구요. 여전히 맞고 있습니다. (웃음) 그러다가 어찌어찌해서 대학 가서 사법시험 합격했는데, 하여튼 그때 꿈은 안 맞고 관리자를 하는 거였어요.[12]

만일 현재의 이재명이 무의식적 차원에서라도 남을 때리기 위해서, 매를 맞지 않기 위해서 대권에 도전하고 있다면 적극적으로 뜯어말려야 한다. 매 맞지 않기 위해 관리자가 되려는 것은 개인적 욕망일 뿐이고, 남을 때리기 위해 선생님이 되려는 것 역시 개인적 복수일 뿐이다. 개인적 욕망이나 복수심으로 권력을 잡은 정치인은 국민이 아닌 자기를 위한 정치를 한다. 캄보디아의 크메르 루즈가 권력을 잡은 뒤에 잔인한 양민학살 범죄를 저지른 것은 그들이 민중이 아니라 개인적 복수를 위해 사회변혁운동을 했음을 보여준다. 물론 어린 시절의 이재명이 매 맞지 않기 위해 혹은 때리기 위해 선생님이나 관리자를 꿈꾼 것을 문제시할 수는 없다. 부당하게 맞으면서 사는 아이라면 당연히 그런 생각을 할 수 있다. 따라서 중요한 것은 어른 이재명이 어렸을 때의 상처를 치유했느냐 여부이다.

이재명은 어렸을 때의 고통스러운 경험을 회피하거나 주저하지 않고 편하게 이야기한다. 때로는 웃거나 유머를 섞어가며 언급한다. 개그맨 김미화가 과거의 원수를 찾아내 서로 싸우기도 하고 화해도 하는 '티비는 웬수를 찾아서'와 같은 생방송 프로를 만들어 이재명을 때렸던 사람을 출연시키면 어떨까 하고 묻자 이재명은 웃으면서 이렇게 맞받았다.

절대 안 나올 거예요. 하도 많이 때려서…. 하하.[13]

이재명이 김미화에게 어렸을 때 잘살았냐고 묻자 그녀는 "아휴…. 저는 찢어지게 가난했죠."라고 대답했다. 그러자 이재명은 익살스럽게 "저는 뭐 찢어졌죠."라고 말한다.[14] 그는 농담조로 나는 '흙수저'도 못 되고

'무수저' 출신[15]이라고 말하기도 했다. 가난으로 인한 상처를 대하는 태도를 보면, 이재명이 상처를 치유했음을 알 수 있다. 따라서 그가 혹시라도 개인적 욕망이나 복수심으로 정치를 하려고 하는 것 아니냐는 우려는 접어두어도 괜찮을 것 같다.

"미치겠더라고요" 사회의식에 눈뜨다

가난한 집안 출신 혹은 노동자 출신이 사회개혁운동에 헌신할 수 있으려면 건전한 사회의식을 가져야 한다. 건전한 사회의식이 없는 사람은 개인과 사회의 관계를 이해하지 못하기 때문에 개인적 욕망을 실현하기 위한 삶에서 벗어나기가 어렵다.

자신의 고통과 불행이 개인 문제라고 믿는 사람은 개인적인 해결을 추구한다. 예를 들면 가난이 자기의 노력 부족 때문이라고 믿는 사람은 야근, 철야를 해서 가난을 탈출하려 한다. 반면에 자신의 고통과 불행이 사회 문제라고 믿는 사람은 사회적, 집단적 해결을 추구한다. 즉 불공정한 사회 때문에 자신만이 아닌 모두가 고통과 불행 속에서 사는 것임을 아는 사람은 사회개혁운동을 통해 세상을 바꾸려 한다. 자신이 노예인 것을 아는 노예는 이미 노예가 아니라는 말도 있지 않은가. 마르크스는 계급의식에 눈뜨지 못한 노동자와 눈을 뜬 노동자를 구분했고, 오직 후자만이 혁명을 추진할 수 있다고 강조했다. 만일 이재명이 자신의 고통과 불행이 잘못된 세상 때문이라는 것을 깨닫지 못했다면, 그는 지금 선생님이나 관리자 혹은 판검사가 되어 남들을 때리고 있었을지도 모른다.

　고등학교를 마치고 공장 관리자가 되는 것을 유일한 성공 모델로 알고 있던 꼬마 노동자, 산재로 장애인이 된 이재명은 주경야독하며 중고등학교를 검정고시로 마쳤다. 그러나 그의 삶은 조금도 달라지지 않았다. 폭행과 차별은 여전했고 미래는 암울했다.[16] 이재명은 입시제도가 변경되는 것을 활용해 극적으로 대학에 진학하는데, 그가 대학에 다니던 때는 학생운동이 폭발적으로 벌어지고 있던 80년대였다. 80년대 대학생들이 대부분 그랬듯이, 이재명은 대학에 다니면서 진실에 눈뜬다. 그때 받은 엄청난 충격에 대해 이재명은 이렇게 말했다.

　대학 갔더니 그게 아닌 거예요. 내 스스로가 너무 창피하고 또 너무 억울하고 한심하고 정말 미치겠더라고요. 그리고 한편으로 이런 일들이 일상적으로 벌어지고 있는 게 너무 개탄스러운 겁니다. 이게 무슨 나라냐? 한 인간에게 그런 식으로 잘못된 정보를 계속 주입해서 조작하고 말이야. 제 인생을 훔친 거 아닙니까. 삶을 훔친 거지요. 내 삶이 내 것이 아니었잖아요. 그래서 그걸 바꾸고 싶었던 게 꿈이었습니다. 지금도 마찬가지고요.[17]

　이재명은 진실을 알게 되었을 때, 단순히 충격을 받은 정도가 아니라 거의 미칠 것 같았다고 말했다. 왜 그랬을까? 독재 정권의 정보 조작질로 인해 자신과 자신의 가족 그리고 이웃들이 왜 그다지도 고통스럽고 불행하게 살아야만 했는지를 알지 못해 스스로를 탓하면서 기나긴 세월을 허비해온 것이 너무나도 억울했기 때문이다. "내 인생을 훔쳤다, 삶을 훔쳤다, 내 삶이 내 것이 아니었다."라는 격정적인 말은 바로 이를 표현하는 것이다. 비유하자면 마을 사람들이 오랫동안 극심한 고통으로 아파하거나 죽어갔는데, 누군가가 마을 우물에다 독을 풀어서 그랬다는 것을 알게 되었을 때의 충격이라고나 할까. 이재명이 거의 미칠 것만 같던 것은 그가 그때까지 너무나 고통스러운 삶을 살았기 때문이다. 독이 섞인 물을 별로 마시지 않다가 대학에 와서 진실에 눈뜬 대학생들과 독이 섞인 물을 마시면서 끔찍한 고통에 시달리다가 대학에 와서 진실에 눈뜬 대학생이 경험하는 심리적 충격은 당연히 다를 수밖에 없다.

이재명은 자신의 고통과 불행이 곧 모두의 고통과 불행이라는 사실을 깨달았다. 노동자가 계급의식에 눈을 뜬다는 것은 개별적인 노동자가 자신의 사회계급적 처지를 자각함으로써 노동계급이 운명공동체임을 깨닫는다는 것을 의미한다. 이런 점에서 노동자 이재명은 대학 시절, 드디어 계급의식에 눈을 떴다고 말할 수 있다.

> 고백컨대 나는 광주민주화운동을 '광주사태' 즉, 불순한 세력에 의한 폭동이라 알고 있던 소년 노동자였다. 그랬던 내가 대학생이 되어서야 진상을 깨달았다. 그리고 또 뒤늦게 깨우친 사실이 있다. 나와 가족, 공장 동료와 이웃들의 참혹한 삶이 결코 개인의 무능과 무책임, 게으름으로 인한 것만이 아니라는 것을! 그 뒤로 나의 작은 전쟁, 기득권과 불의를 향한 투쟁은 시작되었다. 나는 기득권자들과 싸우며 구속되고 수배 대상이 되는 등 차별과 고통 속에서 성장했다.[18]

이 발언은 그가 단순히 진실을 아는 것을 넘어서서 계급의식을 갖게 되었음을 명확히 보여주고 있다. 계급의식에 눈뜬 노동자는 노동계급을 위해, 세상을 변혁하기 위해 싸우기 마련이다. 그렇지만 이재명은 대학 시절 학생운동에 참여하지 않았다.

대학생이 된 꼬마 장애인 노동자는 대학 교정 여기저기서 군사독재의 횡포에 맞서는 친구들의 함성을 애써 외면했습니다. 유일한 생명줄인 '대학생' 신분을 빼앗길 수도 없었고, 유일한 탈출구로 믿던 사법시험을 포기할 수도 없었습니다.[19]

나는 이재명이 진실을 알게 되고, 계급의식이 생긴 뒤에도 학생운동을 하지 않았다고 해서 그를 비난하고 싶지 않다. 그를 학생운동에 선뜻 뛰어들지 못하게 만들었던 이유를 충분히 이해할 수 있기 때문이다. 가장 큰 이유는 가족이었다.

야구글러브 공장에서 재단사로 일하다 프레스 사고로 왼쪽 팔을 다쳐 장애인이 되었으면서도 가느다란 희망을 안고 야간 학원을 다니며 중·고등학교를 검정고시로 마치고, 마침내 장학금을 받으며 대학에 입학했다. 소년 노동자에서 어엿한 법대생으로 신분상승을 했으니 어머니를 포함한 가족들의 기쁨은 말로 표현하기 어려웠다. 월급보다 많은 생활보조비를 받아 가족들 생계에 보태고, 공장 다니시던 형님 입시 공부까지 시켜드렸으니 그런 경사가 없었다.[20]

이재명의 학생운동 참여는 엄청난 신분 상승을 한 이재명만 쳐다보고 있던 가족들, 특히 어머니의 기대를 무참히 배신하는 것이었다. 그가 학생운동을 하다가 제적이라도 당하면 당장 가족의 생계가 어려워지고 형님도 입시 공부를 그만둬야 하는 상황이었다. 여러 증언에 의하면 이재명이 학생운동에 적극적으로 참여하지는 않았으나 학생 시위가 있을 때면 열심히 돌을 던졌다고 한다.

이재명은 계급의식을 획득함으로써 가난으로 인한 상처를 최종적으로 치유하고 극복할 수 있었을 것이다. 그리고 자신의 고통이 곧 민중의 고통이고, 자신의 운명이 곧 민중의 운명임을 깨달을 수 있었을 것이다. 그가 대권에 도전하는 현 시점까지도 여전히 민중성, 민중과의 일체감을 유지할 수 있었던 것은 바로 여기에 기인한다. 지금까지 살펴보았듯이 이재명의 삶과 심리를 고려해보면, 그가 민중을 배신할 가능성은 없다고 단정해도 괜찮을 것 같다.

왜
대권에 도전하는가

이재명은 대학을 졸업하고 사법시험에 합격한 이후부터는 지속적으로 현실에 참여하는 모습을 보이고 있는데, 이는 그가 사법시험에 합격할 때까지만 현실 참여를 유보하기로 결심했던 것이 아닐까라는 추정을 가능하게 해준다. 어쨌든 이재명은 사법시험에 합격한 다음부터는 별다른 고뇌나 갈등 없이 사회개혁운동에 매진한다.

이재명은 사법시험에 합격(1986년)한 후 2년간 다닌 사법연수원 시절에 사법연수원 역사상 처음으로 '노동법학회'를 만들고, 무변촌 법률 봉

사활동을 기획했으며, 사법개혁을 요구하는 성명서를 작성해 동료들의 서명을 받아 발표했다. 이런 행동은 어렵게 획득한 고시 합격생의 지위를 잃게 만들 수 있는 "무모한 짓"이었다. 이재명은 우수한 성적으로 사법연수원 과정을 마쳤기 때문에 판검사를 골라 임관할 수 있었지만, 군사독재 정권의 하수인이 될 수 없다면서 모두가 선망하는 판검사를 버리고 사랑하는 어머니에게 '성적이 나빠서'라고 거짓말까지 하면서 가난한 인권변호사의 길을 선택했다.

약간 곁다리로 빠지는 얘기인 것 같기는 한데, 이재명이 어머니에게 성적이 나빠서 판검사가 될 수 없다는 거짓말을 했다는 것은 그가 사랑받고 자란 자식임을 시사해준다. 부모한테 사랑받지 못한 자식에게는 공부를 못하면, 시험 성적이 나쁘면, 성공과 출세를 못하면 부모의 사랑을 잃을지도 모른다는 무의식적 공포가 있다. 그래서 부모에게 거짓말을 하는 경우에도 '공부를 못해서' '성적이 나빠서'와 같은 거짓말은 잘 하지 못한다. 적어도 이재명은 성적이 나쁘더라도 어머니가 사랑을 철회하지 않으리라고 확신하는 아들임을 알 수 있다.

이재명은 사법연수원을 수료하면서 출세가 보장된 판검사의 길을 버리고 25세 젊은 나이에 인권변호사가 되었다. 주류 변호사가 아닌 노동인권 변호사로서 소외된 사회적 약자들과 함께하며, 그들의 인권과 사회적 정의를 위해 뛰어다니는 길거리 변호사가 된 것이다. 이재명은 90년대부터는 인권변호사이자 시민운동가로 활동했다. 소각장 반대 운동, 저유소 저지 활동, 시정 감시 등의 시민운동을 왕성하게 전개했다. 이재명은 변호사로서 넘지 말아야 할 어떤 선을 그어놓고 활동했다기보다는 시민운동에 올인했던 것 같다. 이것은 그가 변호사 신분으로 시민운동을 하면서 두 번이나 구속을 당한 사실을 통해서도 짐작할 수 있다.

그렇다면 시민운동가였던 이재명은 왜 현실 정치에까지 참여하게 되었을까? 그는 시립병원 설립 운동을 하는 과정에서 시민 1만 8595명이 서명한 시립병원 설립조례를 새누리당이 다수였던 시의회가 단 47초 만에 날치기하는 것을 보고 격렬히 항의하다가 시의회 본회의장에서 통곡했다. 이것이 빌미가 되어 공무집행 방해와 회의장 점거 혐의로 경찰에 수배되자 이재명은 성남 주민교회 지하실로 도피했다. 교회 지하 기도실에서 숨어 지내던 그는 2004년 3월 28일 오후 5시, 시민운동만으로는 시립병원을 설립할 수 없다, 즉 감시자의 역할만으로는 세상을 바꿀 수 없다는 사실을 절감하고 현실 정치에 참여하기로 결심한다.

인류 역사에서 노동운동이 발전하는 과정을 보면, 처음에는 임금을 인상하기 위해 노동운동을 시작하지만 결국에는 노동자 이익을 대변하는 정당을 건설해 정권을 장악하는 데까지 나아간다는 것을 알 수 있다. 단위 기업의 노동조합이 제아무리 임금을 많이 올려도 반민중적인 권력이 경제를 엉망진창으로 만들거나 사회 양극화를 심화시킨다면, 노동자의 비참한 처지는 개선될 수 없다. 그렇기 때문에 계급의식이 있는 노동운동은 필연적으로 권력을 장악하기 위한 정치투쟁으로 나아가는 것이다. 오늘날 서유럽의 진보 정당이나 북유럽의 사민주의 계열 정당들은 이런 노동운동의 합법칙적 발전 과정에서 만들어졌다.

이재명이 힘의 부족을 절감하고 현실 정치에 참여하기로 결심한 것을 노동운동에 비유하자면, 경제투쟁의 한계를 깨닫고 정치투쟁에 나서게 된 것이라고 말할 수 있다. 훗날 성남시장에 당선된 이재명은 2013년 11월, 성남시립의료원 기공식에서 발파 버튼을 눌렀다. 그날의 심경에 대해 이재명은 다음과 같이 말했다.

그날 모든 일정을 취소하고 당시 함께 싸우고 함께 울었던 동료들과 소위 필름이 끊기도록 막걸리를 마셨다. 그 외롭고 힘들었던 2004년을 떠올리며… 그 분노의 의회와 지하 기도실, 그리고 눈물로 삼키던 밥을 떠올리며…[21]

성남시장이 되어 시립의료원 건설을 시작함으로써 한풀이에 성공한 이 사건은 이재명의 권력의지를 한층 강화시켰을 것으로 추정된다. '내가 성남 시장이 되니까 시립병원 설립의 꿈을 실현할 수가 있구나. 그럼 대통령이 된다면?' 어쩌면 그는 이 시점부터 대권에 대한 생각을 했을지도 모른다. 이재명은 다음과 같은 말을 자주 했다.

"나는 권력이 필요한 게 아니라 일을 할 수 있는 권한이 필요한 사람이다."
"자리나 지위가 아니라 일할 수 있는 기회가 필요한 사람이다."[22]

한마디로 자신은 권력을 탐하는 것이 아니라 실현해야 할 꿈, 해야 할 일이 있기 때문에 권력이 필요하다는 것이다. 이재명의 말을 액면 그대로 믿어도 될지에 대해서는 논의를 이어가면서 차분히 판단하기로 한다.

호소형 정치인 VS
일전불사형 정치인 _____

민중성 혹은 민중과 일체감을 갖는 정치인의 가장 큰 장점은 무엇일까? 마르크스는 노동계급을 사회주의 혁명의 영도 계급으로 간주했는데, 그것은 노동계급이 사회변혁을 가장 절실하게 원하는 혁명성 강한 사회집단이기 때문이다. 자본주의사회에서 자본가를 중심으로 하는 지배계급은 권력과 자본을 가진 자들이기 때문에 사회변혁을 반대한다. 소자산가 계급은 지배계급에게 억압당하고 착취당하고 있어서 한편으로는 사회변혁을 원하지만, 어느 정도 가진 것이 있고 그럭저럭 살아갈 만하기 때문에 다른 편으로는 사회변혁을 꺼린다. 이런 이중성으로 인해 소자산가 계급은 중요한 시기에 사회변혁을 반대하는 쪽으로 돌아서기도 한다. 대부분이 소자산가 계급 출신인 지식인이 지배계급과 노동계급 사이에서 끊임없이 동요하는 것도 같은 이유에서다. 가진 것 없는 무산(無産)계급인 노동계급은 기존 체제가 유지되는 한 고통과 불행을 면할 길이 없기 때문에 사회변혁을 절실하게 원한다. 마르크스가 노동계급을 사회주의 혁명의 영도 계급으로 지목한 것은 그들이 가장 절실하게 사회변혁을 원하고 그 결과 가장 철저하게 싸우는 계급이기 때문이다.

상당수 역사학자들은 동학혁명 과정에서 농민군이 정부의 회유에 넘어가 정부와 전주화약을 맺고 철군했던 장면을 안타까워한다. 만일 농민군이 정부의 기만적인 약속을 믿지 않고 서울로 진격해 혁명정부를 세웠다면 훗날 농민군이 우금치에서 일본군에 참혹하게 몰살당하지는 않았을 것 같아서다. 1980년 서울의 봄이 왔을 때 학생운동 지도부는 군부의 강경 진압이 있을 거라는 소문이 돌자 겁에 질려 서울 중심가에 총집결해 있던 대규모 학생 시위대를 귀가시켰다. 바로 그 유명한 '서울역 회군'이다. 인류 역사를 보면 귀족, 양반, 중산층 출신의 지도자는 중요한 순간에 지배층의 회유에 넘어가거나 최후의 공격을 머뭇거리다가 민중 항쟁을 말아먹는 경우가 많았다. 반면에 사회의 최하층인 노예, 농노, 노동계급 출신의 지도자는 지배층의 기만 술책에 넘어가지 않고 최후의 공격을 주저하지도 않았다. 기본적으로 이런 차이는 각각의 계급마다 사회 변혁에 대한 절실함이 다른 것에 기인한다.

19세기에 생시몽(Saint-Simon), 푸리에(Fourier), 오웬(Owen) 같은 사회주의 사상가들은 자본주의사회에 고유한 착취와 압박, 사회적 불평등과 무권리, 기아와 빈궁 등을 신랄히 비판하면서 사회주의 이상사회에 관한 청사진을 제시했다. 그들은 올바른 지식을 보급하고 사람들을 계몽하면서 통치계급의 선의에 호소하면 사회주의를 건설할 수 있다고 믿었다. 한마디로 지배계급의 선의에 호소해서 그들의 허락을 받아 사회주의를 건설하려고 했다. 이런 순진하고 비현실적인 주장은 그들이 노동계급을 사회주의 혁명의 영도 계급이 아니라 착취당하고 억압받는 불쌍한 사람들, 동정하고 원조해줘야 할 대상으로 보았던 것에 기인한다. 노동계급의 혁명성을 볼 수 없었던 생시몽, 푸리에, 오웬 등은 혁명에 의한 자본주의 체제 타도를 반대했을 뿐만 아니라 노동자들이 정치투쟁에 나서는 것 자체를 반대했다. 훗날 마르크스는 지배계급의 선의에 호소하는 개량적 방식으로 사회주의를 건설하겠다는 주장이 비현실적 공상이라는 취지에서 이들이 주장했던 사회주의를 '공상적 사회주의'로 규정하고, 자신의 사회주의 이론을 '과학적 사회주의'로 명명했다.

공상적 사회주의와 과학적 사회주의는 크게 볼 때, 두 가지 면에서 다르다. 첫째, 사회변혁을 완수하는 방법론이다. 공상적 사회주의는 지배계급의 선의에 호소하는 개량적인 방식으로 새 사회를 건설할 수 있다고 주장하는 반면, 과학적 사회주의는 노동계급을 비롯한 민중의 투쟁으로만 새 사회 건설이 가능하다고 주장한다. 둘째, 사회변혁의 주체이다. 공상적 사회주의는 민중을 변혁의 주체가 아니라 시혜의 대상으로 여긴다. 공상적 사회주의는 민중이 아니라 중산층 출신의 지식인, 정치인 심지어는 자본가를 사회변혁의 주체라고 본다. 비유하자면 새 사회를 계몽 군주가 민중에게 선물해주는 것으로 이해한 것이다. 반면에 노동계급을 변혁의 주체로 간주하는 과학적 사회주의는 노동계급이 우유부단한 중간층을 이끌면서 지배계급과 일전불사의 각오로 싸워야만 비로소 사회주의를 건설할 수 있다고 믿는다.

지배계급이나 중간층 출신의 사회개혁운동 지도자는 사회변혁이 실패해도 그럭저럭 살아갈 수는 있다. 한마디로 절실하게 사회변혁을 원하지 않는다는 것이다. 더욱이 그는 무의식적으로는 지배계급이나 중간층에 대해서 일체감을 가질지언정 기층 국민에 대해서 일체감을 갖기가 힘들다. 이 때문에 기득권 세력의 회유와 기만에 취약하고 기득권 세력을 타도하는 것을 주저한다. 민중 출신의 사회개혁운동가는 이와 반대라고 보면 된다.

공상적 사회주의와 과학적 사회주의에 대해 다소 길게 언급한 것은 비록 오늘날 한국의 사회변혁운동이 사회주의 혁명을 꾀하는 것은 아니지만 핵심은 같다고 보기 때문이다. 나는 공상적 사회주의와 과학적 사회주의의 본질적 차이를 근거로 정치인을 다음과 같이 분류할 수 있다고 생각한다.

첫째는 호소형 정치인이다. 기득권 세력과 타협하거나 그들의 선의에 호소하여 한국 사회를 변혁할 수 있다고 믿는 정치인, 국민의 힘이 아니라 야당의 힘으로 한국 사회를 변혁하려고 하는 정치인이 호소형 정치인이다. 둘째는 일전불사형 정치인이다. 기득권 세력의 기만 술책에 넘어가지 말고 그들과 비타협적으로 싸워야만 한국 사회를 변혁할 수 있다고 믿는 정치인, 야당의 힘이 아니라 국민의 힘을 이끌어내 사회를 변혁하려고 하는 정치인은 일전불사형 정치인이다. 제3자적 관점, 지식인의 관점에서 국민을 가련히 여겨 그들을 도우려고 하며, 그러기 위해 기득권 세력을 설득하려고 하는 호소형 정치인은 제도권 야당에도 많이 있다. 하지만 일전불사형 정치인을 발견하기는 어려운데, 그것은 노동자나 농민 출신의 정치인이 한국의 제도권 정치에 진입하기가 거의 불가능하기 때문이다.

이런 맥락에서 보면 이재명이 대단히 예외적인 정치인임을 알 수 있다. 2016년 12월 3일에 개최된, 박근혜 탄핵 6차 촛불집회에서 이재명은 이렇게 외쳤다.

여러분, 재벌 체제를 해체하고 노동자들이 뿌린 만큼 거두는 공정한 사회를 만드는 것은 그들의 양보가 아니라 우리의 투쟁을 통해서만 가능합니다. 우리는 너무 오랫동안 참아왔습니다. 우리는 더 참으면 안 됩니다. 일하는 사람이 존중받는 그런 나라를 만듭시다.

이 말에서도 분명히 드러나듯이, 이재명은 기득권 세력의 선의에 호소하는 호소형 정치인이 아니다. 그는 기층 국민의 투쟁을 통해서만 세상을 바꿀 수 있다고 믿는 일전불사형 정치인이다.

그는 절박하다
고로 싸운다

계급성 혹은 민중성이 강한 정치인은 그렇지 않은 정치인과 달리 절박하다. 깡패에게 두들겨 맞고 있는 사람과 그것을 지켜보는 사람이 있다고 해보자. 매를 맞고 있는 사람은 절박하다. 너무나 아프고 고통스럽기 때문이다. 물론 약자가 맞고 있는 장면을 지켜보는 사람도 고통스럽기는 하다. 그래서 그도 깡패를 말리거나 혼내주기를 원한다. 하지만 그는 맞고 있는 사람만큼 절박하지는 않다. 이는 당사자와 제3자의 차이라고 말할 수 있다.

사회변혁에 대한 절박성은 한국 사회에서 무엇보다 사회변혁을 방해하는 세력, 구체적으로는 한국의 기득권 세력에 대한 태도에서 집중적으로 표현된다. 절박하게 사회변혁을 원하는 정치인은 기득권 세력에 대해 환상을 품지 않고 타협하지도 않으면서 완강하게 싸워나간다. 이 점에서 이재명은 단연 돋보이는 정치인임이 분명하다. 노동자 출신이라서 그렇겠지만, 이재명은 기득권 세력과의 심리적 유착 관계는 없는 반면 그들의 본질은 잘 알고 있는 것 같다.

현실, 특히 국민의 삶과 고통 그리고 기득권 세력의 본질을 이재명보다 더 잘 아는 정치인은 없는 것 같다. 다소 극단적으로 말하자면, 다른 정치인들이 독서를 통해 현실을 간접 체험했다면 이재명은 밑바닥 인생을 통과해오며 그것을 직접 체험했다고 말할 수 있다. 이재명은 김미화와의 대담에서 다음과 같이 말했다.

우리 김미화 선생님 같은 경우는 합리적인 사고를 가지고 합리적으로 세상을 살려고 하는 분입니다. 그런데 그렇게 사는 게 불리한 사람들이 있습니다. 불합리한 세상에 불합리한 삶을 살아야 이익이 되는 사람들이 있어요. 그 사람들은 이 합리적인 사람들이 불편해요. 그리고 합리적인 사회가 매우 숨 막히는 거예요.[23]

원래의 취지가 변질된 소통과 화합의 정치, 즉 기득권 세력과도 소통하고 화합하자는 주장의 밑바탕에는 그들이 합리적인 사람들이라는 전제가 깔려 있다. 그렇지만 현실에는 비합리적인 사람들이 존재하며, 그들과는 소통이나 화합이 불가능하다. 이재명은 기득권 세력의 한 축인 자본의 생리, 자본가의 본질도 정확하게 파악하고 있다.

미안하지만, 기업이나 자본은 스스로 이윤 욕구를 절제할 수 없습니다.[24]
거듭 말씀드리지만, 자본은 규제를 통해서만 그 욕심이 제한될 수 있어요.[25]
자율 규제요? 어렵습니다. (…) 돈이 되면 법을 어기고도 하는 게 원래 자본의 생리입니다.[26]

마르크스의 자본론까지는 아니더라도 자본주의에 대해 어느 정도 공부를 한 정치인이라면 자본의 본질이 이윤 추구라는 사실 정도는 알고 있다. 그러나 이재명처럼 말하는 정치인은 정말 찾아보기 힘들다. 이재명이 이 같은 발언들을 거침없이 할 수 있는 것은 그가 자본가의 본질을 책상머리가 아니라 노동자로서의 고통스러운 삶을 통해 피부로 느꼈기 때문일 것이다.

> 다치고 쉬면 원래 휴업수당 70% 줘야 되는데 월급을 아예 안 준다니까 할 수 없이 한 손으로 일하러 다녔다구요. 월급 받으려고. 이유 없이 구타당하고 그러던 제 삶에 방향 전환의 계기가 된 것이 광주항쟁이었습니다.[27]

산재를 당한 노동자에게 노동법에 보장된 휴업수당을 주기는커녕 출근하지 않으면 월급을 주지 않겠다고 협박하는 비정한 자본가. 이재명에게 자본가의 본질이란 때로는 잊어버리거나 멀리 치워두어도 괜찮은 하찮은 지식이 아니라 절대로 잊을 수 없는, 무의식 깊이 뿌리박혀 있는 신념이지 않을까.

이재명은 절박하다. 세상이 바뀌지 않으면 빈곤층인 그의 부모 형제들은 계속 고통과 불행 속에서 살아야 한다. 세상이 바뀌지 않으면 그의 친구이자 이웃이었던 노동자를 비롯한 국민 대다수는 계속 고통과 불행 속에서 살아야 한다. 만약 국민의 꿈이 곧 자신의 꿈이라는 이재명의 말이 사실이라면 세상이 바뀌지 않는 한 그 역시 계속 고통과 불행 속에서 살아야 한다. "저들이 부당하고 우리가 옳기 때문에 우리는 싸워야 했고, 반드시 이겨야 하는 싸움이기에 우리는 이기고 있다."[28]라는 말에서도 드러나듯이, 그에게서는 하루라도 빨리 가족과 친구, 이웃의 고통과 불행을 끝내기를 원하는 절박함이 읽힌다. 이재명이 일단 시작한 싸움에서 좀처럼 물러서지 않는 것 역시 이와 관련이 있을 것이다. 그렇다면 적어도 그는 기득권 세력과의 싸움만큼은 가장 잘할 수 있는 정치인이지 않을까?

'민주주의는 피를 먹고 자란다.' 이런 험하지만 진리에 가까운 얘기가 있잖아요. (…) 지키지 않으면 언제든지 후퇴하는 겁니다. 왜냐하면 이 사회를 지배하고자 하는 정치 권력가들이나 정치체제를 통해서 부당한 혜택을 보려고 하는 사람들은 기본적으로 언제든지 존재하거든요. 그들에게 저항해서 우리 국민 개개인들이 세상의 주인으로 제대로 자기 역할을 하는 건, 그 사람들한테는 매우 불리한 상황이에요. 끊임없이 대립 갈등을 겪고 있는 겁니다. 그런 상태에서 국민이 순간이라도 방심하면 언제든지 그들이 중요한 위치를 차지하고 지배하러 들어옵니다.[29]

이재명은 제아무리 어렵고 힘든 싸움일지라도 그것을 마다하지 않는 싸움꾼으로 알려져 있다. 지독할 정도로 뻔뻔스러운 경우를 제외한다면, 한국의 정치판에서 싸움꾼이 되기 위해서는 욕에 강한 내성이 필요하다는 견해에 동의할 수 있을 것이다. 한마디로 욕먹기를 두려워하지 않아야 하고, 그러려면 모두에게 사랑받으려는 착한 아이 콤플렉스에서 자유로워야 한다.(착한 아이 콤플렉스에 대해서는 문재인 편에 자세히 설명했다.) 착한 아이 콤플렉스에서 자유롭지 못한 정치인은 욕먹기를 몹시 두려워하므로 갈등 상황이나 싸움을 기피하는 경향이 있다. 그런데 좀 심하게 말하자면, 이재명은 싸움을 피하기보다는 오히려 즐긴다. 그는 개그맨 김미화가 정치하다가 욕먹은 일을 두고 "보통은 진절머리 나면 기웃거리질 않는데. 아예 멀리 가버리고…."라고 얘기하자 웃으면서 "우린 진절머리 나면 더 해요."[30]라고 대답한다.

이재명이 욕먹기를 과도하게 두려워하도록 만드는 착한 아이 콤플렉스에서 비교적 자유로운 것은 그가 자주 했던 "나는 하고 싶은 일이 있어서 권력을 필요로 한다."라는 말을 뒷받침해준다. 이 말을 뒤집으면 '하고 싶은 일을 못 하게 되면 권력도 필요 없다'가 되는데, 이것은 '하고 싶은 일을 못 하고 욕을 안 먹기보다는 하고 싶은 일을 하고 욕먹기를 선택'하는 그의 행동과 잘 어울린다.

> 목표한 바나 세상이 원하는 일을 누군가가 막으면 그걸 돌파하는 게 제가 하고 싶은 일인데, 그걸 포기하는 거는 제 삶의 의미가 없잖아요. 그러니까 많이 부딪치는 거 같습니다.[31]

이재명에게는 싸움닭, 고소왕 같은 싸움과 관련된 별명들이 따라다닌다. 그런데 싸움닭이라는 별명을 얻으려면 집요한 투지가 필요하다. 싸움닭이라는 별명은 한두 번의 싸움만으로 얻을 수 있는 것이 아니기 때문이다. 이재명이 투지 넘치는 정치인임은 큰 흐름을 따라 그의 정치 인생을 훑어보더라도 어느 정도 알 수 있다.

이재명은 2006년 성남시장 선거에 도전했다가 패배했다. 그는 2008년 총선을 위한 당내 경선에 도전했다가 또 패배했다. 그러나 그는 포기하지 않고 2008년 4월, 당시 한나라당 텃밭이어서 민주당 후보에게는 낙선이 보장되어 있던 분당구 총선에 국회의원 후보로 출마했고 또다시 낙선했다. 계란으로 계속 바위를 쳐대는 이재명의 투지를 높이 사서 그랬는지는 확실히 알 수 없지만, 분당 주민들은 당시로서는 상상하기 어려웠던 33.2퍼센트의 지지를 그에게 보내주었다. 지역감정으로 민주당 후보의 당선이 불가능했던 부산 지역에 계속 도전했다가 연거푸 낙선했던 노무현이 국민에게 버림받는 것이 아니라 오히려 지지를 받게 되었듯이, 한나라당 텃밭에 계속 도전장을 내밀던 이재명은 성남 주민에게 버림받는 것이 아니라 오히려 지지를 받게 되었다. 결국 그는 2010년에 성남시장에 당선했다.

이재명의 정치 활동 역사를 대충 훑어보더라도 한 가지는 확실하게 알 수 있는데, 그것은 그가 이길 수 있는 싸움만 하려고 하거나 안전한 길로만 가려고 하는 정치인이 아니라는 것이다. 오히려 이재명은 가시밭길, 진흙탕 길로 가는 것을 마다하지 않는 정치인에 가깝다. 그것에 더해 이재명은 옳다고 확신하면 욕을 먹어도 크게 상관하지 않고 역부족인 싸움도 피하지 않으며, 잘 지치지도 않는 것 같다. 아마 싸움닭이라는 별명은 이 때문에 생겨났을 것이다.

강한 전투력은
어디에서 나오는가

정치인의 강한 전투력은 어디에서 나오는 것일까? 물론 정치인의 전투력에도 그의 개인적 특성들이 영향을 미칠 것이다. 그러나 정치인은 주먹질을 하는 사람이 아니므로 싸움꾼의 근성을 타고났다는 등의 개인적 특성만으로 설명할 수는 없다. 정치인의 전투력은 본질적으로 국민의 힘에 대한 신뢰에서 비롯된다. 국민의 힘을 신뢰한다는 것은 국민의 힘이 이 세상에서 가장 강한 힘이라고 믿는다는 의미이다.

비록 지금은 삼성이나 현대가 한국 사회의 공적이 되어 욕을 먹고 있지만, 적어도 삼성그룹과 현대그룹의 창업자인 이병철과 정주영이 기업가로서 강한 전투력을 발휘했던 것은 기본적으로 그들이 민족, 국민의 힘을 신뢰했고 그 힘에 의거했기 때문이다. 1983년, 이병철은 내외의 반대와 우려에도 불구하고 반도체 분야에 과감하게 뛰어들었다. 당시에 그는 《중앙일보》에 발표했던 "우리는 왜 반도체 산업을 해야 하는가"라는 글에서 자신의 도전이 성공할 수 있는 근거를 다음과 같이 제시했다.

반도체 산업을 우리 민족 특유의 강인한 정신력과 창조성을 바탕으로 추진하고자 한다.[32]

정주영 역시 한국인을 신뢰했고 국민의 힘에 의거하려고 했기에 숱한 도전과 모험을 할 수 있었다.

나는 우리 한국인에 대해 큰 자부심을 가지고 있는 사람이다. 우리의 과거와 현재로 보나 역사와 문화로 보나 아시아에서 우리 민족 이상으로 훌륭한 민족은 없다. 세계 어느 민족보다도 우리는 성실하고 어질고 착하고 그러면서 우수하다.[33]

노골적으로 민중을 불신하고 비하하는 말을 내뱉는 극소수를 제외하고는, 절대다수의 정치인은 실제 마음은 그렇지 않더라도 민중 혹은 국민을 입에 달고 산다. 따라서 정치인의 말만으로는 옥석을 가리기 힘들기 때문에 그들의 실제 행동, 특히 정치 활동을 관찰할 필요가 있다.

이와 관련해 이재명을 관찰해보면 흥미로운 일화들을 발견할 수 있다. 성남시장이 된 이재명이 개혁 정책을 추진하려 하자 시의회의 다수당이었던 새누리당 의원들이 사사건건 반대했다. 예전에 세월호 정국에서 어떤 민주당 의원이 유족들에게 여소야대라 할 수 있는 것이 없다고 말해 구설수에 오른 적이 있는데, 그 여소야대 상황을 이재명은 어떻게 돌파했을까? 그는 속된 말로 시민을 찾아가 고자질을 했다. 시민들에게 직접 개혁 정책을 설명하면서 도움을 호소한 것이다. 그 결과 이재명은 "갈등적인 정치 구조에서는 소수였지만, 시민이 시정의 주체로 나서면서" "다수"가 될 수 있었다.[34] 시민의 힘을 불러일으켜 개혁 정책을 밀어붙이는 정치인을 본 적이 없어서였겠지만, 새누리당 대표의원은 이재명에게 "아니 왜 우리끼리 얘기를 해야지 자꾸 시민한테 얘기를 하느냐?"라고 따졌다.[35] 이재명은 시민의 힘으로 개혁 정책을 추진하던 시기에 대해 "저는 정말 믿을 건 시민의 힘밖에 없었어요. 정말 고맙고 행복했습니다."[36]라고 회고했다. 성남시장으로서 이재명의 공약 이행률은 대단히 높은데, 그것보다 더 높이 평가되어야 하는 것은 그가 공약을 이행하기 위해 끊임없이 시민을 만났다는 사실이다.

국민의 힘을 믿지 못해 국민의 힘에 의거하지 않는 사람은 여소야대 혹은 정치적으로 불리한 상황에서는 절대로 전투력을 발휘할 수 없다. 이재명의 독특한 정치 활동 방식은 그가 국민을 신뢰하고 국민의 힘에 의거하는, 그래서 전투력 강한 정치인임을 보여준다.

가진 것 없이 험한 세상에 어금니를 깨물며 사는 사람들이 실제로 하는 것은 세상을 어금니 깨물듯 움켜잡고 버티는 것이다. 척박한 바위틈에 뿌리 내리기 위해 눈물도 흘리며 희망을 놓지 않는다. 그리고 바위를 뚫고 뿌리를 깊게 내리면 사방에서 부는 바람도 두렵지 않게 된다.[37]

정치인은 자기의 역할을 이미 광장에 모여 있는 사람들이 외치는 것을 대변하는 데 한정시켜서는 안 된다. 그것은 누구나 할 수 있는 일이고, 오직 그것만 하는 정치인은 대중 추수주의 혹은 인기 영합주의 정치인일 뿐이다. 정치인의 가장 중요한 역할은 컴컴한 암흑 속에서 횃불을 치켜드는 것, 광장으로 국민을 불러내는 것이다.

이재명의 아킬레스건?

이재명은 지나치게 가볍다거나 거칠다는 비판을 받는다. 왜 그런 비판을 받는 것일까? 그는 감정이나 생각을 절제하거나 한번 걸러서 표현하는 쪽과는 거리가 멀다. 이재명은 분에 못 이기면 의사당에서 통곡을 하고 성질이 나면 욕을 하며, 자기 생각을 즉각적으로 직설적으로 표현하는 사람이다. 한마디로 자기의 감정이나 생각을 표현하는 것에 거침이 없는데, 이런 정치인은 거의 없기 때문에 대중에게 상대적으로 가볍다거나 거칠게 느껴질 수 있다.

내 생각에 이재명한테 사교적이거나 세련된 정치인이 되라고 하는 것은 무리한 요구이다. 무엇보다 그는 노동자 출신이기 때문이다. 노동자, 민중은 솔직하다. 이들은 자기의 감정이나 생각을 있는 그대로 표현하는 데 익숙해져 있다. 빙빙 돌리거나 애매모호하게 표현하는 사교술이 없다. 대학생이나 중상류층 사람들은 타인들에게 잘 보이기 위해 자기를 포장할 필요를 느낀다. 치열한 개인적 경쟁에서 스스로를 돋보이게 만드느냐 그렇지 못하느냐가 승패에 상당한 영향을 미치기 때문이다. 반면에 노동자들은 그런 기술을 개발하거나 익힐 필요를 못 느낀다. 인생의 대부분을 공장에서 노동자로 일하는 밑바닥 인생은 자기를 포장해봐야 별 소용이 없기 때문이다. 옆 동료나 관리자, 사장에게 자기를 포장해서 내세워봤자 여전히 노동자일 뿐 달라질 것은 없다. 이재명은 청년이 되기 전까지는 대학생이나 중류층 사람들을 만날 기회조차 거의 가져본 적이 없었으니 세련된 사교술이나 포장술을 익힐 수 없었을 것이다.

사실 나는 세련되고 진중하고 차분한 행동 양식에 익숙해질 삶의 시간이 별로 없었다. 초등학교 졸업하고 공장으로 떠돌던 한 아이에게 '세련'은 어쩌면 사치였는지도 모른다. 진중한 말과 행동도 솔직히 배울 기회가 그리 많지 않았다. 하지만 이것은 변명이 될 수 없다. 그리고 나 또한 내 삶의 이력으로 현재의 나를 변명하거나 합리화할 생각이 전혀 없다.[38]

이재명은 자신에게 가해지는 비판을 한편으로는 인정하면서 또 한편으로는 합리화를 시도하고 있다. 예를 들면 그는 자신이 가벼움을 "의미 있는 가치이며 전략"으로 여기고 있다고 주장했다. "다소 경박하더라도 친근하며 우스운 말과 행동은 경계를 허물어뜨릴" 수 있기 때문에 "권력의 맛에 취하지 않기 위해", "소통을 위해" 일부러 가볍게 군다는 것이다.[39] 그러나 좀 야박하게 말하자면, 그 말은 핑계처럼 들린다. 이재명이 아닌 다른 정치인은 그런 전략을 제아무리 사용하고 싶어도 자연스럽게 사용할 수가 없다. 반면에 이재명은 가벼워 보이는 전략을 쓰기 위해서 별다른 노력을 하지 않아도 된다. 지금까지 해온 대로 계속 하면 되니까. 따라서 자신의 전략을 고수하겠다는 이재명의 말은 앞으로도 계속 예전처럼 행동하겠다는 선언을 살짝 포장한 것에 불과하다.

앞에서 지적했듯이, 이재명의 가벼움이나 거칢은 솔직함과 밀접한 관련이 있다. 어떻게 보면 그가 가볍다거나 거칠다고 욕을 먹는 것은 지나치게 솔직해서라고 말할 수도 있다. 솔직함을 포기하면 가볍다거나 거칠다는 비판을 면할 수도 있다는 얘기다. 그렇다면 이재명은 솔직함을 포기해야 할까? 글쎄. 내 생각에 그가 솔직함을 포기하면 득보다는 실이 훨씬 더 많을 것이다.

솔직함은 인간적 매력의 핵심이다. 사람들은 솔직한 사람에게는 매력을 느끼지만 솔직하지 않은 사람, 절제가 심한 사람에게는 거의 매력을 느끼지 못한다. 사람 냄새가 나지 않기 때문이다. 솔직해야 장점도 보이고 단점도 보인다. 장단점이 다 보여야 로봇이 아니라 사람으로 느껴지고, 애증의 감정도 생긴다. 그렇기 때문에 솔직한 정치인은 열렬한 지지자와 극렬한 반대자를 끌고 다니는 경향이 있다. 어떤 이들은 솔직한 정치인은 확장성이 없다고 하는데, 사실은 그 반대이다. 솔직한 정치인은 비록 극렬한 반대자를 만들 가능성이 있기는 하지만, 세련되거나 절제적인 정치인에게서는 찾아볼 수 없는 인간적 매력을 물씬 풍기기 때문에 오히려 확장성이 크다. 국회 청문회장에서 명패를 집어 던지고, 실언을 자주 했던 노무현 전 대통령을 한번 떠올려보라.

　이재명의 가벼움이나 거칢은 한편으로 약점일 수 있지만 다른 편으로는 강점이므로 그것을 억지로 뜯어고칠 필요는 없다고 생각한다. 오히려 현재 시점에서, 이재명의 약점은 솔직함의 부작용이 아니라 아버지 문제가 아닐까 추정하고 있다. 이재명은 어머니 얘기는 꽤 하지만 아버지 얘기는 거의 하지 않는다. 이재명의 아버지는 대학 중퇴자였지만 경제적으로는 무능했다. 더욱이 가족을 보살피려는 의지나 노력도 부족했던 것 같다. "당시로서는 거창한 학력을 가졌지만 쌀도 돈도 되지 않는 동네일에만 열중"[40]했다거나 "아버지는 별다른 농토도 없었고, 그나마 당시 유행대로 돈이 생길 때마다 밤에 몰래 모여 화투장을 쪼이고, 결국 도박 습벽이 들어 집문서, 땅문서까지 잡히다 보니 결국 없는 재산이나마 거덜이 났다."[41]라는 말 등을 통해 짐작할 수 있듯이, 이재명은 아버지와의 관계가 좋지 않았던 것 같다. 이재명의 아버지를 '법 없이도 살 사람'이라고 평하는 증언자도 있는 것으로 볼 때, 그는 악하다거나 못된 사람은 아니었던 것 같다. 하지만 적어도 이재명의 아버지는 어린 이재명에게 자랑스러운 아버지, 존경할 만한 아버지는 아니었다.

　가족만을 위해 사는 아버지, 허기진 내 배를 채워줄 아버지가 그리웠습니다.[42]

　이재명의 언급에 의하면, 아버지는 이재명이 공부할 때 관심을 보이지 않았을 뿐만 아니라 방해하기까지 했다. 성남 상대원시장에서 청소부로 일하다가 이재명이 사법시험에 합격한 무렵에 지병으로 사망했다.[43] 이재명은 아버지에게서 어떤 영향을 받았을까? 만일 아버지를 원망하거나 증오했다면, 그 상처는 치유되었을까? 현재 시점에서는 뭐라고 단정하기 어렵다. 다만 그가 어머니와는 달리 편안하게 아버지 얘기를 하지 못하는 걸로 미뤄볼 때, 상처가 완치되지는 않았다고 판단하는 것이 타당할 것이다.

아버지로 인한 상처를 치유하지 못하면 다른 남성들 나아가 사회에 대해 과도한 공격성을 드러낼 수 있고, 사회 불안에 시달릴 수도 있다. 그나마 안심이 되는 것은 그가 공적인 방송에 출연해서 '아버지와의 화해'를 언급했다는 사실이다. 이재명은 2017년 2월 14일에 방영된 〈SBS 특별기획 대선주자 국민면접〉에서 "내 인생에서 이건 한번 바꿔보고 싶은 게 있다면?"이라는 질문을 받았다. 그는 한때 아버지하고 갈등이 정말 심했으며, 아버지가 자신이 사법시험에 합격했다는 소식을 병석에서 의식이 없는 상태에서 들었고 하필이면 자신의 생일날 돌아가셨다는 가슴 아픈 사연을 소개하면서 이렇게 말했다.

아버지하고 좀 온전한 정신에서 화해하고 싶다. 그게 제일 가슴 아픈 부분이다.[44]

아버지와 화해하고 싶다는 것은 곧 아버지를 용서할 수 있음을 의미한다. 아버지로부터 받은 상처를 어느 정도 치유해야 비로소 아버지를 용서할 수 있게 된다는 점을 고려해보면, 이재명이 상처를 상당 부분 치유했음을 알 수 있다. 그의 말과 행동을 관찰해보더라도 무분별한 분노 표출이나 사회생활에서의 불안감은 거의 발견할 수 없는데, 이 역시 아버지가 준 상처가 있다 하더라도 그것이 상당 부분 치유되었음을 짐작하게 해준다. 하지만 그가 계속 발전하고 성장하려면 이 문제를 완전히 해결할 필요가 있을 것이다.

'나의 행복을 위해' 대권에 도전한다

나는 앞에서 정치인 이재명이 가진 가장 큰 장점을 민중성, 일반 국민과의 일체감이라고 지적했다. 자신이 곧 일반 국민이라고 생각하는 정치인에게 국민의 꿈이란 곧 나의 꿈이다. 그에게 정치란 국민의 꿈을 실현하기 위한 활동이자 나의 꿈을 실현하는 활동이다. 민중성이 있는 정치인은 국민을 위하는 척할 필요가 없기 때문에 양심에 거리낄 것이 없다. 나아가 국민을 위해 정치를 하고 있는 스스로를 자랑스러워하기 마련이다.

이재명은 정치를 하고 있는 스스로를 자랑스러워하고 있을까? 그는 과거에 "노동자들에게 가장 쓸모 있는 도구가 되는 것이야말로 '꼬마 노동자'로 뼈아픈 시절을 보낸 제가 할 수 있는 최선이었고 제 자신이 자랑스러워하는 일이었습니다."라고 말했다.[45] 또한 고난의 연속이었던 사회개혁 운동가로서의 삶을 되돌아보며 가족들에게는 참으로 미안하다고 하면서도 당당하게 "그러나 사람들의 성원 속에서 지난 삶이 자랑스럽게 생각될 때가 있을 거라는 말로 위안 드리고 싶다."라고 말했다.[46]

이재명은 민중을 위해서 싸우고 정치를 하는 자신이 자랑스럽다고 말한다. 싸움닭이라는 별명을 은근히 좋아하는 것도 그런 자긍심과 관련이 있다.

시민운동을 하면서 얻은 별명이 '싸움닭'입니다. 잘못을 그냥 넘어갈 수 없었고 말로 안 되니 싸울 수밖에 없었습니다. 싸움닭이라는 별명이 별로 싫지 않습니다. 세상과 시민과 올바름을 위한 것이라면 기꺼이 그 싸움에 나를 던졌고, 지금 이 순간 새로운 출발을 하면서도 마찬가지입니다.[47]

이재명의 자기 긍정과 사랑, 확신에 기초한 당당함은 2016년 12월 3일에 있었던 박근혜 탄핵 6차 촛불집회에서 다음과 같이 표현되기도 했다.

우리가 노동자임을 잊지 맙시다. 우리는 노동자임을 당당하게 주장해야 합니다. 노동자라고 말하면 '빨갱이'라는 말을 들을까봐 두려워합니다. (…) 노동을 하는 사람들은 위대한 사람들이고, 그에 합당한 대우를 받을 권리가 있습니다.

자기 일을 자랑스러워하는 사람은 그 일을 할 때 가장 행복하기 마련이다. 정치하는 것을 자랑스러워하는 정치인은 정치를 할 때 가장 행복할 것이다. 그런데 안타깝게도 한국의 숱한 정치인들 중에서 웃으면서 즐거운 마음으로 정치를 하는 사람을 찾아보기란 의외로 쉽지가 않다. 국민의 꿈이 곧 나의 꿈인 정치인이 극히 드물기 때문이다.

이재명이 평소에 말하는 대로라면 그는 정치를 하면서 행복해야 한다. 만일 그가 정치를 하면서 힘들다거나 고통스럽다고 징징댄다면 그는 완벽한 거짓말쟁이다!

이재명은 대담 중에 김미화가 "왜 정치를 하시는 거예요?"라고 질문하자 이렇게 대답했다.

제가 중요한 선택의 순간마다 다짐하는 게 있습니다. 내 삶이 유용하게 쓰이는 곳에서 일하자.[48]

이재명은 자신이 국민을 위해 유용하게 쓰이는 것을 바랐기 때문에 변호사가 되었고, 시민운동을 시작했으며, 현실 정치에 참여하고 마침내 대권에까지 도전한다고 말했다.[49] 그는 자신이 정치가 아닌 다른 곳에서 더 유용하게 쓰일 수 있다면 언제라도 정치를 그만두고 그 길로 가겠다고 말하기도 했다. 만일 이재명의 말이 거짓이 아니라면 그는 정치를 하고 있는 지금, 행복할 것이다. 정치란 그가 가장 하고 싶은 일을 하는 것이니까.

김미화가 다시 "정치인으로서 지금 행복하신가요?"라고 묻자 이재명은 주저 없이 "엄청 행복해요."라고 대답했다.[50] 다음의 문답을 보면, 그가 욕먹기를 별로 두려워하지 않는 것 역시 행복하게 정치를 하는 것과 관련이 있음을 알 수 있다.

이재명 재미도 있고 보람도 있습니다. (…) 물론 여기저기서 화살 쏘고, 돌 던지고, 침 뱉고, 꼬집고 하니까 그런 건 조금 힘들긴 합니다.(웃음) (…) (하지만 그것은) 모기가 무는 거 하고 같은 거예요. 농촌에서 사실 모기 달려들잖아요. 그거 고통스러워요?

김미화 그냥 가렵죠 뭐.

이재명 삶의 일부죠. (…) 삶의 일부고 받아들이는 거죠. 얼마나 얄밉겠어요. 그런 사람들 입장에서는 제가 정말 미울 겁니다. 또 제가 고분고분하지도 않잖아요. (…) 그런데 물려도 재미있는데 뭐 어떻게 할 거예요. (웃음)[51]

대권주자로서
이재명의 확장성

이재명은 2017년 2월 14일 방영한 〈SBS 특별기획 대선주자 국민면접〉에서 이렇게 말했다.

제게는 꿈이 있다. 모든 사람이 공평하게 대우받는, 누구도 억울하지 않은 '공정한 나라'를 만드는 꿈이다. 그래서 판·검사 대신 인권변호사의 길을 선택했고 시민운동가가 돼 사회 불의, 부정부패와 치열하게 싸웠다.

이재명은 그의 꿈을 이룰 수 있을까? 이재명은 이 방송에서 "말은 누구나 할 수 있으나 실천은 아무나 할 수 없다."라면서 스스로를 "실천해 온 행동가"로 규정했다. 2017년 대선에서 그가 대권을 거머쥘지에 대해서는 섣불리 예단하기 어렵다. 그러나 나는 그가 언젠가는 자신의 꿈을 실현하게 될 것이라고 생각한다. 이재명은 자신의 꿈을 이루는 그날이 오기 전까지는 싸움을 포기하지 않을 것이고, 힘들다고 해서 쉬어갈 것 같지도 않다. "국민이 공직자에게 권력이라는 공식적 힘을 맡긴 것은 어려운 일에 힘껏 노력해달라는 것이다. 강자가 동의하지 않으면 아무것도 못 하면서 강자에 빌붙어 호사나 누리라고 준 게 아니다."[52]라는 말이 보여주듯이, 그는 적어도 전투력에서만큼은 타의 추종을 불허하는 정치인이다. 이재명은 자신의 꿈을 위해서, 국민의 꿈을 위해서 끝까지 싸우겠다는 각오가 충만해 보인다.

> 정치는 늘 위험을 감수해야 한다. 안전한 길이 아니라 위험하지만 가야 될 길을 가는 것이 옳다. 편하게 정치하려면 상대방이 반대할 때 안 하면 된다. 그럼 싸울 일도 없고, 신문에 쌈박질 시장으로 날 일도 없다. 욕먹을 일도 없다. 하지만 그럴 수는 없다.[53]

현재의 이재명을 완성된 정치인이라고 말하기는 어렵다. 스스로도 "누구나 그러하듯 나 역시 끊임없이 진화하는 과정에 있는 부족한 사람"[54]이라고 인정한다. 그러나 이재명은 발전 가능성이라는 측면에서 볼 때, 대단한 잠재력을 가진 정치인이다. 이재명은 무엇보다 자기를 포함하는 인간의 본질을 잘 이해하고 있으며, 자기의 결함을 인정하고 고칠 수 있는 사람이다.

"욕망의 덩어리"라는 탁월한 표현에서 짐작할 수 있지만, 이재명은 자기를 포함하는 인간의 본질*을 잘 알고 있는 것 같다.

● 나는 인간 심리의 핵이 동기(욕구, 욕망, 소망 등을 통칭하는 개념)라고 끊임없이 주장해왔는데, 이는 이재명의 표현과 일치한다.

문제는 그 사람들처럼 완벽한 정치가는 현실 세계에 없다는 거예요. 그러니까 현실에 존재하는 정치적인 사람들, 욕망의 덩어리들이 국민을 대표하고 있습니다. 뭐 저도 그중 일부일 수 있죠. 그런데 이걸 감독해야 되거든요. 방치하면 그 욕망의 덩어리들이 그들의 욕망대로 가게 되는 거예요.[55]

이재명의 높은 발전 가능성은 또한 그가 노동자 출신이라는 것과 관련이 있다. 예를 들면 그는 '계급적 직관'이라고 말할 수밖에 없는, 뛰어난 통찰력을 가지고 있다. 이재명은 심리학자가 아니므로 한국인의 심리를 이론적 개념을 사용해서 정의하지도 못하고, 그것에 영향을 미친 원인을 논리적으로 설명하지도 못한다. 그러나 어려서부터 민중 속에서 민중과 함께 성장해온 사람답게 그는 종북몰이 문제를 언급하면서 다음과 같은 통찰력 있는 발언을 한다.

현재 대중들의 심리 상태에서 많이 맞은 사람이 가지고 있는 그 이상한 표정 같은 그런 게 느껴져요. 적절한 표현인지 모르겠는데, 맞고 사는 사람들의 표정이 있어요. 뭔가 자신감 없고 두려워하고 그런. 전 사회적으로 그런 느낌이 있습니다. 정말 불행한 일입니다.[56]

이재명은 요즘 대중이 많이 맞은 사람의 표정을 가지고 있다고 말하고 있는데, 많이 맞은 사람의 심리란 곧 피학대자 심리이다. 오늘날 한국인이 피학대자 심리를 갖게 된 것은 비록 이재명처럼 매를 맞으면서 살지는 않았다 해도 대부분이 지속적으로 정신적 학대를 당하면서 살아왔기 때문이다. 나는 기존 저서들인 『불안증폭사회』, 『트라우마 한국사회』 등을 통해 이 주제를 계속 다뤄왔기 때문에 여기에서는 간단히 언급만 하고 넘어가겠다.

한국인들은 불만이 있어도 참고, 하고 싶은 말이 있어도 참고, 심지어는 권리가 침해당해도 참는 데 익숙해져 있다. 왜냐고? 찍힐까봐. 만약 불만을 표출하고, 부정부패나 불의에 항의하고, 자기 권리를 주장하면 한국 사회에서는 탄압을 받거나 불이익을 당한다. 그럼에도 불구하고 계속 저항하면 빨갱이나 종북으로 낙인찍힌다. 이런 삶을 강요하는 것이 정신적 학대가 아니면 무엇인가? 사람은 그것이 육체적이든 정신적이든 간에, 학대를 당하면 피학대 심리를 갖게 된다. 이재명의 표현을 빌리자면, '뭔가 자신감 없고 두려워하는, 많이 맞고 자란' 사람의 심리다. 현실과 인간 심리에 대한 이재명의 통찰력은 매우 뛰어난데, 이는 그의 학습능력에 큰 도움을 줄 것이다.

이재명은 정치인으로서의 성장 가능성이 높을 뿐만 아니라 대권주자로서의 확장성도 우수하다. 적에 대한 비타협성, 통속적이면서 본질을 꿰뚫는 언어구사 능력, 대중 친화력, 솔직함에 기초한 인간적 매력 등은 대권 경쟁 과정에서 이재명의 상승세를 견인할 중요한 무기들이다. 여기에 더해 촛불의 파고가 높아져 혁명적 정세가 도래하거나 시민과 기득권 세력이 격렬하게 충돌하는 일대 격전이 벌어지면 이재명의 상승세는 더욱 두드러질 가능성이 크다. 이재명은 무엇보다 난세를 평정하는 데 적합한 싸움꾼이기 때문이다.

이재명은 "믿을 것은 민주주의에 대한 신념과 시민들의 힘뿐이다."라고 힘주어 말하는 민중성 강한 정치인이다. 꼬마 노동자에서 출발해 성

대통령 선택의 심리학

남시장이 될 때까지 온 힘을 다해 달려왔고, 마침내 대권을 향해 달려가기 시작한 이재명. 그는 "어디까지 왔는지 모르지만, 더 가야 하는 것만은 분명하다."[57]라고 말하며, 계속 달려가려 한다.

이재명은 자신이 대선 출마 선언을 한 공장을 일컬어 "참혹한 기억의 공장"이라고 했다. 나는 그가 그 참혹했던 기억에서 완전히 자유로워지는 날을 맞이하기를 바란다. 나아가 이 땅의 모든 국민이 참혹한 기억을 말끔히 지워버리고 환하게 웃는 날을 보고 싶다. 그렇기 때문에 대권과는 별개로 이재명이 계속 달려나가 기어이 자신의 꿈을 실현하는 모습을 꼭 보고 싶다. 100퍼센트 일치하지 않을 수 있겠지만, 그의 꿈이 곧 국민의 꿈이라고 믿기 때문이다.

3

안철수

삶의 흔적을
남기고 싶다

2012년 대선 국면에서 혜성처럼 등장한 안철수는 '안철수 신드롬'이라는 신조어를 낳을 정도로 커다란 사회적 파장을 일으켰다. 당시 그는 '강력한 도전 정신과 추진력, 기업가 정신, 도덕성, 차분하고 겸손한'[1] 마음을 가진 사람 혹은 돈 욕심이 없고 애국심이 투철하며 젊은이들을 사랑하는 청춘 멘토이고 교과서에까지 실린 인물이라는 칭찬을 등에 업고 대중에게 다가섰다.

안철수 현상은 기성 정치에 대한 불만이 매우 높은 조건에서 낡은 정치를 타파하고 '새 정치'를 하겠다는 정치 신인의 신선한 외침이 그 자체만으로도 큰 주목을 끌 만했다는 사정과 관련이 있다. 그러나 대선의 전초전인 야권 단일화라는 벽을 넘어서지 못하고 후보를 사퇴하면서 그의 대권 도전은 실패로 끝났다.

과거에 정주영이나 문국현 같은 기업가 출신 대권주자들은 대선에서 패배한 후에는 아예 정계 은퇴를 했지만, 같은 기업가 출신 정치인인 안철수는 대권 도전에 실패한 후에도 정계를 떠나지 않았을 뿐만 아니라 신당을 창당했고, 2017년 대선에도 도전장을 내밀고 있다. 그는 19대 대선에서도 예전과 같은 돌풍을 일으킬 수 있을까? 정치인으로서의 안철수의 미래는 어떻게 될까?

안철수에게 비판적인 사람들은 그가 말로만 새 정치를 외쳤지 그것이 무엇인지를 전혀 보여주지 못했기 때문에 2017년 대선에서 고전을 면치 못할 것이라고 예상한다. 반면에 안철수를 지지하는 사람들은 그는 토끼과가 아닌 거북이과에 속하는 대기만성형이어서 지난 대선에서는 자기 역량을 제대로 발휘하지 못했지만 2017년 대선에서는 다른 모습을 보여줄 것이라고 기대한다. 그렇지만 심리학자인 나는 정치인으로서의 안철수의 역량이나 성공 여부보다 그가 왜 정치를 하려고 하고, 대권에까지 도전하려고 하는지가 가장 궁금하다.

비록 한동안은 기업가로 살기도 했지만, 안철수는 모범적인 지식인의 전형이라고 할 만한 인물이다. 그는 "바른 생활 사나이"[2]라는 평을 들을 정도로 모범적인 삶을 살아왔고, 지금도 그렇게 살고 있다. 안철수는 술과 담배와 골프를 하지 않으며, 오로지 일에만 파묻혀 사는 사람이다.[3] 또한 "생각이 바뀌면 행동이 바뀌고 행동이 바뀔 때 어떤 결과가 나옵니다. 사회생활을 많이 하지 않고 혼자 공부한 기간이 길지만 다른 사람에 대한 포용력이 생긴 것도 독서 덕"[4]이라고 말하는 전형적인 지식인이다. 한마디로 안철수는 세상이 좋아지려면 한국인들이 술을 먹지 말고 책을 읽어야 한다고 믿는 골수 지식인이라고 할 수 있다.

2011년 한 취업 포털에서 직장인 852명을 대상으로 설문조사를 했더니 한 달 동안 읽는 책이 평균 1.6권인데, 술자리 횟수는 6회였어요. (…) 시간이 없고 돈이 아까워서 책은 안 읽지만 술자리는 참석한다는 어이없는 현실에 한숨이 나옵니다.[5]

사실 모범적인 지식인은 학자나 교수 같은 직업에는 어울리지만 정치인에는 별로 어울리지 않는다. 따라서 안철수를 연구했던 이들이 그를 다음과 같이 평가하는 것도 자연스럽다.

역대 대통령 중 단 한 사람도 비극적 결말을 피하지 못한 나라에서, 모략과 음해가 난무하는 정치판에 나서 싸우기엔 그의 권력의지가 약해 보이고, 그가 잘할 수 있는 다른 가치 있는 일이 더 많아 보인다.[6]

카이스트(한국과학기술원) 교수를 거쳐 서울대 교수까지 역임한 안철수는 지식인으로서는 한국 사회에서 최고 위치에 도달했다고 말할 수 있는 인물이다. 그런 그가 왜 자신의 체질에 맞지 않는 정치를 굳이 하려고 하는 것일까?

건전한 인생관, 시대의 부름에 응하다

안철수는 30대 후반부터 정치권이나 정부로부터 계속 정치 입문을 권유받았지만 거절해왔다. 정치가 자기한테 어울리는 일이 아니라서 잘할 수 있다고 자신할 수 없어서였다.

진로를 결정할 때 저는 항상 세 가지를 생각했습니다. 의미가 있는 일인가, 열정을 지속하고 몰입할 수 있는 일인가, 내가 잘할 수 있는 일인가.

정치 쪽도 의미가 있는 일인 것은 분명하지만 내가 열정을 갖고 몰입하거
나 더 잘할 수 있는 일은 아니라고 생각했어요.[7]

어떤 일에 열정적으로 몰입할 수 있으려면 그 일이 진심으로 하고 싶
은 일이어야 한다. 또한 진심으로 하고 싶은 일에 열정적으로 몰입해야
만 창의성이 발동되어 누구보다 잘 해낼 수 있다. 따라서 정치를 열정을
갖고 몰입할 수 있는 일, 잘할 수 있는 일이 아니라고 말하던 시점까지는
적어도 그에게 정치를 하려는 내적 동기가 없었음을 알 수 있다.
　안철수에 의하면 그가 정치 입문을 고려한 최초의 이유는 사명감 혹은
책임감이다. 무상급식 문제로 나라가 시끄러워지자, 한나라당의 오세훈
서울시장은 국민투표를 실시해 무상급식에 찬성하는 결과가 나오면 시
장직을 사퇴하겠다고 선언했다. 시장직을 볼모로 한 일종의 대국민 협박
이었는데, 그의 기대와는 달리 투표에서 무상급식에 찬성하는 결과가 나
왔고 오세훈은 시장직을 사퇴했다. 그 당시 안철수는 무상급식을 격렬히
반대하는 한나라당의 행태를 아주 못마땅하게 바라보고 있었다. 그런데
서울시장 보궐선거에서 한나라당 후보가 당선할 가능성이 높아지자 그
는 위기감을 느꼈다.

위기감이 들었습니다. 행정 혼란, 세금 낭비 등 잘못에 대해 제대로 대가
를 치르지 않고 한나라당에서 다시 시장직을 차지하게 된다면 정의롭지
못하다는 생각이었죠. (…) 그런데 서울시장 후보 여론조사에서 원래 문
항에 없던 제 이름이 거론된다는 얘기가 들리더군요. '나라도 나가야 하는
것 아닌가' 하는 생각이 한 10퍼센트 정도 들었다고 할까요.[8]

한나라당은 말도 안 되는 한심한 정치를 하는데, 야당은 영 힘을 못 쓰고 그 와중에 자신에 대한 국민적 지지가 높아지는 상황이 조성되면서 안철수는 본격적으로 정치 입문을 고려하기 시작한다. 시대와 국민이 안철수의 정치 입문을 요구했다고 말할 수도 있겠다.

안철수의 정치 입문이 그의 인생관에 기초한 결정이었다고 보는 시각도 있다. 안철수는 건전한 인생관을 가지고 있는데, 그는 인생의 의미를 세상에 도움이 되는 일을 하는 것에서 찾고 있다.

> 제 인생에서 성공의 정의는 '삶의 흔적을 남기는 것'입니다. (…) 내가 죽고 난 후에 내가 존재하지 않았을 때와는 다른 긍정적인 무언가를 이 세상에 남기고 싶다는 마음입니다. (…) 사람들의 생각을 변화시키거나 좋은 제도, 좋은 책, 바람직한 조직 등을 통해 세상에 흔적이 남기를 바랍니다.[9]

인생관은 크게 개인주의적 인생관과 집단주의적 인생관으로 구분된다. 인생관의 차이는 개인과 집단 간 관계를 어떻게 이해하느냐에 따라 결정된다. 즉 집단보다 개인이 더 중요하다고 생각하는 사람은 개인주의적 인생관을, 개인보다 집단이 더 중요하다고 믿는 사람은 집단주의적 인생관을 갖게 된다는 것이다. 전자의 인생관을 가지고 있는 사람은 개인적 욕망이나 쾌락을 우선시하는 반면 후자의 인생관을 가지고 있는 사람은 집단이나 공동체를 위해 기여하는 것을 우선시한다. 이완용, 최순실 등이 전자를 대표하는 사람이라면 안중근, 전태일 등은 후자를 대표하는 사람이라고 할 수 있다. 인류는 개인주의적 인생관을 가진 사람을 경멸해온 반면 집단주의적 인생관을 가진 사람은 존경해왔다. 전자는 사회에 별 도움이 되지 않거나 해악을 끼쳤지만 후자는 사회의 유지, 발전에 기여했기 때문이다. 안철수의 인생관을 건전하다고 평가할 수 있는 것은 그것이 개인을 위해서가 아니라 세상을 위해서 무엇인가 하는 것을 중시하는 전형적인 집단주의 인생관이기 때문이다.

안철수의 건전한 인생관에 비춰볼 때, 시대적 요구가 강력하면 그가 정치에 입문할 것이라고 예측해도 무방할 것이다. 시대적 요구란 곧 집단이나 공동체의 요구이므로 개인보다 집단을 더 중시하는 인생관을 가지고 있는 안철수라면 그것을 받아들이지 않겠는가. 실제로 그는 결단을 내릴 때 '사회의 긍정적 발전에 얼마나 도움이 되는 역할을 할 수 있을까?'를 기준으로 판단한다면서, "사회발전의 도구로 쓰인다면 정치도 감당할 수 있다."라고 말해왔다.[10]

결론적으로 안철수에게는 정치를 하려는 내적 동기가 없었지만, 시대적 요구로 인해 정치를 시작했고 그의 건전한 인생관이 그것을 뒷받침해줬다고 정리할 수 있다. 그런데 이렇게 정리하고 그냥 넘어가기에는 뭔가 찜찜한 것이 있는데, 그것은 집단주의 인생관을 가지고 있는 이들은 흔히 세상에 기여하고 싶다거나 세상에 도움이 되는 일을 하고 싶다는 등의 표현을 사용하지 '흔적을 남긴다'는 표현은 거의 사용하지 않는다는 점이다. 안철수는 어째서 그런 독특한 표현을 사용하는 것일까? 단순한 언어 습관일까 아니면 다른 심리적인 원인이 있을까?

반항은 너무
힘들어

세상에 삶의 흔적을 남기려는 안철수의 동기를 이해하려면 그의 인생, 특히 청소년기까지의 삶을 들여다보는 것에서 출발해야 한다. 안철수는 발명가 에디슨과 거의 똑같은 어린 시절 일화를 가지고 있는, 과학자를 꿈꾸는 아이였다. 어린 에디슨은 닭을 부화시키겠다며 달걀을 품고 잤는데, 안철수는 같은 이유로 메추리알을 품고 잤다! 그는 어려서부터 집안에 있는 라디오, 시계, 모형 비행기 등 기계제품들을 끄집어내어 분해하고 다시 조립하곤 했다.[11] 라디오 부품을 사다가 직접 라디오를 조립한 적도 있다. 이런 몇 가지 일화만 들어도 누구나 어린 안철수를 훗날 컴퓨터 백신을 만들어 일약 유명해진 어른 안철수와 연결 지을 수 있을 것이다. 즉 어린 시절 과학자를 꿈꾸던 안철수는 공대에 진학해서 컴퓨터 분야 전문가 혹은 과학자가 되는 것이 자연스럽다. 그런데 그는 기계를 만지는 공대가 아니라 피를 봐야 하는 의대에 진학했다. 왜 그랬을까? 부모님의 기대 때문이었다.

안철수는 세명대 교수 제정임과의 대담에서 "의대를 선택한 것은 본인의 뜻이었나요?"라는 질문에 이렇게 대답했다.

네. 제가 스스로 선택한 것은 맞아요. 저는 원래 초등학교 때부터 과학기술에 관심이 많았고 과학자가 되고 싶었어요. 에디슨이나 아인슈타인 같은 인물이 되고 싶었죠. (…) 그런데 고등학교에 가서 보니 장남이 가업을 잇는다고 하면 부모님이 기뻐하실 것 같았어요.[12]

안철수가 공대가 아닌 의대를 선택한 것은, 본인의 말을 빌리자면, 부모님을 기쁘게 해드리고 싶어서였다. 부모님이 의대를 가라고 대놓고 말하지도 않았고 강요하지도 않았는데, 그가 자발적(?)으로 공대 진학을 포기한 것을 어떻게 봐야 할까? 너무 착한 사람 또는 효자로 봐야 할까 아니면 알아서 기는 순종주의자로 봐야 할까?

부모의 기대란 곧 부모의 욕망이다. 따라서 부모의 기대와 자식이 원하는 것이 갈등하는 상황은 본질적으로 부모의 욕망과 자식의 욕망이 충돌하는 상황이라고 말할 수 있다. 부모의 기대와 자식의 소망이 서로 다르거나 어긋날 때 그 문제를 어떻게 해결하는지를 통해서도 부모-자식 관계를 대략 짐작할 수 있는데, 그것을 서열화해보면 다음과 같다.

1. 부모가 자식을 위해 기꺼이 자신의 기대를 접는다. 자식을 사랑하는 부모는 통상적으로 자식이 원하는 것이 본인이 원하는 것과 다른 경우 기꺼이 기대를 접는다. 자식의 행복을 최우선으로 바라기 때문이다. 가장 양호한 부모-자식 관계라고 할 수 있다.

2. 부모와 자식이 갈등을 겪지만 자식의 설득에 의해 부모가 기대를 접는다. 서로의 욕망이 충돌하는 과정에서 약간의 갈등이나 실랑이가 생기지만, 서로 감정이 격해지지는 않으며 이성적이고 차분한 대화를 거쳐 부모가 자신의 기대를 접는다. 상당히 양호한 부모-자식 관계라고 할 수 있다.

3. 자식이 부모에게 완강하게 반항하여 부모가 기대를 접도록 만든다. 한동안은 부모와 자식 모두 고집을 부리면서 대치하고, 그 과정에서 감정이

격해지기도 하지만 결국에는 자식의 완강한 반항에 부모가 두 손을 들고 항복한다. 그나마 최악은 아닌 부모-자식 관계라고 할 수 있다.

4. 자식이 자기의 의사를 밝히지만 부모의 반대를 이겨내지 못하고 꺾인다. 자신이 원하는 바를 관철하기 위해 자식이 이런저런 방식으로 부모에게 반항해보지만 결국에는 역부족이라 부모의 기대에 순응하게 된다. 상당히 나쁜 부모-자식 관계라고 할 수 있다.

5. 자식이 부모에게 자기 의사를 당당히 밝히지도 못하고 알아서 부모의 기대에 순응한다. 부모의 기대가 자신이 원하는 바와 다름을 알고 있는 자식이 알아서 기는 것이다. 가장 나쁜 부모-자식 관계라고 할 수 있다.

사람들은 흔히 자식이 부모에게 반항하지 않는 것을 좋게 평가기도 하는데, 실제로는 그렇지가 않다. 자식이 부모에게 반항할 필요조차 없을 만큼 사이가 좋은 경우를 제외한다면, 반항을 못하는 것보다 하는 것이 낫고 반항이 실패로 끝나는 것보다 성공으로 끝나는 것이 낫다. 자식이 부모에게 반항할 수 있다는 것은 최소한 두 가지를 의미한다. 첫째, 부모의 사랑을 잃을지도 모른다는 공포에서 자유롭다. 부모에게 사랑받은 자식에게는 그런 두려움이 없다. 그렇기 때문에 부모에게 사랑을 많이 받은 자식일수록 반항을 더 잘 하는 것이다. 둘째, 자식에게 상당한 에너지나 힘이 있다. 반항은 힘이 있을 때 가능한 법이다. 장기간 애정결핍에 시달리거나 권위에 순종해온 아이는 자신감이 없거나 무기력해지기 쉽다. 설사 반항하고 싶더라도 힘이나 에너지가 부족해 그러기가 매우 어렵다.

고등학생 안철수는 부모의 기대가 자신이 원하는 바와 다르다는 사실을 알고서는 알아서 기는 길을 선택했다. 반항하기는커녕 부모를 설득해보려는 시도조차 하지 않았다. 이것은 그가 사랑받지 못한 아이, 즉 사랑을 잃을까봐 노심초사하는 아이였고 에너지가 약한 무력한 아이였음을 의미한다. 안철수는 어려서부터 부모에게 반항을 한 번도 해본 적이 없는 아이였다.

내성적인 나는 반항 같은 것을 해본 적이 없다. 공부하기 싫은 때에라도 어머니께서 공부하라고 타이르시면 억지로라도 공부하는 체를 했다. 심지어 흔히 사춘기라고 말하는 중고등학교 시절에도 그런 일은 없었다.[13]

부모에게 대놓고 반항하지는 않는 순종적인 아이일지라도, 대부분 아이들은 마음속으로는 반항을 하거나 최소한 반항하는 상상이라도 한다. 그런데 안철수는 행동으로는 물론이고 마음속으로도 반항하지 않았다. 이것은 그가 부모님에 대한 반항을 마음속에서조차 상상할 수 없는 위험천만한 것으로 여겼음을 의미한다.

초등학교 때의 일이다. 책을 좋아해서 이것저것 읽다 보니 한번은 중고등학생들이 보는 잡지를 보게 되었다. 거기에 한 중학생의 글이 실려 있었는데 부모님이 자기에게 간섭을 하지 않았으면 좋겠다고 되어 있는 것이었다. 초등학생이었던 나는 그 글을 읽은 순간 충격을 받았으며 자식이 부모님께 어떻게 그런 생각을 할 수 있나 하는 생각이 들었다. 나는 절대로 안 그래야지 하고 생각한 그 뒤로 내 나름대로는 부모님께 효도를 해야겠다

고 생각하면서 살았다. 그러나 부모님 마음에는 그래도 내가 늘 불안스럽게 보였을 것이다.[14]

필요한 순간에
지지해주지 않는 부모

안철수의 부모는 그를 어떻게 양육했을까? 그의 어머니는 "아들에게 평소에 존댓말을 쓰고 심지어는 꾸중할 때에도 존댓말을 했던 어머니"[15]로 유명하다. 어떤 이는 이를 두고 자식을 한 사람의 인격체로 존중하는 큰 뜻이 담긴 것이라며 칭찬하기도 했다. 그러나 아들에게 존댓말을 사용하지 않는다고 해서 '자식을 인격체로 존중하는 큰 뜻이 없는 부모'라고 말할 수는 없다. 비록 안철수의 어머니는 아들에게 존댓말을 쓰기는 했지만, 아들을 방치했던 것 같다. 안철수는 결혼을 하고 나서 양말을 아무데나 벗어놓고 이불도 개지 않아서 그의 아내에게 지적을 받았다. 스스로가 결혼하기 전까지는 이불을 한 번도 개본 적이 없다고 말한 것에서 알 수 있듯이, 안철수의 어머니는 아들을 들판에 풀어놓고는 별 간섭을 하지 않았을 것이다.

> 어렸을 때부터 어머니께 의존적으로 커왔던 나로서는 혼인하고 나서 아내가 집안일을 다 맡아주기를 바랐던 것이 사실이다. 처음에는 이불 갤 줄도 몰랐다. 그런 것에 대한 개념이 전혀 없었던 것이다.[16]

방치되어 자란 아이는 의존심은 강한 반면 독립심이나 사회성은 부족하다. 사랑받지 못한 것에 대한 분노도 심한 편이다. 어머니가 공부하라고 타일렀다는 안철수의 말로 미뤄볼 때, 그의 어머니는 아들의 인생에 별 관심을 보이지 않았지만 공부와 관련해서는 관심을 보였던 것 같다. 만일 공부와 관련해서만 어머니가 관심을 보였다면, 안철수는 공부를 잘해야만 어머니의 사랑을 받을 수 있다고 믿게 되지 않았을까?

오늘날 상당수 한국 부모가 자식이 공부를 잘하면 사랑해주고 공부를 못하면 사랑해주지 않는다. 부모가 이런 식으로 자식을 건강하게 사랑하지 못할 경우 자식은 공부를 잘하지 못하면 부모의 사랑을 잃게 된다는 두려움에 쫓기는 삶을 살게 된다. 무서운 어떤 것으로부터 쫓기면서 도망치듯 사는 삶이 행복할 리 없다. 그 결과 자식은 한편으로는 부모의 사랑을 잃지 않기 위해 공부를 열심히 해야 한다는 압박감에 시달리고 다른 편으로는 공부하는 것이 즐겁지 않아서 몹시 괴로워한다. 한국 아이들 대부분이 공부를 열심히 해야 한다고 생각하지만 막상 공부를 하기 싫어하는 것은 이 때문이다.

부모의 사랑을 잃을까봐 공대가 아닌 의대에 진학해서 하기 싫은 공부를 억지로 해야만 했던 안철수 역시 즐겁지 않았을 테니, 공부가 잘 될리 없었다. 결국 안철수는 의대 본과 1학년 겨울방학 때, 시쳇말로 '멘탈붕괴' 상황에 직면한다. 고향집에 갔다가 다음 학기 공부가 걱정되어 예정보다 일주일 일찍 서울로 올라가 하숙방에 들어선 안철수에게 불현듯 지독한 외로움과 공부에 대한 두려움이 밀려들었다. 그는 견디다 못해 어머니에게 전화를 걸어 "어머니, 공부가 너무 힘듭니다."라고 말하고는 울음을 터뜨렸다. 안철수의 어머니는 깜짝 놀라 바로 서울로 올라가 아들을 데리고 집으로 내려왔다. 안철수는 아버지의 소개로 정신과 의사에게 상담을 받은 후 학업에 복귀했다. 훗날 안철수는 그때 받았던 상담이 도움이 되지 않아서 결국에는 혼자서 문제를 해결해야 했다고 말했다.

이 일화는 안철수의 어머니가 비록 아들을 방치하는 경향이 있는 어머니였지만, 위기 상황에서까지 나 몰라라 하는 어머니는 아니었음을 보여준다. 안철수는 여러 저서에서 어린 시절 어머니와 함께했던 좋았던 기억들을 언급하고 있는데, 이 역시 그의 어머니가 아들을 아주 건강하게 양육하지는 못했지만 최소한의 역할은 해주었음을 짐작하게 해준다.

안철수는 어머니에게서 제대로 받지 못한 사랑을 아버지를 통해서 보충할 수 있었을까? 안철수의 아버지 안영모는 젊은 시절 범천의원을 개원한 이후 여든이 될 때까지 부산 범천동의 빈민촌에서 줄곧 서민들을 치료했던 의사이다. 그는 개업을 준비하던 시기에 판자촌이 즐비한, 가난한 사람들이 모여 사는 범천동에 병원이 없다는 사실을 알고는 그곳에 개원했고, 평생을 검소하게 생활하면서 여러 선행으로 부산 시민의 존경을 받아 '부산의 슈바이처'로 불리기도 했다.[17] 안철수의 아버지가 사회적으로 존경받을 만한 바른 사람이라는 사실에는 의문이 여지가 없는 듯하다. 그러나 사회적으로 훌륭한 아버지라고 해서 자식을 건강하게 사랑하는 아버지라고 단정할 수는 없다. 안철수는 어머니와는 달리 어린 시절 아버지와의 좋았던 기억들에 대해서는 언급하지 않는다.

안철수는 부모님, 특히 아버지를 기쁘게 해드리기 위해서 공대 진학을 포기하고 의대에 진학했는데, 이는 안철수의 아버지가 폭력이나 폭언으로 아들을 통제하는 폭군은 아니었지만 어떤 식으로든 아들을 알아서 순종하게 만든 아버지였음을 의미한다. 물리력이나 직접적인 압박을 가하지 않더라도 부모는 자식을 얼마든지 통제할 수 있다. 어떻게 그럴 수 있을까? 부모 말을 듣지 않으면 사랑해주지 않겠다는 신호를 자식에게 은근하게 지속적으로 보내기만 하면 된다. 아이가 가장 두려워하는 것은 부모의 사랑을 잃는 것이기 때문에 부모는 은폐된 방식 혹은 타이르는 방식으로도 자식을 지배하거나 통제할 수 있다. 심리학자 에리히 프롬은 이를 '친절한 학대'라고 명명했다.

아버지의 사랑이 부족해서였겠지만, 안철수는 아버지가 아닌 할아버지에게 강한 애착을 형성한 것 같다. 그는 저서에서 할아버지가 칭찬하고 지지해준 기억들을 언급하면서 다음과 같이 말했다.

> 내 마음속엔 언제나 살아 계시는 한 어른이 계신다. (…) 나를 바른 길로 인도해주시는 나의 수호신은 할아버지다.[18]

안철수는 자신의 저서에다 "지금도 마음속에 살아 계시는 고 안호인 조부님께"라는 헌정사를 남겼다. 또한 할아버지가 자신을 위해 남겨주신 통장을 잘 간직하고 있다가 딸을 낳았을 때 처음으로 돈을 인출해 "할아버지의 정신이 대를 이어 내려가기를 희망하면서" 딸 앞으로 통장을 만들어주었다.[19]

안철수의 부모가 아들을 전적으로 지지해주는 부모가 아니었음은 다음의 일화를 통해서도 확인된다. 1994년 4월, 군복무를 마친 안철수는 의대 교수가 되는 것을 포기하고 컴퓨터 바이러스를 막는 백신을 개발하기 위해 창업하기로 결심했다. 그가 부모님에게 자기의 결심을 말씀드리자 아버지는 당황하면서도 부드러운 말로 반대 의사를 표명하여 아들의 기를 꺾으려 했다.

"괜찮겠니? 넌 공부만 하던 사람인데 어떻게 사업을 할 수 있겠어? 사업
은 아무나 하는 게 아니라더라."

안철수의 어머니 역시 "다시 한 번 생각하세요. 사업은 힘든 일이라고
들었어요. 딸 생각도 해야죠."[20]라는 말로 안철수를 타일렀다. 두 사람
다 아들을 지지해주지 않았던 것이다.

평소에 자식에게 다소 거친 말을 하거나 욕을 하더라도 필요한 순간에
지지를 해주는 부모와 평소에 자식에게 품위 있는 말을 하지만 필요한
순간에 지지를 해주지 않는 부모 중에서 어느 쪽이 자식을 사랑하는 부
모일까? 안철수의 아버지는 안철수가 존경할 수 있는 훌륭한 아버지이
기는 했지만 안철수를 사랑하는 아버지는 아니었다. 자식이 부모에게 가
장 바라는 것을 두 가지로 축약해 말하면 '자신을 사랑해주는 것'과 '자
신이 존경할 수 있는 부모일 것'이다. 안철수의 아버지는 이 두 가지 중
에서 하나만 충족시켜주는 아버지, 즉 존경할 수 있는 아버지이기는 했
으되 자식을 사랑하는 아버지가 아니었던 것 같다. 이럴 경우 자식은 한
동안은 부모 말에 복종하면서 모범생으로 살지만 때가 되면 아버지에게
반항할 가능성이 크다.

정치인이 된
모범생

적어도 청년기 이전까지의 안철수는 마음속에서조차 부모에게 반항하지 못했다. 그가 부모에게 반항하지 못했다는 것은 곧 자신의 욕망을 포기하면서 성장했다는 것을 의미한다. 한마디로 어린 안철수는 자기를 위해서가 아니라 부모를 위해 살았다. 그런 삶이 행복할 리 없었기에 어린 안철수는 심적으로 괴로웠고, 그 괴로움을 방어하기 위해 합리화를 시도한 것 같다. 어린 안철수는 부모의 사랑을 잃을까봐 자신의 욕망을 포기하는 것을 '효도'라고 합리화했다. 하지만 여전히 마음은 아팠을 것이고 상처도 깊어졌을 것이다. 행복했다고 말할 수 없는 이런 어린 시절은 그의 심리에 어떤 영향을 미쳤을까? 무엇보다 전형적인 착한 아이 콤플렉스*를 갖게 되었다.

안철수는 부모에게 사랑받기 위해서 일찌감치 착한 아이, 모범생이 되는 노선을 선택했다. 안철수를 보고 있노라면 제아무리 화가 나도 그가 과연 욕을 할 수 있을까라는 의문이 들기도 하는데, 그는 딸이 억울한 일을 당하고 와도 화를 내는 대신 남을 계속 배려하라고 타이르면서 달래주는 무지하게 착한 사람이다.

(안철수의) 딸은 초등학교 다닐 때 아버지의 말을 충실하게 따라서 양보만 하는 바람에 친구들에게 손해만 보고 들어왔다. 아버지 입장에서는 몹시

---

* 착한 아이 콤플렉스에 관해서는 1장 문재인 편 참고.

속이 상하여 다른 아이의 부모에게 달려가 애를 바르게 키우라고 하고 싶은 마음이 들기도 했지만 딸을 달래면서 남을 배려하라고 말할 수밖에 없었다고 한다.[21]

안철수에게 착한 아이 콤플렉스가 있다면 정치인 안철수는 국민적 지지에 매우 민감할 것이다. 모두에게 사랑받기 위해서 착한 아이가 된 사람이 가장 좋아하는 것은 사랑받는 것이고 가장 무서워하는 것은 사랑을 잃는 것이다. 따라서 국민적 지지나 대중의 환호를 무의식적으로는 사랑으로 간주하는 정치인이나 연예인은 지지율이나 인기에 매우 민감하다. 안철수의 대권 도전은 그에 대한 높은 국민적 지지와 밀접한 관련이 있다. 서울시장 보궐선거에 출마하려고 했던 안철수는 자기보다 지지율이 훨씬 낮았던 박원순 변호사에게 출마를 양보했다. 그런데 놀랍게도, 다음 날 언론은 안철수를 비판하기보다 유력한 대권 후보로 거론했다. 그때 안철수는 어떤 느낌이 들었을까?

충격도 받았고, 강한 책임감도 느꼈어요.[22]

왜 충격을 받았을까? 자신의 지지자나 언론이 사랑을 철회하기는커녕 더 열렬한 사랑을 보내주어서다. 왜 강한 책임감을 느꼈을까? 사랑을 받았으니 뭔가를 해야 한다는 압박감이 생겨서다. 사랑받고 자라지 못한 사람은 상대방의 기대에 부응하지 못했는데도 상대방이 사랑을 철회하지 않는 경험을 하면 크게 감동받는다. 그런 경험을 해본 적이 없었기 때문이다. 무조건적인 사랑을 받아본 경험이 없는 사람은 타인에게서 사랑을 받으면 그의 기대에 부응해야 한다는 압박감, 책임감, 사명감 등을 느낀다. 사랑은 아무런 부담 없이 그냥 주고받는 것이라는 사실을 알지 못하기 때문이다. 결론적으로, "제가 생각을 밝혔는데 기대와는 다르다고 생각하는 분들이 많아진다면 저는 자격이 없는 것이고, 제 생각에 동의하는 분들이 많아진다면 앞으로 나아갈 수밖에 없겠지요."[23]라는 안철수의 말이 보여주듯, 착한 아이 콤플렉스가 있는 정치인 안철수의 대권 도전 동기는 국민적 지지율과 정비례할 것으로 예측할 수 있다.

안철수에게 착한 아이 콤플렉스가 있다면 정치인 안철수는 욕먹는 걸 아주 무서워하고 싫어하며 나아가 갈등 상황이나 싸움을 기피할 것이다. 안철수는 정치를 하면서 욕을 먹는 것이 가장 힘들다고 토로했다.

20여 년간 언론에 노출된 상황에서도 비교적 좋은 평가를 받았던 편인데, 어느 순간 수많은 '안티'가 생기더군요.[24]

안철수는 평소에 자기의 밥그릇과 연결된 얘기, 자기의 밥그릇을 지키기 위한 얘기는 잘 하지 않는다면서 오직 자기의 이해타산과 무관할 때 혹은 자기가 손해를 볼 수도 있는 상황에서만 발언한다고 말해왔다.[25] 그는 이런 원칙을 고수하는 이유를, 의식적으로는 '이권 때문에 저런 말을 한다'는 오해를 사지 않기 위해서라고 믿고 있을지 모르겠으나, 무의식적으로는 욕먹을 가능성을 사전에 차단하려는 자기방어 때문일 수도 있다. 안철수는 갈등이나 싸움을 마다하지 않는 정치인이 아니라 소통과 합의를 강조하는 정치인이다.

소통과 합의가 가장 중요하다고 생각합니다. (…) 스웨덴은 진보 정당인 사민당이 정권을 잡았을 때 야당과 대화를 통해서 사회적 대타협을 이뤄 복지국가를 만들 수 있었습니다. (…) 선진국들의 경험을 보면 복지국가는 정치·사회 세력 간에 대립이 아니라 소통과 합의가 이뤄져야만 가능하다는 교훈을 얻을 수 있습니다.[26]

맞는 말이긴 한데, 북유럽과 한국의 보수 세력은 하늘과 땅 차이만큼 다르다. 북유럽의 보수는 그야말로 합리적 보수여서 소통과 합의가 가능한 대상이다. 하지만 한국의 보수는 실제로는 보수가 아니라 보수를 참칭하는 파시스트 집단이자 도적 집단이다. 안철수는 이런 한국의 가짜 보수와 싸워서 그들을 청산해야 한다고 믿고 있을까, 아니면 그들과도 소통과 합의가 가능하다고 믿고 있을까? 안철수도 한국의 보수가 가짜 보수임을 어느 정도는 알고 있는 것 같다.

우리 사회는 상식과 비상식의 대립이 보수와 진보의 건전한 협력을 막고 있다고 생각해요. 사실 누가 봐도 절실한 복지 확충, 경제 민주화 같은 과제에 대해서도 '좌파'의 딱지를 붙이며 색깔 공세를 펴는 비상식적 세력이 건전한 보수와 진보의 소통을 방해하거든요.[27]

맞는 말이다. 안철수의 말이 옳다면 그는 소통을 위해서라도 비상식적 세력을 정치판에서 몰아내기 위해 싸워야 한다. 그래야만 비로소 소통과 합의가 가능해질 테니까. 그런데 안철수는 비상식적 세력과 싸우겠다거나 그들을 청산하겠다는 말은 하지 않은 채 다음과 같은 말만 덧붙이고 있다.

이제는 우리가 상식을 회복하고 합리적인 소통과 합의를 이뤄나가야 한다고 생각합니다.[28]

드디어
반항을 시작하다

통상적으로 부모에게 반항할 수 있는 육체적, 정신적 힘이 생기는 청소년기에도 여전히 안철수는 부모를 위해 자기가 원하는 것을 포기하면서 살았다. 그러던 그도 대학생이 되면서부터는 부모, 특히 아버지에게 슬슬 반항하기 시작한다.

안철수의 반항에 도움을 준 요인들은 다음과 같다. 우선 서울에 있는 대학에 진학해 아버지와 떨어져 생활하게 된 것이 객관적 조건으로 작용했다. 무서운 아버지 혹은 사랑을 주지 않는 아버지라 할지라도 일단 아버지와 떨어져 있으면 두려움은 줄어든다. 그리고 두려움이 줄어들면 그동안 억눌렸던 반항심이 고개를 쳐들기 마련이다. 하지만 아직까지는 마음의 힘이 약했던 대학생 안철수의 반항은 노골적이고 적극적이라기보다 은밀하고 소극적이었다.

안철수는 서울대 의대 본과 재학 시절인 1982년에 하숙집 룸메이트가 가지고 있던 애플 컴퓨터를 구경하면서 처음으로 컴퓨터를 접하고, 마치 한풀이라도 하듯 컴퓨터와 깊은 사랑에 빠졌다. 그는 1986년에 의대를 졸업하고 서울대 대학원 의학과에 입학하면서 전공을 기초의학인 생리학으로 선택했다. 안철수의 아버지는 아들이 환자를 돌보는 의사가 되기를 원했으나 안철수는 아버지의 뜻을 거역하면서 학문의 길을 걷기로 결심했다. 아버지와 같은 길을 가는 임상의가 아니라 기초의학을 전공하기로 결정함으로써 그의 인생에서 처음으로 아버지에게 반항한 것이다.

안철수는 기초의학을 전공하기로 결정한 이유에 대해 "병의 원인을 알아내거나 치료법을 발견하는 것도 중요하다", "기계를 좋아하니 실험하고 결과를 측정하는 데도 유리하다"(그가 생리학 중에서도 전기생리학을 전공으로 선택한 것은 실험에 쓰이는 기계를 컴퓨터와 연계시켜보려는 생각이 있었기 때문이다), "남들이 흔히 가지 않는 길을 가는 것도 흥미롭겠다", "계속 연구해서 노벨의학상에 도전해보자" 등을 들었다.[29] 하지만 기초의학을 전공하는 것은 의대라는 테두리를 벗어나지 않음으로써 한편으로는 아버지의 기대에 과도하게 맞서지 않으면서도 다른 편으로는 임상의의 길을 거부함으로써 아버지의 기대를 저버리는 은밀한 반항이었다고 평가할 수 있다. 아무리 은밀한 반항일지라도 그것이 일단 한 번이라도 성공하면 두 번 세 번 하게 되는 법.

안철수는 1988년에 의학 석사학위를 받고 박사과정에 들어가서도 은밀한 반항을 포기하지 않았다. 의사로 일하면서 컴퓨터 바이러스 백신을 만들기 시작했던 것이다. 안철수는 1988년에 대한민국 최초로 'V1'이라는 안티바이러스 프로그램을 만들어 '컴퓨터 백신'이라는 개념을 세상에 알렸고, 그것을 무료로 배포했다. 그는 단국대 교수 시절에도 매일 새벽 3시에 일어나서 6시까지 백신 프로그램을 만들다가 출근했고, 경남 진해에서 군대 생활을 할 때에도 바이러스 백신 만드는 일을 게을리하지 않았다.[30] 비록 안철수 본인은 의식하지 못했을지도 모르지만, 그가 아버지처럼 훌륭한 의사가 되기 위해 전심전력을 다하지 않고 바이러스를 만드는 데 주력했던 것은 장차 제대로 된 반항을 하기 위한 힘을 배양하는 과정이었다. 안철수는 마침내 1995년 3월 15일, 주식회사 형태의 '안철수컴퓨터바이러스연구소'를 창업함으로써 은밀한 반항에 종지부를 찍고 노골적인 반항의 길로 나아갔다.

안철수가 아버지에게 반항할 수 있게 된 것은 단순히 아버지와 떨어져 지내게 되었다거나 머리통이 단단한 대학생이 되어서가 아니었다. 그것들은 반항을 가능하게 해주는 객관적인 조건이었을 뿐이다. 안철수의 반항을 결정적으로 뒷받침해준 요인이 있었는데, 그것은 바로 그의 아내다. 안철수는 반항을 밥 먹듯이 하면서 성장해온 투지 넘치는 사람이 아니다. 오히려 부모가 반대할 것 같으면 알아서 마음을 접으며 살아왔다. 이런 사람은 적어도 부모와의 관계에서는 무력감이 심하기 때문에 부모와 떨어지고, 머리가 커지더라도 부모에게 반항을 시작하기가 대단히 어렵다. 안철수는 다 자란 대학생 시절에도 공부가 힘에 부치자 어머니한테 전화해 울음을 터뜨린 사람이 아닌가. 그런 안철수가 부모의 반대를 무릅쓰고 의사가 아닌 기업가의 길을 가는 결단을 내리고, 그것을 과감하게 밀어붙였던 것은 그의 아내를 빼놓고는 설명하기가 힘들다.

안철수는 대학 시절, 한 학년 후배였던 아내를 가톨릭학생회에서 의료봉사를 하다가 만났고 연애를 시작했다. 그의 아내 김미경은 안철수와 완전 닮은꼴이었다. 두 사람 모두 생각이나 가치관이 비슷하고, 혼자서 책 읽기를 좋아하며 자랐고, 둘 다 내성적이고, 추리소설을 좋아하는 독서광이었다. 얌전한 모범생 안철수가 자기와는 많이 다른 여성과 연애를 하는 모험을 선택하지 않고 자기와 닮은꼴인 여성과 연애를 하는 안전한 길을 선택한 것은 자연스럽다고 말할 수 있다. 또한 나는 요즘 한국인의 정신 건강을 고려해볼 때, 성격이나 취향이 반대인 사람보다는 비슷한 사람끼리 결혼하는 쪽이 더 좋다고 생각한다. 서로 반대인 사람끼리 결합하면 정신 건강이 상당히 좋지 못할 경우 갈등이나 불화를 빚기 십상이기 때문이다. 아무튼 안철수는 닮은꼴 아내를 만나 큰 덕을 본 경우다.

안철수와 그의 아내는 서로 소통도 잘 되고 서로를 지지해주는 찰떡궁합 부부였다. 의대 교수를 그만두고 컴퓨터 회사를 창업하려던 안철수가 "사실, 난 컴퓨터 일을 하고 싶어. 지금까지 난 내가 하고 싶은 일을 하면서 살았던 게 아니거든. 난 부모님이 원하실 것 같아서 의대에 진학했고, 사람들이 좋게 봐줄 것 같아서 의과대학원에 진학했고, 남 보기 좋으라고 대학교수까지 됐어. (…) 게다가 사람들이 내가 필요하다고 말하고 있어. 이런 경우는 처음이거든."[31]이라고 말하자 그의 아내는 다음과 같이 말하며 남편을 지지해주었다.

"그래, 당신은 하고 싶은 일이 있는 거네. 부럽다. 좋은 일이야. 괜찮아. 당신이 하고 싶은 일을 해. (…) 난 당신이 만족하는 걸 보고 싶어."[32]

만일 안철수가 의사의 길을 접고 창업을 하겠다고 했을 때 아내가 반대했다면 어땠을까? 부모가 반대하는 조건에서 아내까지 반대했다면 아마도 포기하지 않았을까. 어쩌면 안철수에게 아내는 그의 인생에서 처음으로 만난 든든한 지지자였을 수도 있다. 그래서인지는 몰라도 안철수는 적어도 가정에서는 아내를 이기지 못하는 '아내 바보' 역할을 즐기는 것 같다.

신혼 초에 서로 잘 모르고 서툴러서 좀 티격태격하기도 했어요. 요즘도 가끔 다툴 때가 있는데 결국 제가 야단맞고 반성하는 것으로 끝납니다.[33]

안철수에게 아내가 얼마나 각별한 사람인지는 아내의 뒤를 집요하게 쫓아가는 그의 행적을 통해서도 짐작할 수 있다. 2002년 7월에 그의 아내가 부교수직을 포기하고 법학 공부를 위해 미국으로 떠나자 2005년 3월에 안철수도 회사 일을 남에게 맡기고는 뒤따라 유학을 가서 3년간 미국에서 함께 생활했다. 2년 넘는 기간 동안 아내와 떨어져 지냈던 안철수는 다시는 헤어져 지내지 않겠다는 다짐을 했고, 함께 귀국한 이후 계속 아내의 뒤를 따라다닌다. 그의 아내가 2008년 4월에 카이스트 교수가 되자 안철수 역시 2008년 9월에 카이스트 교수로 교편을 잡았다. 다시 그의 아내가 2011년 9월 서울대 의대 정교수로 예정되자 안철수는 2011년 3월 서울대 융합과학기술대학원 원장을 맡았다. 안철수의 아내는 카이스트 재직 중 한 언론과의 인터뷰에서 다음과 같이 말하기도 했다.

미국에서 귀국하면서 저와 남편이 약속을 했어요. 같은 직장에서 일하는 것까지 바라지는 않고, 같은 도시에서 살면서 주말부부 생활을 피하자고 했어요. 그동안 너무 떨어져 살아서 그런지 우리 가족에게는 같이 사는 게 가장 중요했어요. 제가 여기에 없었다면 남편이 카이스트로 오지 않았을지도 모르죠.[34]

안철수가 직장을 선택하는 데에는 물론 여러 가지가 영향을 미쳤을 것이다. 하지만 그중에는 '아내와 가까운 곳'이 분명히 포함되어 있다고 봐

대통령 선택의 심리학

도 무방할 것이다. 장차 아내가 될 여성과 연애를 하면서부터 의학도였던 안철수가 컴퓨터와의 외도에 빠지고 결과적으로 아버지에게 반항을 시작한 것이 과연 우연일까? 아내가 없었다면 적어도 안철수의 반항은 없었을 것임은 분명해 보인다.

권력보다 명예, 지는 싸움은 하지 않는다

아버지에게 사랑받지 못한 아들은 양가감정으로 인해 상반되는 동기를 갖게 된다. 그는 아버지의 인정을 갈망하는 동기를 갖는 동시에 아버지에게 반항하려는 동기를 갖게 된다. 이 두 가지 중에서 하나만 있으면 마음이든 인생이든 좀 더 단순해질 텐데, 상반되는 두 가지 동기가 동시에 작동하면 문제가 복잡해질 수밖에 없다. 안철수에게 이 두 가지 모순적인 동기, 즉 아버지에게서 인정받고 싶은 동기 그리고 아버지에게 반항하고 싶은 동기는 어떤 식으로 표현되었을까?

안철수에게 반항할 만한 힘이 없었던 청년기 이전까지는 안철수의 반항 동기가 억압되어 있어서 인정 동기가 전면화했다. 따라서 이 시기 안철수의 삶은 비교적 단순했다. 그는 아버지의 사랑과 인정을 받기 위해 모범생이 되었고 열심히 공부했다. 안철수에게 반항할 만한 힘이 생겨 반항 동기가 부상하면서 인정 동기와 갈등을 빚기 시작하자 안철수의 삶은 복잡해지기 시작한다. 그는 처음에는 은밀한 방식으로 반항했지만, 때가 되자 공개적으로 반항하기 시작한다. 그렇지만 안철수는 반항을 하면서도 몹시 불안했을 것이다. 계속 반항하는 이상 아버지에게서 인정받기란 불가능하기 때문이다. 그렇다면 어떻게 해야 할까? 짐작컨대, 안철수는 반항을 하되 그 길에서 크게 성공하면 아버지의 인정을 받을 수 있다고 믿었던 것 같다.

안철수가 두 가지 동기 사이의 부조화 혹은 갈등을, 일단 반항은 하되 크게 성공해서 아버지의 인정을 받는 것으로 해결하려 했다면 답은 무엇이 될까? '명예'이다. 안철수 집안은 원래 돈을 밝히는 집안이 아니라 명예를 중시하는 집안이다. 안철수의 아버지는 항상 자식들에게 "금전에 눈을 두지 말고 명예를 중히 여겨라."[35]라는 말을 했다고 한다. 아버지의 철학을 잘 알고 있던 안철수는 돈을 많이 버는 것으로는 어림없으며, 명예를 획득해야만 비로소 아버지에게 인정받을 수 있다고 믿었을 것이다.

기업가 안철수는 기업가로서 자신이 하고 싶었던 일이 무엇이었는지를 다음과 같이 설명했다.

한국의 경제구조에서 정직하게 사업을 하더라도 자리를 잡을 수 있다는 것을 증명해보고자 노력했다. 투명경영, 윤리경영이 장기적으로 더 큰 힘이 되는 사례를 만들어보고 싶었다.[36]

한마디로 자신은 돈을 벌기 위해 기업을 한 것이 아니라 성공하기 위해서, 즉 명예를 얻기 위해서 기업을 했다는 의미이다.

정치인 안철수는 정치를 하게 되면서 손해 본 것이 무엇이냐는 질문을 받자 이렇게 대답했다.

오해 때문에 명예를 많이 잃었죠. 사실 명예를 소중하게 생각하고 살았는데 정치적으로 색깔이 덧칠되면서 중상모략도 당했고요.[37]

2012년에 《시사IN》과 의미네트워크 분석 전문기업인 '트리움'은 2009년부터 시작된 안철수의 '청춘콘서트' 발언록과 2011년 9월 서울시장 선거 출마를 검토하던 시기의 언론 인터뷰를 분석한 자료를 기본으로, 2012년에 4개 대학에서 진행한 강연록을 분석해 대조했다. 그 결과는 다음과 같다. "안철수에게는 강한 '인정' 욕구가 있는데, 그것은 권력의지와는 다른 것으로 명예욕에 가깝다."[38] 얼마 후에 트리움의 대표인 김도훈은 《신동아》 인터뷰에서 이 분석 결과를 다음과 같이 설명하기도 했다.

지도에서 나타나듯 안철수는 권력욕에 비해 '인정'이나 '평가'와 같은 (지금 누리고 있는) 개인적 명예를 더 중요하게 생각하고 있다.[39]

일반적으로 명예욕이란 아동기적 인정 욕구의 성인 버전인 경우가 많다. 그런데 안철수의 명예욕은 그보다 복잡하다. 아동기적 인정 욕구에 더해 반항 욕구 혹은 동기까지 뒤섞여 있다. 서로 모순적인 동기가 한데 합쳐져 요동치며 움직이면 그 위력은 더 커진다. 서로 뒤섞이면 안 되는 것이 뒤섞였기 때문에 어느 것 하나 제대로 실현될 수 없고 자기 마음이 무엇인지를 알기 힘들어 혼란스러워하며, 그럴수록 더 집착하고 갈망하게 되기 때문이다. 안철수의 명예욕이 유달리 강력한 이유가 바로 여기에 있다.

안철수는 승부욕 혹은 승벽이 강한 것으로도 유명한데, 그것 역시 명예욕과 관련이 있다. 그의 무의식을 대변해서 말해본다면 아마 다음과 비슷할 것이다.

어떤 분야에서 명예를 얻으려면 새로운 방식을 사용해서 최고가 되어야만 한다. 쉽게 말해, 후세에까지 어떤 이정표가 될 만한 뛰어난 업적을 남겨야 한다. 한국적 현실에서 그것을 달성하려면 일단은 경쟁에서 이겨야 한다. 그렇지만 경쟁에서 이기되 명예에 흠집이 날 방식이 아닌 정정당당한 방식으로 이겨야 한다. 정정당당한 방식으로 이기려면 남보다 훨씬 더 열심히, 남보다 더 완벽하게 일해야 한다. 그리하여 정당한 방법으로 경쟁에서 이겨 최고가 되면 대중은 나에게 명예를 선물해줄 것이고 결국 아버지도 나의 반항을 인정해줄 것이다.

한마디로 안철수가 승부욕이 강한 것은 명예욕을 실현하기 위해서 그것이 필수적이기 때문이라고 말할 수 있다. 안철수의 아버지도 아들이 승부욕이 아주 강한, 지기를 싫어하는 인물임을 잘 알고 있는 것 같다. 그는 2012년 4월 30일, 《국제신문》과의 인터뷰에서 이렇게 말했다.

"내가 성격을 봐서 아는데, 큰아이는 경선하자고 해도 경선할 아이가 아냐. 절대 경선은 안 한다."

질 가능성이 높은 경쟁에 뛰어드는 것은 명예에서 멀어지는 것이다. 설사 이기더라도 명예에 먹칠을 할 수 있는 경쟁에 뛰어드는 것은 더더욱 명예에서 멀어지는 것이다. 안철수는 앞으로도 이런 기준에 근거해 판단하면서 싸움을 고를 가능성이 크다. 그런데 안철수의 다소 과도한 승부욕이 싸움을 지레 피하게 만든다는 점에서, 이것은 하나의 아이러니라고도 말할 수 있다.

아무도 알지 못하는 죽음의 공포

안철수는 과거 카이스트 교수 시절, 지방대학을 돌아다니며 젊은이들을 위로하고 격려하는 '청춘콘서트'를 개최함으로써 청춘 멘토라는 명성을 얻었다. 당시에 그가 청춘들에게 보낸 메시지는 비교적 간결하다.

"본인이 하고 싶은 일을 하세요!"

안철수는 왜 젊은이들에게 부모나 사회의 압력에 굴하지 말고 자신이 하고 싶은 일을 하라고 말했을까? 그 자신이 하고 싶은 일을 하면서 살지 못했고, 그래서 몹시 고통스럽고 불행했기 때문이리라. 안철수는 청춘콘서트나 TV에서 2005년에 교육부가 실시한 '직업 만족도 조사' 자료를 자주 소개했다. 그 자료에서 가장 만족도가 떨어지는 직업 1위는 모델이고 2위가 의사인데, 의사 100명 중 무려 75명이 자기 직업을 싫어했다. 안철수가 이 자료를 자주 언급했던 이유 중 하나가 그 자신이 의사가 되기 싫었던 의사였기 때문이라고 말하면 잘못일까? 안철수는 요즘 젊은이들을 보면 마치 과거의 자기를 보는 듯했을 것이다. 요즘 젊은이들은 부모의 권위와 사회적 압력에 못 이겨 자신이 진정으로 원하는 것이 무엇인지도 모른 채 '모범생-명문대-좋은 직장-안정된 수입 혹은 부자'

라는 코스를 따라 내달리고 있다. 부모를 기쁘게 해준다는 명목으로 자신의 꿈을 포기했던, 그래서 힘들게 살았던 안철수는 이런 젊은이들에게 다음과 같이 외치고 싶지 않았을까?

"그렇게 살지 마. 불행해진다고!"

안철수의 반항은 과연 아버지의 인정을 받을 수 있었을까? 안철수가 의사의 길에서 벗어나 사업가가 되겠다는 결심을 표명했을 때, 그의 아버지는 아들을 인정해주지 않았다. 그가 기업가의 길에서 벗어나 정치를 하겠다는 의사를 밝혔을 때에도, 그의 아버지는 아들을 인정해주지 않았다. 가정이지만, 안철수가 기업가로서 크게 성공하자 비로소 아버지가 아들을 인정해주었다면, 정치인 안철수의 무의식은 대통령이 되어야만 아버지의 인정을 받을 수 있다고 믿고 있을지도 모른다. 다시 말해, 정치인으로서 성공해 명예를 획득해야만 비로소 아버지의 인정을 받을 수 있다고 믿고 있을지도 모른다. 그러나 나는 정치인 안철수가 하루라도 빨리 명예욕에서 자유로워져야 한다고 생각한다.

정치인에게 명예욕이 전혀 없을 수는 없다. 하지만 명예욕이 과도하면 절대로 훌륭한 정치인이 될 수 없다. 명예욕이 과도한 정치인은 본질적으로 대의를 위해서가 아니라 개인의 욕망을 위해서 정치를 하기 때문이다.

80년대에 학생운동가들은 죽음의 공포를 극복해야만 했다. 신군부 군사독재 정권은 구타나 고문은 기본이고 숱한 의문사 사건이 말해주듯 살인까지 서슴지 않았기 때문이다. 그런데 이 죽음의 공포를 극복한 즉 학생운동을 하다가 죽어도 좋다고 결심한 이들조차 쉽게 이겨내지 못하는 것이 있었다. 당시에는 기무사(국정원에 해당하는 당시의 군 수사기관)에 잡혀가면 다음과 같은 고문을 당한다는 소문이 돌았다. 군 정보요원들이 체포한 학생을 머리만 내놓은 채 땅에다 묻고는 권총으로 머리를 겨누면서 "학생운동 하다가 죽으면 열사가 될 거라고 기대하지? 웃기지 마. 여기서 널 죽이고 묻어버리면 세상 사람들은 네가 죽은 줄도 모를 거야!"라고 비웃는다. 이 고문에는 하나같이 굴복했다고 하는데, 이것이 사실이었는지는 확인할 수 없지만 당시 학생운동가들은 그런 얘기를 믿을 수밖에 없었다.

죽음의 공포는 이겨낼 수 있는데, '아무도 알지 못하는' 죽음의 공포는 이겨내지 못하는 이유가 뭘까? 명예욕 때문이다. 정의로운 싸움을 하는 과정에서 장렬하게 죽으면 열사가 되어 사람들에게 길이 칭송받을 수 있다. 하지만 아무도 알지 못하는 상황에서의 죽음은? 이런 죽음을 받아들일 수 있으려면, 무엇보다 남들한테 사랑받고 싶다거나 칭찬받으려는 동기에서 자유로워야 한다. 그런 유아적 동기에서 해방되어 대의에 순수하게 헌신할 수 있어야 남이 알아주건 말건 상관하지 않을 수 있고, 결정적인 순간이 왔을 때 자기의 삶을 긍정하며 죽음을 받아들일 수 있다. 명예욕 없이 순수하게 사회개혁운동을 하는 사람은 남들한테 얼마나 칭찬받느냐 혹은 얼마나 알려지느냐에 별 관심이 없다. 하지만 명예욕을 극복하지 못한 채 사회개혁운동을 하는 사람은 이름을 알릴 수 없게 되면 언제라도 배신할 수 있다. 사회운동가가 반드시 명예욕을 극복해야만 하는 이유가 바로 여기에 있다.

최선을 다하는 것만으로도 괜찮아

안철수가 명예욕에서 자유로워지려면 아버지에게 인정받으려는 동기부터 과감히 버려야 한다. 영화광인 안철수가 한때 깊이 매료되었던 영화가 있다. 〈흐르는 강물처럼〉이다. 한동안 자기 방문에다 이 영화의 포스터를 붙여놓았을 정도로 푹 빠져들었다. 특정한 소설, 오페라, 영화 등에 깊이 매료되는 경우는 그것이 무의식을 강하게 건드리기 때문이다. 〈흐르는 강물처럼〉에는 목사인 아버지와 두 아들이 등장한다. 형은 아버지를 닮아서 별명이 '목사'이고 아버지의 가르침과 지시를 그대로 따른다. 동생은 형과는 달리 아버지에게 순종하지 않고 제멋대로 사는 반항아이자 자유인이다. 동생은 아버지나 형과 달리 왼손잡이인데, 전통주의자인 아버지는 둘째 아들을 오른손잡이로 만들려고 온갖 노력을 다하지만 끝내 실패한다. 시간이 한참 흐른 후, 대학교수가 된 형은 지방 신문사 기자였던 동생이 총에 맞아 사망했다는 소식을 듣는다. 다음은 현장에 다녀온 형과 아버지가 나눈 대화이다.

"손목이 무참히 으스러져 있었어요."

"어느 쪽이냐?"

"왼손이었어요."[40]

아버지가 형에게 동생의 어느 쪽 손목이 으스러졌는지를 물은 이유는 둘째 아들이 저항 없이 맞아 죽었는지 아니면 끝까지 저항하다 죽었는지를 확인하기 위해서였다. 이렇게 영화는 반항아이자 자유인이었던 둘째 아들을 아버지가 마음속으로는 인정하고 있었음을 암시하면서 끝난다.

이 영화를 보면서 안철수는 형이 되고 싶었을까 아니면 동생이 되고 싶었을까? 그는 청년기 이전까지는 형의 인생을 살았지만 성인기부터는 동생의 인생을 살았다. 이 영화를 보면서 혹시 안철수는 자신이 반항의 길에서 성공하지 못하더라도 손목이 으스러질 정도로 최선을 다해 열심히 살면 아버지가 언젠가는 자신을 인정해줄 것이라고 간절히 기대하지는 않았을까?

안철수는 아버지의 사랑과 인정을 붙잡기 위해 공대 진학을 포기할 때의 심경에 대해 다음과 같이 말했다.

> 나는 보잘것없는 존재이다. 그런 나를 부모님께서 이처럼 사랑해주시는데 내가 꼭 부모님의 뜻을 따르지 않고 공대를 가야 하는 걸까? 공대를 가서는 어떻게 하겠다는 말이냐? 공대에 가는 것을 좋아한다고 뚜렷하게 내세울 것도 없지 않느냐? 그렇다면 부모님을 기쁘게 해드리는 것이 아들 된 도리이다. 그렇게 생각이 들자 아버님께 가서 의과대학에 가겠다고 말씀 드렸다.[41]

나는 현재의 안철수가 행여 무의식에서라도 스스로를 보잘것없는 존재로 여기지 않기를 바란다. 그래서 아버지의 인정과 상관없이 반항아로서의 자기 인생을 자랑스러워하고 그런 인생을 살면서도 행복할 수 있으면 좋겠다. 대체로 안철수는 입을 꾹 다문 긴장된 얼굴 표정을 하고 있다. 그가 아주 편안한 얼굴로 사람들을 대하면서 정치를 하게 된다면 안철수에게도, 국가에도 큰 득이 될 것이다. 그런 날이 오면 안철수는 세상에다 자신의 삶의 흔적을 남겨야만 만족하는 것이 아니라, 자신의 삶 그 자체만으로도 만족하게 될 것이다. 그때가 바로 안철수가 진짜 새 정치를 시작할 수 있는 날이 아닐까.

4

유승민

권력 실세 밑의
저격수

한때는 친박으로 분류되던 유승민은 새누리당 원내대표 시절, 박근혜에게 '배신의 정치'를 하는 정치인으로 찍혀 원내대표 자리에서 쫓겨났다. 이후 국회의원 공천 과정에서도 배제되자 그는 새누리당을 탈당해 대구에서 무소속으로 출마해 당선되었고, 새누리당이 총선에서 참패하자 복당했다. 그러나 최순실 국정농단 사건이 발생하자 박근혜 탄핵에 찬성했고 다시 새누리당을 탈당해 바른정당을 창당했고 대권 도전을 선언했다.

  유승민은 일 잘하는 똑똑한 사람으로 정평이 나 있다. 한나라당 이회창 총재에게 발탁되어 여의도연구소 소장을 맡으면서 이회창의 비공식 경제 자문 역할까지 수행했던 그는 2002년 대선에서 이회창 후보의 작전 참모로 일했다. 이회창이 대선에서 패배하자 유승민은 한때 정적이었던 박근혜 한나라당 대표의 비서실장으로 발탁되었고, 2007년에는 박근혜 대선후보 경선 캠프에서 정책메시지총괄단장을 맡아 캠프 운영을 주도했다. 한나라당의 보스들이 유승민을 연달아 중용한 것은 그가 유능한 일꾼이라는 증거로 간주될 수 있다. 그런데 유승민은 소위 예스맨과는 한참 거리가 먼 정치인이다. 예를 들면 그는 새누리당 원내대표 시절, '증세 없는 복지'라는 궤변을 주창하던 박근혜를 향해 "증세 없는 복지는 허구임이 입증되고 있다."라고 외쳐 큰 논란을 빚기도 했다.

유승민은 진보적 성향이 강한 보수이다. 그는 "학생들의 꿈이 건물주가 되는 것인 나라에 무슨 희망이 있겠느냐"[1]는 발언을 하거나 이명박의 4대강 사업을 반대하고 무상급식에 찬성하는 등의 돌출 행보를 계속해 왔다. 이런 모습을 보고 있노라면, 극우 정당 소속이 아니라 야당 정치인 아닌가 하는 생각까지 든다. 실제로 그는 극우 세력으로부터는 욕을 아주 많이 먹었던 반면, 개혁 세력으로부터는 종종 박수를 받기도 했다. 유승민은 기존의 극우 정당 정치인과는 크게 차별화되기 때문에 그를 좋아하는 사람들은 '소신 있는 정치인, 합리적 보수'라고 칭찬하고, 그를 싫어하는 사람들은 '배신자, 기회주의자'라고 손가락질한다. 과연 유승민의 정체는 무엇일까?

보수답지 않은 보수

한국에서 정치인은 거짓말로 먹고 사는 사람들이라고 해도 과언이 아닐 정도다. 특히 과거의 새누리당 같은 반민중적 정당의 정치인들은 국민을 계속 속여야 하기 때문에 거짓말이 체질화되어 있다. 그러나 극우 정당에서 잔뼈가 굵은 유승민은 보기 드물게 솔직한 구석이 있는 정치인이다. 그는 대권 도전을 선언한 이후 SBS〈주영진의 뉴스브리핑〉에 출연했을 때 다음과 같이 말했다.

대통령이 된다면 기자회견을 아마 자주 하게 될 것이다. 지금도 언론에 나서면 생각을 있는 그대로 밝힌다. 나는 그렇게 겉과 속이 다른 사람이 아니다. 있는 대로 내 생각을 이야기하고 질문을 중간에 자르지도 않고 끝까지 다 받는다. 그런 부분은 지금까지 충실하게 해왔다.[2]

물론 이 역시 거짓말일 수 있으니 본인의 말만으로 그를 솔직한 사람이라고 단정할 수는 없다. 따라서 그가 다소 불리한 상황에 처했을 때 어떤 태도를 보였는지를 관찰해보면 도움이 될 것이다. 유승민은 또 다른 인터뷰에서 "여러 번 해명을 하셨지만 '원조 친박'이라는 꼬리표가 계속 붙어 다니고 있거든요. 최순실 사태에도 어느 정도는 책임이 있는 거 아니냐는 그런 이야기들도 있는데요. 어떻게 생각하십니까?"라는 질문을 받았고, 다음과 같이 대답했다.

제가 원조 친박, 원조 친박 맞고요. 예. 그리고 2005년에, 12년 전에 한 10개월 비서실장도 했고. 2012년 대선은 제가 역할을 거의 안 했는데 2007년 대선은 제가 역할을, 경선이죠, 이명박-박근혜 경선. 그때는 제가 역할 많이 했습니다. 2007년 경선 때는 이명박 후보가 대통령이 됐으니까 그때는 실패한 경선이죠. 근데 어쨌든 그런 자세한 설명 이전에 박근혜 대통령, 박근혜 정부를 탄생시킨 책임. 또 새누리당의 일원으로서 또 책임. 그건 뭐 저는 뭐 분명히 하고, 그 점에 대해서는 국민들께 몇 번 사죄드린다는 말씀을 드렸습니다. 저희들이 탈당을 하고 바른정당에 와도 그 책임으로부터 자유롭지 않고요. 그거는 정치하는 끝까지 따라다닐 겁니다.[3]

불리한 질문을 받자 당황해서인지 말을 좀 버벅거리고, 이 말을 한 다음에 변명조의 말을 덧붙이기는 했지만, 유승민은 일단 자신이 원조 친박이며 국민들에게 큰 잘못을 범했다는 점을 솔직히 인정하고 있다. 그는 2013년 2월에 자신의 보좌관이 대구 테크노파크로부터 골프 접대 등 향응을 제공받았다가 경찰 조사를 받게 되었을 때도 "정치에 입문한 이래 13년 동안 깨끗한 정치를 해왔다고 자부했으나 보좌관의 처신에 하늘이 무너지는 심정이다. 지역 주민에게 진심으로 사과한다."라고 말했다. 이 정도 사례만으로도 유승민이 불리하면 일단은 잡아떼고 거짓말로 위기를 모면하며 들통이 나도 뻔뻔하게 구는 기성 정치인들과는 다르다는 사실을 인정할 수 있을 것이다.

유승민은 닳고 닳아 너덜너덜해진 구태 정치인들과는 달리, 나름 진지함이 있고 자신감도 있는 편이다. 자신이 옳은 정치를 하고 있다는 확신이 있는 정치인은 토론을 무서워하지 않는다. 유승민은 대중성이 떨어진다는 평이 있는데, 예능 프로그램에서 섭외가 들어오면 나갈 의향이 있냐는 질문에 이렇게 대답했다.

제가 숫기가 없는 측면도 있고, 연예와 정치를 섞어놓은 듯한 그런 프로그램에 대한 거부감도 좀 있었습니다. 어느 자리든 진솔한 이야기를 할 수 있는 자리라면 좋겠는데, 무언가 자신을 연출해야 하는 자리는 거북합니다. 그런 걸 제가 잘할 수 있을지 모르겠고, 그런 곳에서 불러줄지도 모르겠습니다. 다만 진실한 대화가 이뤄지는 곳이라면 어디든 달려가야죠. 그곳에서 많은 국민과 허심탄회한 대화를 나누고 싶습니다.[4]

대통령 선택의 심리학

진지한 토론 프로그램은 기피하고 예능 프로그램에는 기를 쓰고 나가는 정치인이 많은 현 시대에 연출 없이 진솔한 이야기를 하는 자리가 좋다고 말하는 유승민은 확실히 자신감이 있고 그래서 솔직할 수 있는 정치인처럼 보인다.

전형적 엘리트 출신의 좌클릭

유승민은 엘리트 코스를 밟아온 전형적인 주류 출신 정치인이다. 대구 태생인 그는 판사였던 아버지 밑에서 태어나 경북고와 서울대 경제학과를 졸업했고, 미국 위스콘신 대학에서 경제학 박사학위를 받았다. 한국에 돌아와서는 1987년부터 한국개발연구원(KDI) 연구원으로 재직했고, 2000년 이회창 당시 한나라당 총재의 권유로 입당해 한나라당 싱크탱크인 여의도연구소 소장을 맡았으며, 한림대 한림과학원 연구교수를 거쳐 2004년 제17대 한나라당 비례대표로 국회에 입성하며 정치에 입문했다. 그야말로 전형적인 엘리트 코스를 밟아 출세한 것이다. 이런 코스를 밟아 출세하기는 황교안이나 우병우도 마찬가지인데, 유승민은 이들과는 달리 얼굴이 그리 긴장되어 있지 않고, 차갑기보다는 온화한 인상을 풍긴다. 그래서인지 그를 주류 가정에서 태어나 고생 모르고 자란 귀공자쯤으로 생각하는 이들이 많다.

유승민 바른정당 의원에게는 '샌님' 이미지가 있다. 지울 수 없는 낙인과 비슷하다. 살면서 별로 고생해본 적이 없었을 것 같다, 귀족처럼 자란 것 같다, '엘리트 코스'만 밟아온 것 같다는 식이다. 이런 막연한 이미지는 종종 카리스마가 부족하다거나 캐릭터가 없다는 등의 평가로 이어지곤 한다.[5]

유승민은 사람을 따뜻하게 대할 수 있는 인간적인 품성의 소유자로 보인다. 그는 성적순으로 끼리끼리 교제하는 경향이 강했던 경북고 재학 시절에 친구를 가리지 않고 두루 사귀었고, 특히 퇴학당한 친구들과도 아주 가깝게 지냈다.

유승민은 (…) 고교 때 '청록'이란 이름의 서클에서 활동했다. 당시 이 지역 명문으로 꼽힌 경북고 안에서도 성적이 좋은 이들이 모인 서클이었지만, 유승민은 청록 친구들 말고도 흔히 말하는 '좀 노는' 아이들과도 친했다. 유승민의 또 다른 고교 동창은 "승민이는 학교에서 정식으로 허가받지 않은 음성 서클인 '광풍'이나 내가 속한 문학 서클 '길동지회' 친구들과도 잘 어울렸다"고 했다. 또 그는 "승민이는 30대 초반에 재경 동창회장이 돼 회칙을 바꿔 퇴학당한 친구들도 가입할 수 있게 했다"고 말했다. 경북고 57회엔 10여 명의 중도 퇴학자가 있었다.[6]

유승민이 고등학생이었을 때 그의 아버지는 판사 출신 변호사였고 세 살 위의 형은 서울대 법대를 다니고 있었다. 만일 황교안이 이런 상황이었다면 분명히 목에 힘깨나 주고 잘난 체를 하며 다른 친구들을 무시했을 것이다. 하지만 유승민은 엘리트 집안 티를 전혀 내지 않았고 항상 소탈하게 생활하면서 친구를 차별 없이 대했다. 한마디로 그는 못된 부잣집 도련님과는 거리가 멀었다. 훌륭한 가문 출신임에도 아웃사이더들과 격의 없이 어울린 것은 유승민이 따뜻한 사람이고 인간을 존중하고 배려할 줄 아는 사람임을 시사해준다.

지금까지 살펴보았듯이, 유승민은 솔직함이나 따뜻함을 지닌, 정신 건강이 양호한 사람이다. 그렇다면 그는 일찍이 진보주의자가 되었어야 하지 않을까? 정신 건강이나 인간성이 좋을수록 진보주의자가 될 가능성이 높은 것은 사실이지만, 사람이 그렇게 단순하지가 않다. 유승민은 대구에서 태어나 그곳에서 고등학교까지 다녔고, 그 후에도 엘리트 사회 혹은 상류층 사회에만 머무른 사람이다. 따라서 그가 진보주의자가 되는 것은 마치 귀족 사회 안에서만 살아왔던 귀족이 공화주의자가 되는 것만큼이나 어려운 일이었을 것이다. 유승민은, 통속적으로 말하면, 그놈의 출신 성분 때문에 일찌감치 보수주의자가 되었다. 그는 미국에서 주류 경제학을 공부한 경제학자답게 자유시장주의의 열렬한 신봉자였고, 경북고 총동창회 소식지에다 '박정희를 존경하고 박근혜를 좋아한다'는 취지의 글을 싣기도 한 극우주의자였다.[7]

왕족이었던 부처는 고생을 모르고 자라나 상류사회에서만 생활하다가 궁궐 밖에 나가 헐벗고 굶주린 백성을 보게 되자 엄청난 충격을 받아 왕족 신분을 버리고 고행의 길에 나섰다. 이것은 비록 상류층 출신일지라도 인간성을 상실하지 않은 사람은, 현실을 접하면 사상적 전향을 할 가능성이 크다는 것을 보여준다. 정신 건강이 양호한 사람은 공감 능력이 있고 인간을 사랑할 줄 알기 때문에, 고통받는 다수에게 공감하고 그들에게 연민을 느껴 세상의 변화를 추구하는 진보주의자가 될 수 있다. 유승민이 평생 간직해오던 보수주의적 신념에서 이탈하게 된 것 역시 같은 맥락이다. 그는 한 언론과의 인터뷰에서 자신이 2011년 한나라당 전당대회 때부터 노동과 복지 이슈에서 '좌클릭'을 하게 된 이유에 대해 다음과 같이 설명했다.

> 현장에 다녀보면 대기업과 재벌의 논리대로 따를 수 없다. 폐지를 주워 팔아 겨우 먹고사는 어르신들을 지역구 현장에서 보면 '어떻게 정부가 이렇게 방치할 수 있나'라는 생각이 절로 든다.[8]

유승민이 폐지 주워 먹고사는 노인들의 사례를 자주 언급한 걸로 미뤄볼 때, 주류 사회 속에서만 살아온 그는 정치인이 된 후에야 서민들의 현실을 접하면서 상당한 충격을 받았던 것 같다. 나름 솔직한 구석이 있고 마음이 따뜻한 사람인 유승민은 국민의 고통을 목격한 이상 좌클릭을 할 수밖에 없었을 것이다. 하지만 극우 정당에 머물러 있으면서 좌클릭을 하고 소신 발언 하는 것은 자진해서 매를 버는 일이다. 유승민이 박근혜에게 배신의 정치를 하는 정치인으로 낙인찍힌 것은 필연이었다.

반항의
스페셜리스트

유승민은 왜 몰매 맞을 것을 알면서도 권력 실세에게 불나방처럼 덤벼들었을까? 비록 온화한 얼굴을 하고 있지만, 유승민은 속된 말로 '개기는'

데 일가견이 있는 사람이다. 한때 비박계의 좌장을 자처하던 김무성은 박근혜와 부딪힐 때마다 덩칫값도 못하고 고개를 숙이며 항복했다. 반면에 유승민은 박근혜한테 쫓겨나면 쫓겨나지 절대로 머리 숙이려 하지 않았다. 사실 그는 예전부터 주변 눈치 안 보고 자기 할 말 다 하며 소신을 굽히지 않는 것으로 유명했다.

한국개발연구원(KDI)에 재직하는 동안에도 그런 성향은 두드러졌다. 재벌이 위세를 떨치던 90년대 초반, 유승민은 경제개발계획 정책 발표나 회의석상에서 그때만 해도 상당히 조심스러웠던 '재벌 개혁'에 관한 주장을 적극적으로 펼쳤다.(물론 이는 당시 새롭게 출범한 김영삼 정부가 추진하려 한 재벌 정책과 무관하지 않다.)[9] 90년대 후반, KDI 수석연구위원으로 재직하던 시절에도 대통령자문 정책기획위원회 위원으로 활동하면서 김대중 정부의 산업 정책을 신랄하게 비판했다. 심지어 유승민은 1998년 미국 대통령 빌 클린턴이 방한했을 때에도 그의 면전에서 미국이 주도하던 국제 금융 기구를 비판했다. 당시 그는 미 대사관의 초청을 받아 참석한 원탁회의에서 IMF나 IBRD 같은 해외 기구나 기업들이 외환위기 사태를 이용하여 한국 기업과 경제에 악영향을 끼치고 있다는 등의 발언을 했다.[10] 이런 일이 거듭되자 KDI에서 성과급 1위였던 유승민은 본봉이 반토막 나는 징계를 받았고, 당시 김대중 정부의 경제 참모이자 KDI 원장이던 이진순 숭실대 교수(유승민의 위스콘신 대학 선배이기도 하다)의 눈 밖에 난다. 결국 그는 연구원을 떠나 정계에 입문한다.[11]

미국 대통령 앞에서까지 할 말을 하는 유승민이었으니 박근혜 앞이라고 크게 다르지는 않았을 것이다. 웬만해서는 소신을 굽히지 않는 유승민의 심리는 무엇보다 아버지로부터 온 것이다. 유승민의 아버지 유수호는 평범한 농민의 아들이었으나 형제 중에서 유일하게 공부를 잘해 고려대 법대를 나와 판사가 됐다. 그러나 그는 유신독재 시절에 소신 판결을 하다가 결국 법복을 벗었다. 유승민은 2015년 12월 《월간중앙》과의 인터뷰에서 당시 선친이 겪은 상황을 다음과 같이 설명했다.

1971년 4월 27일 실시된 제7대 대선에서 공화당 박정희 후보의 울산 지역 개표 결과를 조작한 사건이 있었습니다. 부산지법 부장판사였던 아버지께서는 그해 8월 17일 조작을 주도한 당시 울산시장에게 징역 3년을 선고하고 법정구속했습니다. (…) 같은 해 10월 27일엔 시위를 주도했던 부산대 총학생회장의 구속적부심에서 그에게 석방을 허가했습니다. 증거 인멸이나 도주의 우려가 없다고 보신 거죠. 그 총학생회장이 나중 노무현 정부에서 행자부장관을 지낸 김정길 씨입니다. (…) 선친께서 직접 말씀하신 적은 없지만, 아마도 그 두 사건이 재임용 탈락과 관련이 있었을 것으로 봅니다. 제가 경북고에 갓 입학한 무렵이었는데 재임용 탈락 소식을 듣고 어머니가 많이 우셨던 기억이 납니다.[12]

유수호는 유승민이 미국 유학을 가 있던 1985년부터 정치를 시작해 '여당의 양심 세력, 여당의 비판 세력'을 내세우며 대구 중구에서 13대, 14대 국회의원에 당선했다. 그러나 그는 1992년 민자당을 탈당해 새한국당에 합류했다가 다시 신민당으로 옮겨 갔다. 유수호는 1995년 신민당이 자민련과 합당한 다음 해에 "과욕이 되기 전 그만두는 게 온당하다고 판단했다."는 말을 남기고는, 15대 총선 불출마를 선언하고 정계를 떠났다.[13] 박정희 정권 시절에 소신 판결로 판사를 그만두게 된 것, 정치를 하면서도 쓴소리를 마다하지 않았던 것 등으로 미뤄볼 때 유수호는 소위 골통 보수는 아니었던 것 같다.

그렇다면 유수호는 아들 유승민에게 어떤 아버지였을까? 유승민이 2000년에 정치를 하겠다는 의사를 밝히자 주위 사람이 다 말렸으나 유수호는 찬성하면서 아들에게 "의협심을 가져라." "절대 비굴하지 말라." 라고 조언했다.[14] 증언에 의하면 유수호는 항상 자식들에게 동일한 훈계를 해왔다고 한다. 아버지가 아들에게 비굴하지 말라는 가르침을 주고 몸소 소신을 굽히지 않는 모범을 보여준 것은 권위에 굴하지 않고 소신껏 행동하는 유승민의 성향에 큰 영향을 미쳤을 것이다.

한 달간 운 고교생, 그는 부모에게 화가 났을까?

유수호는 자식에게 존경받을 만한 아버지라고 할 수 있고, 유승민도 그런 아버지를 존경했던 것으로 보인다. 반면에 유승민의 어머니에 관해서는 자료가 너무 없어 현재 시점에서는 뭐라고 말하기가 어렵다. 현재까지 입수할 수 있는 자료들에 기초해 판단해볼 때, 그와 부모의 관계를 나쁜 편이라고 말할 수는 없다. 그러나 그렇다고 해서 관계가 좋았다고 말할 수도 없다. 그것을 뒷받침할 만한 자료들이 있기 때문이다.

유승민은 고3 때 키우던 개가 죽자 한 달 내내 울었다고 한다. 이와 관련해 한 가족은 "승민이가 고3 때 집에서 키우던 조그만 개가 죽었는데, 한 달 동안 울기만 했다. 어머니가 수험생이 공부는 안 하고 저러고 있다며 걱정했을 정도"라고 증언했다.[15] 이 일화를 어떻게 이해해야 할까? 유승민이 무지하게 착한 사람이라는 증거로 간주해야 할까? 물론 자신이 키우던 개가 죽자 몸보신이나 하겠다며 먹어치운다거나 아무 일 없었다는 듯이 웃고 다니는 사람보다는 한 달 동안 우는 사람이 훨씬 착한 사람일 것이다. 하지만 상식에 비춰보더라도 키우던 개가 죽었다고 한 달 동안이나 우는 것은 다소 과하다. 애완동물을 대하는 태도에 따라 견주를 크게 두 가지로 구분할 수 있다.

첫째는 애완동물을 있는 그대로의 애완동물로 대하며 키우는 것이다. 정신 건강이 양호한 사람이 여기에 해당된다.

둘째는 애정결핍으로 인해 애완동물에게 과도하게 집착하는 것이다. 현실에서 사람과 건강한 사랑을 하지 못하면, 그 결핍감을 애완동물을 통해 채우려 할 수 있다. 그 결과 애완동물을 마치 신주단지 모시듯이 애지중지하거나 자기 욕망을 앞세우며 애완동물을 심하게 구속하고 통제하게 된다. 한마디로 애완동물을 자신의 애정결핍을 채우기 위해 도구화하는 것이다. 애정결핍을 넘어서 부모한테 버림받았다거나 버림받을지도 모른다는 유기 공포가 있는 사람은 아예 애완동물한테 자기의 모습을 투사함으로써 자기와 애완동물을 동일시하기도 한다. 이런 사람은 애완동물을 아주 각별하게 보살피는데, 그것은 애완동물을 돌보는 것이 무의식적으로는 자기를 돌보는 것이기 때문이다.

두 가지 견주 중에서 애완동물이 죽었을 때 과도한 슬픔을 느끼는 사람은 어느 쪽일까? 당연히 후자이다. 현실에서 사람과 건강한 사랑을 하지 못하고 애완동물에게 집착하는 사람에게는 애완동물의 죽음이 곧 세상에 홀로 남겨짐을 의미한다. 애완동물을 부모에게 버림받은 자기와 동

일시하는 사람에게 애완동물의 죽음은 곧 자기가 또다시 버림받는 것이
자 자신의 죽음을 의미한다. 그렇기 때문에 애완동물이 죽으면 과도한
슬픔과 고통을 감당하지 못하는 것이다. 이런 점에서 고3이던 유승민이
애완동물이 죽자 한 달이나 운 것은 그가 어린 시절에 충분히 사랑받지
못했음을 강하게 암시하는 것이라는 해석이 가능하다.

어린 유승민은 스스로를 부모로부터 차별당하는 외톨이 신세라고 느
꼈던 것 같다. 그는 1976년 대입 예비고사에서 전국 차석의 성적을 얻어
서울대 사회계열에 합격했다. 이 정도면 엄청나게 공부를 잘한 것 아닌
가? 그런데 놀랍게도 그는 어린 시절을 회고하며 형인 유승정이 너무 공
부를 잘하는 바람에 자신은 집에서 별다른 주목을 받지 못했다고 말했
다. 유승민은 방송에 출연했을 때에도 형이 공부를 자기보다 훨씬 잘했
다면서 형은 초등학교 때부터 1등을 놓친 적이 없지만 자기는 공부를 잘
안 하는 문제아였다고 말했다.[16] 이런 발언들은 유승민의 부모가 공부를
아주 잘하는 형을 편애했음을 시사한다. 물론 부모에게는 그런 의도가
없었지만, 유승민 혼자서 부모가 자신을 차별한다고 생각하며 형에게 열
등감을 느꼈을 수도 있다. 하지만 중요한 것은 '부모가 어떻게 했느냐'가
아니라 '자식이 어떻게 느꼈느냐'이다.

어린 유승민이 형의 그늘에 가려져 부모의 사랑을 받지 못했다고 느꼈
다면 나아가 부모에게서 버림받은 외톨이라고 느꼈다면, 그는 애완동물
을 자기와 동일시하면서 극진하게 키웠을 것이다. 그리고 그가 고등학교
시절에 성적이 부진한 학생들이나 퇴학당한 친구들과 잘 어울렸던 것,
재경 동창회장이 되었을 때 회칙을 바꿔서 퇴학당한 친구들을 가입할 수
있게 했던 것 등에도 이런 동일시나 자기연민이 영향을 미쳤을 수 있다.

부모에게 사랑받지 못하는 자식은 한편으로는 부모에게 사랑받기 위해 필사적으로 노력하지만 다른 편으로는 자신을 사랑해주지 않는 부모에게 화가 난다. 유승민은 부모에 대한 분노를 언제 어떤 방식으로 표출했을까? 유승민이 초등학교 시절에 공부를 잘 안 했던 것은 부모에 대한 소극적인 분노 표출이었을 수 있다. 고교 동창생의 증언에 의하면 유승민은 고등학교 시절에 "술을 마시고 담배도 피우는 등 모범생 행세는 전혀 안 했다."[17] 이런 약간의 일탈 행동 역시 같은 맥락으로 해석할 수 있을 것이다.

유승민은 고3 때인 1975년에 가출을 했는데, 이 사건이 꽤 흥미롭다. 대입 압박에 시달리던 한 친구가 학교 선생님에게 부당한 이유로 맞자 경남 합천에 있는 해인사로 가출해버렸다. 그러자 그 친구를 찾아오겠다며 유승민도 집을 나갔다. 유승민은 아버지의 변호사 사무실을 찾아가 사무장에게 돈 3만 원을 빌린 뒤 그 친구를 찾아나섰다. 유승민은 며칠 후 친구를 찾아서 돌아왔는데, 머리를 빡빡 깎은 모습이었다. 본인에 의하면 "어쨌든 자신도 집을 나간 것이니, 걱정하신 부모님께 사죄하는 뜻으로 머리를 깎은" 것이었다.

이 사건이 흥미로운 것은 다음과 같은 질문을 떠오르게 만들어서다. 첫째, 유승민은 왜 부당한 이유로 맞은 친구를 가출까지 해서 찾아오려는 충동을 느꼈을까? 지금까지의 논의에 비춰보면, 그 친구가 마치 부당한 이유로 사랑받지 못한 자기 같아서 그랬을 가능성이 있다. 즉, 그 친구와 자기를 동일시했다는 것이다. 둘째, 유승민은 왜 부모님께 자초지종을 말씀드리고 허락을 구하려 하지 않았을까? 부모가 허락하지 않을 거라고 예상해서일 것이다. 그러나 유승민이 부모와 관계가 좋았다면 그는 일단은 부모님을 설득해보고 그래도 허락하지 않으면 그때 가출을 감행했을 것이다. 당시 유승민은 의협심이 넘쳤다는 평을 듣던 고등학생이었고, 남자 고3이면 완력으로 집에 감금당할 가능성은 없지 않은가. 따라서 이것은 그가 부모님에게 당당하게 반항하지는 못했던 자식임을 시사해준다. 셋째, 왜 유승민은 굳이 머리까지 깎았던 것일까? 일단은 강한 충동으로 가출은 감행했지만, 그 뒷감당을 하기가 두려워서가 아닐까. 그는 부모님한테 혼나는 것을 무의식으로는 사랑을 철회하는 것 혹은 자기를 버리는 것으로 간주해 처벌을 과도하게 두려워했을 수 있다. 다시 말해 유승민이 어린 시절에 사랑받은 자식이었다면 굳이 머리까지 깎지 않았을 것이라는 말이다. 그냥 좀 혼나고 말면 그만이니까.

유승민에 의하면 이것 말고도 가출 사건은 더 있었다. 그는 고등학교 시절에 서울 동대문운동장에서 열리는, 모교가 출전하는 경기를 보러 1박 2일간 가출하기도 했다. 유승민이 고등학생 시절에 술담배를 하고 가출을 해 부모 속을 썩였던 것에는 모름지기 부모에 대한 분노가 영향을 미쳤을 것이다. 고등학생 유승민은 아버지한테 혼날 것을 각오하고 경제학과 진학을 선택했다. 법조인인 아버지와 법학도였던 형의 뒤를 따르지 않기로 결심한 것이다. 어쩌면 이것은 유승민이 노골적으로 아버지에게 반항한 첫 번째 사건일 수도 있다.

정리하자면, 유승민은 사랑을 충분히 받은 아이는 아니었다. 비록 본인은 "나의 하늘인 아버지와 포근하게 나를 감싸주는 태양 어머니"라고 말하고 있지만, 그 하늘에는 구름이 잔뜩 끼어 있어서 유승민은 태양빛을 충분히 받지 못했던 것 같다. 그는 부모와 관계가 썩 나쁘다고 할 수는 없지만, 그렇다고 해서 좋다고 할 수도 없다. 사랑받으며 자라지 못한 유승민은 불쌍한 존재들에게 강한 연민을 느끼는 사람이 되었고, 부모에 대한 분노로 청소년기 무렵에는 반항적인 행동을 했다.

권위를 향한
통제 불능의 반항심

유승민의 유별난 반항심을 고려해보면 그가 왜 평소에 공화주의를 강조하는지도 이해가 된다. 그는 "공화에서 가장 중시하는 건 누구에게 굴종하지 않는 자유라며, 공화주의를 다음과 같이 설명하기도 했다."[18]

> 젊은 사람들이 회사에서 인격적으로 짓밟히는 게 다 인간에 의한 지배 때문이에요. 비정규직 문제도 마찬가지고요. 공화에서 제일 중요한 게 '비지배의 자유'예요. 이거, 또 어려운 이야기네요. 노예가 계속, 굴종되는 상태에서 벗어나려면 어떻게 해야 하느냐. 우리끼리 모여서 공공선을 담보할 수 있는 좋은 법을 국회의원을 통해 잘 만드는 거예요. 얼마나 좋은 거예요? (웃음)

비지배의 자유란 곧 반항의 자유와 통하므로 유승민이 공화주의를 강조하는 것은 그의 반항심과 관련이 있을 가능성이 크다. 또한 그가 지배를 아주 싫어하는 것은 그가 어릴 때 부모에게 지배당하며 자라서일 수도 있다.

지금까지 유승민의 인생을 통해 증명되었듯이, 권위나 권력 실세에 대한 그의 반항은 대단히 강력하다. 그가 반항의 화신이 된 것은 그의 반항을 다음의 두 가지 동기가 함께 떠받치고 있어서다. 첫째로 부모, 특히 아버지를 존경하고 아버지의 뒤를 따르기 위해서는 '비굴하지 말라'는 가르침을 지켜야 하므로 권위에 대항해 반항해야 한다. 둘째로 부모에 대한 무의식적 분노를 표출하기 위해서는 부모의 상징인 권위에 반항해야 한다. 부모에 대한 유승민의 양가감정이 만들어내는 '부모에게 사랑받으려는 동기'와 '부모에게 반항하려는 동기'는 기묘하게도 서로 충돌하기보다는 함께 혼합되어 '반항'으로 집약된다. 그 결과 그의 반항심은 대단히 강력할 수밖에 없고, 권위에 대한 그의 공격은 거칠어질 수밖에 없다.

만일 유승민이 건강하게 반항하는 사람이었다면, 그는 일이 되는 방향으로 반항했을 것이다. 즉 자기의 신념을 타인들에게 설득하여 지지자들을 규합하고, 소신 발언을 해도 별 효과가 없는 상황에서는 발언을 자제하며, 권력 실세에 대한 비판도 다소 온건한 방식으로 했을 것이다. 하지만 유승민의 반항은 정반대에 가깝다. 그가 청와대의 외교안보팀을 "청와대 얼라"라고 지칭해 파문을 일으킨 것을 하나의 예로 들 수 있을 것이다.[19]

유승민은 자신이 몸담고 있는 조직 내에서 지지기반을 만드는 데에는 별 소질이 없고, 뭔가 일이 되는 방향보다는 되지 않는 방향으로 무정부적 반항을 했으며, 소신 발언을 하면 역풍만 맞을 것이 분명한 상황에서도 다소 거칠고 날선 발언을 멈추지 않았다. 그래서 그 결과는? 자신이 몸담고 있던 곳에서 외톨이가 되고 결국에는 쫓겨나는 것이다. 유승민은 KDI 연구위원 시절, 클린턴 대통령 면전에서 정부의 경제 정책을 신랄하게 비판해 직장에서 쫓겨났다. 훗날에는 새누리당 원내대표 자리는 물론이고 당에서도 쫓겨나는 상황에 몰려 탈당했다. 이것은 유승민의 반항심이 통제 가능한 건강한 반항심이 아니라 건강하지 않은 통제 불능의 반항심임을 의미한다.

2인자 저격수 체질, 유승민의 정치 활동 패턴

유승민은 부모한테 사랑과 인정을 받으려는 동기도 가지고 있고 부모에게 분노를 퍼부으려는 동기도 가지고 있는데, 그것은 유승민의 정치 활동에도 다음과 같은 영향을 미쳤다.

부모를 상징하는 권력 실세가 자신을 인정해주면 유승민은 매우 기뻐했을 것이다. 유승민은 한나라당 이회창 총재가 자신을 인정해주자 그의 부하가 되어 충성을 바쳤다. 이회창이 대선에서 패배한 이후에는 평소 유승민에게 호감을 표시하던 박근혜가 그를 인정해주자 그녀의 부하가 되어 충성을 바쳤다. 그러나 충성은 잠깐 동안만이다. 부모에 대한 분노가 있는 유승민은 시간이 지남에 따라 권력 실세에게 다소 거친 방식으로 자기 소신을 표현했을 것이다. 그 결과 권력 실세가 유승민을 껄끄러워하기 시작하면 부모의 사랑과 인정을 잃게 되었다는 두려움이 머리를 쳐들고, 부모를 향한 분노에도 불을 댕겨 그것이 반항심으로 집중된다. 통제 불능의 유승민은 권력 실세를 더 거칠게 공격하며 몰아붙인다. 그래서 결국에는 버림을 받고 쫓겨난다.

대통령 선택의 심리학

짐작컨대, 유승민이 가장 즐거워하는 상황은 아마도 권력 실세의 2인자가 되어 상대편 권력 실세를 공격하는 저격수로 활동할 때가 아닐까. 권력 실세의 2인자가 된다는 것은 (부모에게) 인정받는다는 것을, 상대편 권력 실세를 공격하는 것은 (부모에게) 반항하는 것을 의미한다. 그러니 2인자 저격수가 되어 상대방을 공격하는 것은 유승민에게는 꿩 먹고 알 먹는 일이 될 수 있다. 2002년 봄 박근혜 의원이 당내 민주화를 주장하면서 이회창 총재에게 대항하다가 결국 탈당하자 당시 여의도연구소장인 유승민은 이회창 전 총재에게 반기를 든 박근혜 의원의 대항 카드를 제작했다. 일설에 따르면 박근혜의 X파일을 준비했다는 얘기도 있다.[20] 그러나 이후 유승민은 박근혜가 자신을 인정해주자 그녀의 부하가 되어 2007년 대선 경선 과정에서 'MB 저격수'로 이름을 날렸다.[21] 이것은 유승민이 권력 실세의 2인자가 되어 상대편 권력 실세를 공격하는 저격수 역할에 대단히 잘 어울리는 인물임을 보여준다. 어쩌면 그는 권력 실세의 사랑을 받으며 상대편 권력 실세를 공격할 때마다 짜릿한 쾌감에 온몸을 떨었을지도 모른다.

　유승민의 심리에 기초해 그의 정치 활동 패턴을 단순화해보면 다음과 같다.

① 권력 실세에게 인정받아 그에게 충성을 바치며 상대편 권력 실세를 공격하는 저격수로 활약한다. 자신에게 가장 어울리는 일을 하고 있으므로 유승민의 기분은 상승 무드를 탄다. 그의 전성기라고 할 수 있다.

② 권력 실세와의 사소한 갈등, 자기 소신 등이 빌미가 되어 반항심이 머

리를 쳐들어 권력 실세에게 다소 거친 비판을 하기 시작한다. 유승민은 화가 나서 다소 흥분 상태에 들어간다. 고난기의 시작이다.

③ 권력 실세가 유승민을 멀리함에 따라 그의 공격이 더욱 빈번하고 거칠어진다. 권력 실세에게 인정받지 못해 슬픔에 잠기는 동시에 자기를 지배하려는 권력 실세에게 화가 나는 유승민은 자기 통제가 어려울 정도의 반항심에 지배당한다. 위기 상황이다.

④ 권력 실세와의 관계가 돌이킬 수 없을 정도로 악화되고 조직 내에서도 고립되어 결국 쫓겨난다. 체념 상태인 유승민은 현실을 받아들이고 그의 마음은 진정된다. 새로운 반복이 시작된다.

유승민의 심리를 고려해볼 때, 그는 2인자 저격수 역할을 즐기기는 하겠지만 권력 실세에게 끝까지 충성을 바치기는 어려울 것이다. 따라서 그는 권력 실세의 충신이었다가 결국은 그를 배신하는 정치 활동 패턴을 반복할 것으로 예상된다.

상처를 치유하고 야당으로!

유승민을 싫어하는 사람들은 그를 기회주의자라고 비판하기도 하는데, 전혀 근거 없는 비판은 아니라고 생각한다. 그는 과거에 노무현 전 대통령을 격렬히 비판했지만, 후에는 일부 칭찬을 하는 등 태도를 바꿨다. 이 회창 밑에 있을 때에는 박근혜를 격렬히 비판했지만, 이후 박근혜 밑에 들어가서는 그녀를 입에 침이 마르게 칭찬했다. 이렇게 동일한 인물에 대해 태도가 거의 180도로 바뀌곤 했으니 기회주의자라는 비판이 전혀 근거 없다고 말할 수는 없을 것이다.

그렇다면 그가 아예 일인자인 대통령이 되면 어떨까? 딱 떨어지게 예측할 수는 없지만, 더 나쁜 결과를 낳을 것이라는 점만은 확실하다. 일인자가 된다고 해서 유승민의 고질적인 상처가 없어지는 것은 아니다. 오히려 그 상처를 과거의 익숙한 방식으로 표출하지 못하기 때문에 자기가 어디로 튈지 자기조차 모르는 상황이 될 가능성이 높다.

유승민은 부모에게 정상적으로 건강하게 반항하면서 자라난 사람이 아니다. 한마디로 그의 에너지는 그다지 강력하지 않다. 따라서 유승민은 어떤 권위를 등에 업을 때에는 힘이 날 것이지만, 고립되면 금방 풀이 죽을 가능성이 있다. 이것은 그가 일인자인 대통령이 되면 정신적으로 굉장히 힘들어할 것임을 시사해준다.

나는 현재의 유승민에게 가장 필요한 것은 부모로부터 왔을 것으로 추정되는 마음의 상처를 시급히 치유하는 것이라고 생각한다. 그래야 여기저기 박치기를 하고 다니는 식의 고질적인 정치 활동 패턴에서 벗어나 개혁의 리더 역할을 수행할 수 있을 것이기 때문이다. 만일 그가 과거의 상처로부터 자유로워져 쓸데없는 미련이나 집착을 버리게 된다면, 극우 세력의 힘을 활용해 세상을 바꾸는 일이 불가능하다는 진실을 인정하게 될 것이다. 물론 유승민은 보수의 아성으로 일컬어지는 대구 출신이고, 전형적인 상류층 출신의 엘리트여서 극우 세력과 과감하게 결별하기 어렵고, 국민을 시혜의 대상으로만 여기는 계몽 군주적 시각을 버리기도 어려울 것이다. 그러나 아무리 그런 유승민이라고 해도 마음의 상처만 완치하면 극우 세력과 연을 끊고, 반항의 정치인이 아닌 진정한 개혁 정치인의 길을 걷지 못할 이유가 있겠는가.

유승민은 극우 정당에 어울리는 사람이 아니라 야당에 어울리는 사람이다. 그는 어떤 면에서는 야당 내에서 오른쪽 진영에 있는 정치인들보다도 더 진보적인 측면이 있는 정치인이기 때문이다. 그렇다면 유승민은 바른정당은 걷어치우고 하루빨리 야당에 가야 하는 것 아닐까? 실제로 한 극우 언론은 그에게 야당에 입당하라며 야유를 퍼붓기도 했다.

유승민 의원이 자신의 생각이 정의롭고 옳다고 여긴다면, 자신과 코드가 맞는 사람과 함께 새로운 정당을 설립하든지, 아니면 사회적경제기본법 발의에서 보듯 뜻을 같이 하는 야당에 입당하는 것이 옳은 선택이다. 기존 우파 정당의 정치, 경제, 철학을 비난하면서 자신이 정치 보복으로 쫓겨나가는 듯한 상황을 연출하는 것은 전형적인 '약자 코스프레'이자 꼼수라고 할 수밖에 없다.[22]

하지만 그가 마음의 상처를 치유하지 못한 채 야당 정치인이 되면, 또 다시 야당의 권력 실세를 물어뜯게 될 우려가 있다. 따라서 현 시점에서 유승민에게 꼭 필요한 것은 대권 도전이 아니라 '선 상처 치유 후 야당행'이다.

대통령 선택의 심리학

19대 대선과
집단심리

광장의 민심은
무엇을 요구하나

2017년 대선은 2016년 말부터 시작된 범국민적 항쟁으로 박근혜를 권좌에서 몰아낸 연장선에서 치러진다. 한마디로 혁명적인 분위기에서 대선이 치러지는데, 이런 대선은 6월항쟁으로 대통령 직선제를 쟁취한 직후에 실시된 1987년 대선 이후 처음이다. 민주항쟁의 과정에서 혹은 항쟁이 소기의 성과를 거둔 직후에 치르는 대선에서는 반민중적 세력이 위축되어 위기감에 빠져 있는 반면 시민의 사기와 열정은 대단히 높을 수밖에 없다. 그리고 이런 조건은 야권의 대선 승리에 당연히 도움이 된다.

그러나 국민이 항쟁을 통해서 달성하려는 것은 단순한 여야 간 정권교체가 아니라 근본적인 사회변혁이다. 민주항쟁의 결과물로서 쟁취한 기회이니만큼 정권 교체를 넘어 새로운 사회를 건설하는 출발점이 되길 바란다. 안타깝게도 지난 1987년 대선에서는 야권 단일화 실패와 북풍 공작 등으로 인해 소기의 목적을 달성하지 못했다. 그 결과 한국은 근본적인 변화를 이루어내지 못한 탓에 세월호 참사를 겪어야만 했고, 최순실 국정농단 사건으로 국가가 파산하는 지경에 이르렀다. 우리 국민은 1987년과는 달리 2017년에는 성공할 수 있을까?

무려 30년 만에 다시 찾아온 절호의 기회를 놓치지 않기 위해서는 대선에서 작동하는 국민의 집단심리에 대해 살펴보는 것이 필요하다. 즉, 대선에 큰 영향을 미치는 집단심리가 무엇이고 개혁 세력이 어떤 전략으로 대선에 임해야 집단심리를 사회변혁의 에너지로 전환시킬 수 있는지를 제대로 이해했을 때, 대선이 비로소 단순한 정권 교체가 아닌 1987년 체제를 대체하는 2017년 체제의 출발점이 될 수 있다.

1. 대선과 시대정신

대통령 선거가 시대정신과 밀접한 관련이 있음을 부정하는 사람은 아마 없을 것이다. 시대정신이란 간단히 말하자면 민중 또는 절대다수 국민의 요구를 이념화한 것이라고 말할 수 있다. 그 요구는 시대에 따라 또 사회에 따라 달라진다. 매 역사적 시기마다 조성되어 있는 사회경제적 조건이 다르고 국민의 수준도 차이가 나기 때문이다. 예를 들면 일제 식민지 시절에 우리 민중의 요구는 독립, 해방 등이었지만, 군대가 권력을 찬탈한 1960년대 이후 한국 국민은 군부독재 타도를 요구했다.

국민의 요구를 반영하거나 대변하는 이념인 시대정신은 시민들을 각성시키고 적폐와 싸우도록 고무하는 중요한 역할을 수행한다. 사람들은 자신의 요구와 일치하는 시대정신이 제시되면 그것을 기꺼이 자신의 것으로 받아들이고, 시대정신을 실현하기 위해 능동적으로 싸운다. 따라서 국민을 각성시키고 국민에게 크게 환영받는가 그리고 그 결과 국민의 역동적 힘을 이끌어낼 수 있는가 여부가 시대정신을 판별하는 기준이 될 것이다.

표면적인 요구와
본질적인 요구

개혁 세력이 국민에게 시대정신을 올바로 제시하려면, 국민의 표면적인 요구와 본질적인 요구를 구분할 수 있어야 한다. 개인이 항상 자신이 진정으로 원하는 바를 자각하고 있는 것이 아니듯이, 국민이 항상 자신의 본질적인 요구를 의식하고 있는 것은 아니다.

돈이 없어서 차별과 무시를 당하는 사람들은 부자가 되려는 동기에 기초해 정치인에게 자신을 부자로 만들어달라고 요구할 수 있다. 그러나 부자가 되고 싶다는 것은 본질적인 요구가 아니다. 진정으로 원하는 것은 인간으로서 존중받으며 사는 것이다. 한국인들은 인간으로서 존중받으며 살고 싶은데, 돈이 없다는 이유로 차별과 무시를 당하기 때문에 고통스러운 것이다. 따라서 그 고통은 개인이 부자가 된다고 해서 해결될 수 없으며 돈으로 사람을 평가하고 무시하는 사회를 근본적으로 개혁해야 비로소 해결될 수 있다.

한 인간으로서 존중받는 삶을 살고 싶다는 소망을 의식화하지 못하면, 부자가 되고 싶다는 것을 자신의 소망으로 착각할 수 있는데, 이것이 바로 표면적인 요구이다. 선거에서 국민의 표면적인 요구를 대변하는 것도 표를 얻는 데에는 도움이 된다. 과거 총선에서 뉴타운 공약으로 한나라당이 야도였던 서울 지역을 싹쓸이했던 것이나, 국민을 부자로 만들어주겠다고 허언했던 이명박이 대통령에 당선한 것 등이 이를 잘 보여준다. 그러나 표면적인 요구는 사람들이 진정으로 원하는 것이 아니므로 그것을 시대정신으로 착각하면 국민의 고통을 해결할 수 없고 오히려 병적 욕망

대통령 선택의 심리학

을 부추기며, 대중을 잘못된 길로 이끌기 마련이다. 따라서 사람들의 표면적인 요구를 약삭빠르게 대변해 표를 얻는 정치인은 결국 민심에게 버림받는다. 이렇게 표면적인 요구만 부지런히 쫓아다니는 것을 대중추수주의라고 한다. 대중추수주의는 궁극적으로 국민에게 피해를 끼친다.

국민의 본질적인 요구를 대변하는 이념만이 시대정신이 될 수 있다. 대선에서 적확한 시대정신이 제시되면 그야말로 바람이 불거나 태풍이 몰아친다. 시민들이 깨어나고 싸움에 나서는 결과 대선에 대한 관심은 물론이고 정치 참여, 현실 참여 의지가 대단히 강화되기 때문이다. 반면에 시대정신을 올바로 제시하지 못하면 바람은 불지 않는다. 이런 경우 사람들이 대선에 별 관심을 가지지 않을 뿐만 아니라 얼굴이 잘생겨서, 동향이나 동문이라서 누군가에게 표를 주기도 한다. 시대정신이 아닌 다른 잡다한 변수에 기초해 투표하는 것이다. 그래서 개혁 세력이 올바른 시대정신을 제시할 수 있는가는 대선에서 결정적으로 중요한 문제이다.

부분의 요구와 전체의 요구

시대정신은 부분의 요구가 아니라 전체 민중 혹은 절대다수 국민의 공통적인 요구이다. 공무원의 요구, 노인 세대의 요구와 같은 부분적인 요구는 시대정신이 될 수 없다. 시대정신이 대선 판도를 좌우할 수 있는 것은 그것이 부분이 아닌 전체의 요구이기 때문이다.

국민은 대선이 전체의 운명, 국가의 운명을 결정하는 선거임을 잘 알고 있다. 그렇기 때문에 대선에 임하며 사람들은 개인 혹은 자기가 소속된 특정한 이익집단을 중심으로 사고하기보다는 전체 국민을 중심에 두고 사고한다. 쉽게 말해 이장 선거나 기초의원 선거에서는 나한테 이익이 되는 정책을 제시하는 후보를 뽑을지 몰라도, 대선에서는 나의 이익이 아니라 전체 국민에게 이익이 되는 공약을 제시하는 후보를 뽑는다는 것이다. 심지어 자기한테는 손해일지라도 국민 대다수에게 도움이 되는 공약을 제시하는 후보를 선택하는 경향마저 있다.

사실 이 점을 가장 잘 활용한 사람 중 하나가 히틀러였다. 히틀러는 구체적인 공약은 거의 제시하지 않은 채 거대담론만을 지겨울 정도로 반복해서 언급했는데, 그 덕을 톡톡히 봤다. 한국인들은 대선 후보의 공약들을 자세히 들여다보고, 그것이 자기한테 이익이 되는지를 이성적으로 따져서 지지 후보를 결정할까? 아니면 그것보다는 대선 후보가 제시하는 큰 그림을 보고 지지 후보를 결정할까? 나는 후자 쪽이 훨씬 우세하다고 생각한다.

폭넓은 지지를 얻기 위해 각계각층에게 도움이 되는 부분적인 공약들을 나열한다고 해서 유권자들이 마음을 잘 바꾸지 않는 것은 대선에서 표심을 좌우하는 것이 큰 그림, 시대정신이기 때문이다. 압축해서 말하자면, 시대정신을 제시하는 후보란 거대담론을 통해 국민에게 비전과 희망을 주는 후보이다. 부분의 이익을 대변하는 맞춤형 공약을 아무리 많이 제시해도 바람은 불지 않는다. 하지만 시대정신, 즉 전체의 이익을 대변하는 거대담론이나 청사진을 제시하면 국민의 마음이 움직이고 바람이 불기 시작한다.

지난 18대 대선에서 야당의 문재인 후보는 노인 세대의 지지율이 낮게 나오자 그 문제를 해결하기 위해 노인 세대를 겨냥한 맞춤형 공약을 개발하고 열심히 선전했다. 박근혜 후보가 기초노령연금 20만 원 지급을 내세우자 문재인은 투표일을 10여 일 앞두고 '기초노령연금 2배 인상' 공약까지 발표하며 어떻게든 고연령층의 표를 확보하려고 애썼다. 하지만 노인층의 문재인 후보에 대한 지지율은 거의 오르지 않았다. 선거 당일 방송 3사 출구조사에서 나타난 연령대별 득표율은 50대에서 박근혜 62.5퍼센트 문재인 37.4퍼센트, 60대 이상 연령대에서는 박근혜 72.3퍼센트 문재인 27.5퍼센트로 50대 이상에서 압도적인 박근혜 지지가 전혀 변하지 않았음을 보여주었다. 이런 사례는 대선 후보가 부분에게 이익이 되는 맞춤형 공약들을 홍보하는 것이 아니라 전체에게 이익이 되는 공약을 홍보하는 데 주력해야 함을 시사한다.

전면적인 기본소득제 공약의 위력

대선에서 특정한 사회집단에게만 도움이 되는 공약이나 구호가 소위 '바람'을 불러일으키지 못하는 것은 한국인들 사이의 관계가 유사 이래 최악인 상황과도 관련이 있다. 이는 OECD 사회통합지표 분석의 '사회적 관계' 부문에서 한국이 10점 만점 중 0.2점으로 꼴찌를 차지한 사실을 통해서도 확인할 수 있다. 사회적 관계는 그 사회 구성원들의 상호 지지 정도를 나타내는 지표이다. 곤경에 처했을 때 기댈 가족이나 친구가 있는지 물었을 때 긍정적으로 답변한 사람의 비율을 따져 산출한다. 이런 물음에 한국인의 72.4퍼센트만 긍정적인 답변을 내놨고, 이 비율은 조사 대상인 36개 국가 중 가장 낮았다(2015년 기준).[1]

이처럼 사회적 연대가 약하다는 것은 특정한 사회집단에게 이익이 되는 공약에 나머지 사회집단이 박수를 쳐주기보다는 배 아파할 가능성이 크다는 것을 의미한다. 다소 거칠게 말하면, 택시 기사들에게 도움이 되는 공약을 버스 기사들은 싫어할 수 있고, 노인 세대에게 도움이 되는 공약을 청년 세대는 반대할 수 있다는 뜻이다. 이 점을 고려해 최근에 화두가 되고 있는 기본소득제 문제를 살펴보기로 하자.

기본소득제란 19세 이상 성인 혹은 전 국민에게 최저생계비를 지급하는 것이다. 심리학자 에리히 프롬은 이를 최저생계비 제도라고 표현했고, 나는 인간의 존엄성을 지켜주는 최소한의 장치라는 의미에서 존엄 유지비 제도라고 부르기도 했다. 하지만 혼란을 피하기 위해서 여기에서는 기본소득제로 명칭을 통일해 사용하겠다.

현 시점에서는 19세 이상 모든 성인에게 매달 최저생계비에 준하는 돈을 지급하기 힘들다는 이유로 아주 약소한 금액을 지급하겠다는 기본소득제가 공약으로 제시되고 있다. 그리고 이에 대해 돈이 너무 작다고 집어치우라고 말하는 반대 의견도 있다. 하지만 무상 의료, 무상 교육, 무상 주택 정책을 추진해나가는 조건에서 그리고 기존의 사회복지제도를 없애지 않는 조건에서 추진하는 기본소득제는 반대할 필요가 없다고 생각한다. 왜냐하면 비록 약소한 금액을 지급하는 기본소득제 공약일지라도 그것은 국민에게 여러 긍정적인 심리적 효과를 불러일으킬 수 있기 때문이다.

첫째, 기본소득제는 국민의 정부에 대한 신뢰, 사회에 대한 신뢰를 회

대통령 선택의 심리학

복시키는 중요한 계기가 될 수 있다. 한국인들은 정부에게 뜯기기만 할 뿐 받는 것은 없다고 생각한다. 그래서 세금에 대한 저항 심리가 강할 뿐만 아니라 정부가 무슨 말을 해도 의심부터 한다. 이 문제를 해결하지 못하면 장차 어떤 정부가 집권하더라도 한국은 선진국으로 나아가기 힘들다. 그런데 정부를 믿지 못하는 국민에게 '지금까지는 속아왔더라도 일단은 정부를 믿고 세금을 내세요. 좋은 데 쓸게요.'라고 말한다고 해서 그것이 먹힐까? 나는 일단 불신의 원인 제공자인 정부나 사회가 국민한테 뭔가 해주는 것이 우선이고 해법이라고 생각한다. 지금까지의 국가, 정부는 생존 위기로 신음하는 국민들을 나 몰라라 해왔다. 한국인들은 국가가 자신을 사랑하는 경험, 위기에 빠진 자신을 도와주는 경험을 거의 해보지 못했다. 이런 점에서 기본소득제는 국가, 사회가 국민을 위해 존재하며 활동한다는 믿음을 갖게 해줌으로써 국가, 사회에 대한 신뢰를 회복하게 해주는 첫걸음이 될 수 있다.

둘째, 기본소득제는 국민의 불안을 줄여줌으로써 정신적 안정에 큰 도움을 줄 수 있다. 한국인 절대다수는 지독한 생존불안을 겪고 있고, 그 결과 돈의 포로가 되어 맹목적으로 돈을 좇는 삶을 살고 있다. 이보다 더 심각한 문제는, 우리나라 사람들이 고립된 혼자라는 느낌을 갖고 있으며 미래가 더 나아지리라는 희망을 갖지 못한다는 것이다. 이것이야말로 오늘날 한국인에게 불행을 강요하는 가장 중요한 원인이다. 따라서 약소한 금액일지라도 기본소득제는 국민에게 혼자가 아니라는 느낌과 미래가 나아질 것이라는 희망을 줌으로써 불안과 고통을 상당히 완화시켜줄 수 있다.

셋째, 기본소득제는 인식 전환을 추동함으로써 사회변혁에 기여할 수 있다. 기본소득제 논쟁은 그 자체가 국민의 생각을 크게 바꾸는 데 기여한다. 최순실 일당이 국민 세금을 부지런히 착복하는 동안에도 한국인들은 세상을 바꾸려 하기보다는 나 혼자 열심히 공부하면, 열심히 일하면 비참한 삶을 벗어날 수 있을 것이라고 믿으며 각개약진했다. 기본소득제는 각개약진이 아닌 모두가 힘을 합쳐 세상을 바꾸는 방식이 있고, 그것이 살길임을 깨닫게 해주는 의식 혁명의 가교 역할을 할 수 있다.

넷째, 기본소득제는 공동체를 복원시키는 데 큰 도움을 줄 수 있다. 기본소득제를 실시하려는 싸움은 절대다수의 국민을 하나로 묶어냄으로써 공동체 의식을 강화시킨다. 사실 오늘날 한국에서 개혁 과제를 완수할 수 있는가 없는가는 공동체 복원에 달려 있다고 해도 과언이 아니다. 공동체가 복원되어야 비로소 개별 시민은 개인 중심 사고가 아닌 집단 중심 사고를 하게 되고, 모든 사람이 하나의 운명공동체라는 공동체 의식을 가질 수 있다. 공동체 의식을 회복하면 나의 고통이 세상의 고통과 하나임을 이해하게 되고, 나의 행복만이 아니라 모두의 행복을 바라게 된다. 바야흐로 각개약진을 걷어치우고 사회변혁을 위해 연대하고 함께 싸울 수 있다. 박근혜 파면을 이끌어낸 촛불항쟁으로 기나긴 각자도생의 암흑기를 뚫고 공동체 의식이 복원되기 시작했는데, 기본소득제는 여기에 불을 붙일 수 있다.

지금까지 살펴보았듯이, 기본소득제는 시대정신과 밀접하게 연관되어 있어서 대선에서 대단한 파괴력을 발휘할 가능성이 있다. 그러므로 이를 위해서는 비록 액수가 적더라도 보편적 기본소득제 공약을 내세울 필요가 있다. 특정 사회집단에 우선적으로 기본소득을 보장해주는 선별적 기본소득제와 전 국민에게 기본소득을 보장해주는 보편적 기본소득제의 차이는 선별적 복지와 보편적 복지의 차이와 유사하다고 말할 수도 있다. 선별적 복지가 초래할 위험에 대해 안철수는 다음과 같이 말했다.

> 만약 선별적 복지만 고수한다면 부유층과 중산층의 '반복지 동맹'이 형성될 가능성이 높아요. 세금 내는 사람 따로, 혜택 보는 사람 따로이니, 사회적으로 증세와 복지 확대에 대한 저항이 커질 수 있을 것입니다.[2]

물론 선별적 기본소득제는 기본소득을 받지 못하는 사람들이 '반기본소득제 동맹'을 형성하는 정도의 반대에는 부딪히지 않을 것으로 예상된다. 그러나 한국인들 사이의 관계가 바닥으로 떨어진 상황에서는 기본소득제의 파괴력이 반감될 수 있다. 한마디로 기본소득제에 해당하지 않는 사람들은 그것을 심드렁하게 대할 위험이 있다. 부분의 이익을 대변하는 선별적 기본소득제와는 달리 전체의 이익을 대변하는 보편적 기본소득제는 강한 사회적 파장을 불러일으킬 수 있다. 청년과 노인들을 대상으로 하는 기본소득제 공약은 청년층에서 시작된 바람이 성인층과 중년층을 통과하며 약해지다가 노인층에 도달하면 사라지는 결과를 낳을 위험이 있다. 반면에 전체 국민을 대상으로 하는 기본소득제 공약은 청년층에서 시작된 바람이 성인층, 중년층, 노인층을 통과하며 태풍이 될 수 있다.

전체 국민을 대상으로 하는 기본소득제는 범국민적 지지는 물론이고 전체 국민을 단일한 이해동맹 나아가 운명공동체로 묶을 수 있다. 국민 다수가 운명공동체라는 사실을 자각해 한데 뭉치는 것이 어떤 효과가 있을지는 월드컵 응원 장면의 열기를 떠올리면 될 것이다.

역대 대선에서는
어떤 시대정신이 대두했나

먼 옛날부터 지금까지 민중은 변함없이 이상사회를 꿈꿔왔다. 민중이 도달하고자 하는 이상사회는 단지 굶주림이 없는 부유한 사회가 아니라 구성원이 서로 사랑하고 위해주면서 한 가족처럼 화목하게 사는 사회이다. 이상사회에 대한 이런 개념은 종교의 차이, 문화권의 차이를 불문하고 동일하다. 굶주림 없고 물질적으로 풍요로워지려면 과학기술이나 생산력이 발전해야 한다. 이 과제는 이미 상당한 정도로 달성되었다. 하지만 그것만으로는 부족하다. 화목한 사회를 만들려면 사회를 근본적으로 개혁해야 한다. 현 시점에서 인류의 과제는 생산력이나 과학기술의 발전을 따라가지 못하는 사회시스템을 변혁하는 것이라고 말할 수 있다.

화목한 사회를 건설하려면 무엇보다 사람들을 서로 반목하게 하고, 서로를 차별하고 무시하게 만드는 근원인 부의 독점과 사회적 불평등을 청산해야 한다. 과학기술, 생산력은 민중이 권력을 장악하지 않은 상태에서도 발전할 수 있다. 하지만 정의롭고 평등한 사회는 민중이 권력을 장악하지 않고서는 건설할 수 없다. 민중이 전 역사적 기간 동안 권력을 장악하기 위해 전진해온 이유가 여기에 있다. 이런 인류 역사의 법칙은 한국에도 그대로 적용된다.

해방 이후 지금까지 계속되고 있는 한국인의 일관된 요구는 국민이 권력의 주인이 되는 것, 즉 민주주의의 실현이다. 일반 국민이 사회의 주인이 되려면 우선 기층 권력을 장악해나가면서 그것에 기반하는 민중적 정당을 창당하여 궁극적으로 국가권력을 장악해야 한다. 그러나 한국의 반

대통령 선택의 심리학

민중 세력은 민중이 기층 권력을 장악하거나 건설하려고 시도하는 것부터 철저히 차단해왔다. 즉 노동조합, 농민회, 학생회 등을 건설하려는 노동자, 농민, 학생들을 무자비하게 탄압했고 노동자의 기업 경영 참여, 농민의 농협 경영 참여, 학생의 학교 경영 참여 등을 금지했다. 이 때문에 무력해진 국민들은 스스로 권력을 장악하려 하기보다는 기층 대중에게 우호적인 야당이 집권하기를 바라게 되었고 이것이 야당에 대한 지지로 고착되었다.

한국을 70여 년 넘게 지배하고 있는, 친일파에 뿌리를 두고 있는 극소수의 사회집단은 애국심이라고는 눈곱만큼도 없는 사대매국 집단, 도덕성이나 양심이 없는 부정부패 집단, 민주주의를 전면 부정하는 극우 파시스트 집단이다. 하지만 편의상 이 글에서는 이들을 극우 세력으로 지칭하기로 한다. 1960년의 5.16군사쿠데타 이후 극우 세력이란 곧 군부독재였다. 군부독재는 대통령 직선제를 폐지함으로써 야당이 정권을 잡는 것조차 불가능하게 만들었다. 따라서 이 시기부터는 군부독재를 퇴진시키고 대통령 직선제를 쟁취하는 것이 중요한 국민의 요구로 제기되었다. 다시 말해, 국민에게 고통과 불행을 강요하는 주범인 군부독재를 퇴진시키는 것이 시대정신이었고, 그것을 실현할 수단으로 간주된 '직선제 쟁취'가 시대정신을 대표하는 구호가 되었던 것이다. 우리 국민은 1987년 6월항쟁으로 대통령 직선제를 쟁취함으로써 군부독재를 역사의 무대에서 퇴장시킬 수 있는 무기를 획득했다. 이것이 바로 1987년 체제의 본질이다.

우리 국민은 직선제라는 무기를 붙잡고 1997년에 평화적인 정권 교체를 이루고 처음으로 민주 정부를 탄생시킴으로써 자신이 원하는 바를 부분적으로 달성했다. 당시에 상당수 한국인들은 민주 정부가 들어서면 모든 것이 잘 풀릴 것이라고 낙관했다. 당장 이상사회가 오지는 않더라도 한국 사회가 그 방향으로 나아가게 될 것이라고 기대했다. 그러나 이런 기대는 실현될 수 없는 것이었다. 왜냐하면 이때의 민주 정부란 민중이 기층 권력을 장악하고 정당을 창당하여 중앙 권력까지 장악하는 방식, 즉 자력에 의한 방식으로 탄생한 정부가 아니었기 때문이다. 기층의 민중 권력과 민중이 주인인 정당이 뒷받침해주지 못하는 제도권 야당은 한계를 가질 수밖에 없다. 제도권 야당을 관중의 응원은 받되 혼자서 사각의 링에 올라가 강적과 싸우는 권투선수에 비유할 수 있다. 이런 정당은 본질적으로 '민중과 함께' 싸우는 강력한 정당이 아니라 홀로 극우 정당과 맞서는 나약한 엘리트 정당이므로 한계를 가질 수밖에 없다. 야당이 두 번이나 권력을 장악했음에도 한국인이 고통과 불행에서 탈출하지 못했던 근본적인 원인이 바로 여기에 있다.

1) 2007년 17대 대선
— 돈에 대한 노골적인 욕망

신자유주의에 굴복했던 민주 정부 10년 동안 부의 독점과 사회 양극화가 한층 심해졌고 개인 간 경쟁 역시 치열해져 공동체가 전면적으로 붕괴했다. 이로 인해 광범위한 생존 불안이 유발되었고 세상에 홀로 던져진 한국인들은 서로를 차별하고 무시하는 학대 심리를 갖게 되었다.[3] 이 주제는 이미 기존의 저서들에서 자세히 다루었으므로 여기에서는 아주 단순하게 핵심만 언급하고 넘어가겠다.

민주 정부 시기에 한국인들은 생존 위기만이 아니라 돈 없으면 이웃에게 무시당하는 고통까지 겪게 되었다. 오늘날 한국인은 돈이 없으면 두 가지 고통에 시달린다. 하나는 불편함의 고통이고, 또 하나는 사람대접을 받지 못하는 고통이다. 돈이 없으면 몸이 아파도 치료할 수 없고 맛난 걸 먹고 싶어도 먹을 수 없는데, 이런 고통이 불편함의 고통이다. 또한 돈이 없으면 타인들한테 무시당하는데, 이 고통이 바로 사람대접을 받지 못하는 고통이다. 사람은 이 두 가지 고통 중에서 어느 것을 더 견디기 어려워할까? 누구라도 금방 대답하겠지만 후자다. 돈이 없더라도 사람 대접을 받을 수만 있으면, 사람들은 그럭저럭 무난히 살아갈 수 있으며 심지어는 행복하게 살 수도 있다.

과거 사회에서 사람들은 돈이 없으면 이런저런 불편을 겪어야 했지만 인격적 모독까지 당하면서 살지는 않았다. 청백리로 소문난 황희 정승 사례가 말해주듯이, 조선시대 관리들은 돈이 없으면 오히려 더 존경받았다. 이것은 황희 정승이 가난했지만 행복하게 살 수 있었음을 의미한다. 적어도 80년대까지만 하더라도 한국인들은 돈과 상관없이 타인에게 존중받을 수 있었다. 예를 들면 시골마을에 갓 부임한 20대 여선생을 길에서 만나면, 칠순을 넘긴 마을 노인들도 머리를 숙여 공손히 인사하며 존경을 표했다. 그 선생님이 월급을 많이 받아서 그랬을까? 아니다. 사회적으로 존경받을 만한 일을 한다고 여겨서다.

어떤 직업을 선택하면 가난하게 살아야 하지만 사회적으로는 존중받고 존경받을 수 있다면, 사람들은 그런 직업을 선택할까? 나는 오늘날 한국인 중 상당수가 그럴 것이라고 생각한다. 80년대까지 한국인들은 지금보다 더 가난했다. 그러나 그 당시까지만 해도 가난이 곧 사람대접 받지 못함을 의미하지는 않았다. 하지만 90년대를 지나면서부터는 가난해지면 사람대접 받지 못하는 세상이 되었다. 그때부터 한국인들이 돈에 무서울 정도로 집착하기 시작했다.

이런 얘기를 들으면 80년대에도 노동자를 공돌이, 공순이라고 부르면서 무시하지 않았느냐고 반문하는 사람들이 있을 것이다. 물론 80년대에도 돈 없는 노동자를 무시하는 현상은 있었다. 그러나 80년대와 현재의 결정적 차이는, 80년대에는 노동자가 다른 노동자를 무시하는 현상은 없었던 반면 오늘날에는 그런 현상이 심하다는 데 있다. 나는 극소수 상류층이 보통 사람들을 무시하는 것을 '수직적 무시', 보통 사람들이 이웃을 무시하는 것을 '수평적 무시'로 정의한다. 이 정의에 따르면 80년대 이전까지의 한국 사회에는 수직적 무시는 있었지만 수평적 무시는 거의 없었다. 반면 90년대 이후의 한국 사회에는 두 가지 무시가 다 존재한다.

오늘날의 한국 사회에는 사소한 차이를 빌미삼아 이웃을 무시하는 수평적 무시 현상이 보편화되었다. 40평 아파트에 사는 사람이 30평 아파트에 사는 사람을 무시하고, 중형차를 타는 사람이 경차를 타는 사람을 무시하며, 소위 SKY를 다니는 대학생이 나머지 대학생들을 무시하는 현상 따위가 널리 퍼져 있다는 말이다. 80년대의 노동자는 상류층 근처에 가지 않고 노동자들과 어울려 사는 한 동료에게 무시당하는 고통은 겪지 않을 수 있었다. 하지만 오늘날의 노동자는 노동자 속에 있더라도 옆 동료에게도 무시당하는 고통을 겪고 있다. 한마디로 한국인 절대다수가 동료나 이웃 심지어는 길을 가는 사람을 대하면서도 무시당할지 모른다는 공포를 느낀다.

민주 정부가 탄생했는데도 과거보다 더한 고통에 시달리게 되자 한국인들은 혼란에 빠졌다. 정치가 나를 행복하게 해주지 못한다고 여겨 점차 정치에 무관심해졌고, 돈이 없어서 무시당한다는 표면적인 현상에만 주목해 돈에 과도하게 집착하기 시작했다. 즉 '사람대접을 받고 싶다' '사람답게 살고 싶다'는 본질적인 요구를 의식화하지 못한 결과 '더 많은 돈을 달라'는 표면적인 요구를 무분별하게 표출했다. 이런 심리적 흐름을 간파한 전과 14범 이명박은 '경제 대통령'을 전면에 내세웠고, 국민들에게 '부자 만들어주겠다.'라는 천박한 메시지를 던졌다. 그것은 먹혀들었고 전과자는 대통령에 당선했다. 이명박 당선은 당시의 개혁 세력이 시대정신을 제대로 제시하지 못해 초래된 결과라고도 할 수 있다. 대선에서 시대정신이 제시되지 않으면 대중은 표면적인 요구 혹은 개인적 이익에 기초해 후보를 선택하기 마련이다. 당시에 야당이 국민의 본질적인 요구를 대변하는 시대정신을 제시했다면 사람들이 이명박에게 그리 쉽게 넘어가지는 않았을 것이다.

2) 2012년 18대 대선

― 너도 나도 경제 민주화

이명박과 극우 세력은 대선 과정에서 '도덕성이 밥 먹여주냐? 능력이 있어야지.'라고 외치면서, 경제적으로 무능한 민주 세력 때문에 국민이 불행해졌다고 줄기차게 주장했다. 그러면서 자기를 포함하는 한나라당은 비록 도덕성은 없을지 모르지만 능력이 있으니까 경제를 살릴 수 있다, 자기를 뽑아주면 국민 주머니에 돈이 들어오게 될 거라고 떠들었다. 돈이 없어서 자신이 고통과 불행 속에 산다고 믿는 사람들에게 이명박의 말은 그럴듯하게 들렸을 것이다. 이렇게 이명박은 국민의 표면적인 요구를 부추기고 그것에 편승함으로써 대통령이 되었다. 그러나 도덕성 없는 놈이 능력이 있을 턱이 없으며, 설사 능력이 있더라도 그것을 국민을 위해 사용할 리 없다는 사실을 국민이 깨닫기까지는 그리 오랜 시간이 걸리지 않았다. 이명박은 온갖 비열한 방식을 총동원해 노무현 전 대통령을 벼랑 끝으로 떠밀었고, 집권 기간 내내 민주주의를 대폭 후퇴시켰다. 또한 사리사욕을 채우기 위해 동분서주하며 재벌과 더 한층 유착해 국가 경제를 말아먹었다.

훌륭한 지도자는 그 존재만으로도 국민의 정신 건강에 도움이 되지만 수준 이하의 지도자는 그 존재 자체가 국민의 정신 건강을 해친다. 이명박 정권 시기에 한국인들은 돈 없는 고통에 더해 불의가 정의를 조롱하는 장면, 인간쓰레기들이 떵떵거리며 설쳐대는 모습을 보면서 극도의 정신적 스트레스를 받았다. 그 시기에 『정의란 무엇인가』와 같은 책이 베스트셀러가 되고 '정의'가 화두로 떠오른 것도 이를 반영한다.

18대 대선에서 개혁 세력은 시대정신을 올바로 제시했을까? 당시 야권 후보는 "사람이 먼저다."라는 구호를 제시했는데, 이 구호 자체는 시대정신에 그런대로 부합한다고 평가할 수 있다. 돈이 먼저인 세상이란 사람을 사람으로 대접해주지 않는 세상이고, 사람이 먼저인 세상이란 인간 존중의 세상을 의미하는 것이므로. 이렇듯 구호 자체는 괜찮았지만, 그것을 뒷받침하는 내용은 형편없었다.

당시 야권은 '사람이 먼저다'라는 구호의 본질이나 의미를 선명히 부각시키지 못한 채 '경제민주화'만 전면에 내걸었다. 경제 민주화가 중요한 이유를 정치적 민주화는 달성되었으니 경제를 민주화해서 경제 문제만 해결하면 된다는 식으로 설명했다. 말 그대로 경제민주화가 되려면 일반 국민이 자본을 소유하지는 않더라도, 자본을 통제할 수 있는 자본의 주인이 되어야 한다. 예를 들면 거시경제까지는 아니더라도 최소한 기업 경영에 노동자가 참여하는 수준까지는 도달해야 경제가 어느 정도 민주화되었다고 말할 수 있다. 그러나 당시에 야권은 경제민주화를 재벌 규제와 복지제도 강화 등을 통해 사회 양극화를 완화하는 것 정도로 이해하고 있었다.

야권이 내용적으로 철저하지 못한 경제민주화를 전면에 내세우자 박근혜가 '나도 경제민주화 할래.' 하고 나서는 사태가 발생했다. 구호나 공약을 베끼는 것이다. 그런데 박근혜가 경제민주화를 베껴서 외칠 수 있었다는 것은 그것이 시대정신을 올바르게 반영한 구호가 아니었음을 웅변한다. 시대정신을 반영하는 구호나 이슈는 반민중적 세력이 쉽게 베낄 수 없다. 앞에서 말했듯이, 시대정신은 국민의 본질적인 요구를 이념화한 것이기 때문이다. 80년대의 군부독재 타도와 직선제 개헌은 군부독재 정권이 도저히 베낄 수 없는 것이었다. 오늘날의 '적폐 청산'이라는 구호도 극우 세력이 베끼기 어렵다. 설사 그 구호를 베끼더라도 '너희가 바로 적폐야. 저리 꺼져버려.'라는 비웃음을 사기 십상이니까. 반민중적 세력은 시대정신을 정확히 반영하는 구호나 공약을 베낄 수 없고, 설사 베끼더라도 비웃음만 사기 마련이므로 그것을 전면에 내걸면 개혁 세력은 공세적 위치에 서게 되고, 반민중적 집단은 수세에 몰린다.

지난 대선에서 박근혜가 경제민주화 공약을 베껴버리고 북방한계선(NLL)을 소재 삼아 종북몰이까지 시작하자 야권은 수세적 입장에서 대선을 치를 수밖에 없었다. 극우 세력이 관권 부정선거를 자행하고 그것이 들통나도 오히려 큰소리친 것은 당시 그들이 야당을 조금도 무서워하지 않았음을 보여준다. 대선을 좌우할 만한 큰 이슈가 없는 상태에서 공약에서도 별 차이가 나지 않았던 것(양쪽 모두 경제민주화를 외쳤다), 종북몰이에 제대로 대처하지 못해 상대방의 기를 꺾기는커녕 기가 꺾인 것, 그리고 나이 많은 세대에서 강한 득표력을 가졌던 박근혜 프리미엄이 합쳐진 결과 박근혜가 근소한 차이로 대통령에 당선했다.

만일 여야가 모두 '문제는 경제야!'라며 경제민주화를 외치고 국민을 잘살게 해준다고 말하면서 돈에 대한 욕망을 부추긴다면, 사람들은 과연 어느 쪽을 찍을까? 전통적인 야권 지지자가 아닌 한 힘이 센 여당을 찍을 가능성이 높다. 그것은 무엇보다 힘이 센 쪽이 공약을 실현할 가능성이 높다고 보는 것이 상식이기 때문이다. 비록 "의지를 가진다면"이라는 단서를 달기는 했지만, 문재인 역시 대북 정책, 경제민주화나 복지 정책 등을 야당보다 박근혜 정부가 더 잘 추진할 수 있을 거라고 말하면서, 그 근거를 이렇게 제시했다.

적어도 '좌파 정부'라는 공격은 받지 않을 것이기 때문입니다.[4]

대선 후보였던 문재인이 이렇게 생각할 정도라면 평균적인 국민들 생각 역시 그와 유사할 것이다. 즉 양쪽 다 경제민주화를 추진한다고 하는 이상 힘센 쪽이 하는 것이 낫다고 생각할 거라는 말이다. 힘이 약한 쪽의 공약이 조금 더 낫더라도 힘이 센 쪽의 반발에 부딪혀 공약을 이행하지 못하는 것보다는, 힘센 쪽이 당선되어 공약을 이행하는 것이 자신의 호주머니에 더 많은 돈이 들어오는 지름길이라고 믿는 것은 당연하지 않을까. 지난 대선에서 공약 베끼기로 이미 재미를 봤으니 극우 세력은 앞으로도 야권이 좋은 정책을 개발해서 공약화하면 대부분 베끼려 들 것이다. 박근혜처럼 당선되고 나서 안 지키면 그만이니까. 따라서 대선이 구체적인 공약들을 죽 나열하는 공약 전시장이 아니라 시대정신을 대변하는 중심 구호와 공약이 거세게 나부끼는 전장이 되어야 개혁 세력은 극우 세력의 공약 베끼기 꼼수를 격파할 수 있을 것이다.

참고로 야권이 18대 대선에서 경제민주화를 전면에 내건 이유 중 하나가 당시까지도 사람들이 돈에 대한 욕망이 강렬했기 때문이라는 점을 지적할 필요가 있다. 이명박 정부를 통과하면서도 돈에 대한 욕망은 그다지 줄어들지 않았다. 현재도 마찬가지다. 다만 돈도 중요하지만 '정의'도 중요하다고 믿게 되었을 뿐이다. 18대 대선에서 정치 신인 안철수가 대선주자로 급부상할 수 있었던 것은 이와 관련 깊다. 돈의 상징인 이명박은 성공한 CEO이기는 하지만 도둑놈에 가까운 인물이다. 이명박을 겪은 한국인들은 가난이 싫기는 하지만 이명박 같은 인간은 더 싫다는 사실을 알게 되었다. 성공한 CEO 안철수는 돈의 상징인 동시에 도덕성의 상징이기도 했다. 즉 안철수는 돈에 대한 욕망과 정의에 대한 갈망을 동시에 충족시켜줄 수 있는 타협책이자 대안이었다.

3) 2017년 19대 대선
— 한국인은 고통에서 해방되고 싶다

사람이 긴 세월동안 고통에 시달리다 보면 무엇보다 고통을 끝내고 싶다는 강렬한 소망을 갖게 된다. 한국인들은 1990년대 이후 지속되어온 신자유주의 체제로 인해 극심한 고통에 시달리면서 살아왔다. 세계 최고 수준인 한국의 자살률이 이를 분명히 보여준다. 따라서 오늘날 국민의 본질적 요구, 즉 시대정신은 무엇보다 한국인들을 고통에서 해방시키는 것이어야 한다.

우리 국민들을 가장 고통스럽게 만드는 것은 사람대접을 받지 못하는 것, 즉 인간의 존엄성을 유린당하는 것이다. 통속적으로 말해 돈 없으면 무시당하면서 살아야 하는 병든 세상이 가장 큰 고통의 원인이다. 한국 사회가 돈 없는 사람을 차별하고 무시하는 잔인한 사회가 된 주요한 원인은 경제적 불평등과 공동체 붕괴에 있다. 사회 양극화가 심해지더라도 공동체가 건재하면 평범한 사람들이 서로를 무시하는 수평적 무시는 보편화되지 않는다. 오히려 사회혁명이 일어나기 십상이다. 그러나 사회 양극화가 심해지는 조건에서 공동체까지 붕괴되면 파편화된 개인들은 극심한 스트레스를 견디다 못해 그것을 자기보다 약한 존재에게 무차별적으로 발산하게 된다. 그 결과 온 사회에 수평적 무시 혹은 학대가 만연한다.

공동체는 온갖 스트레스를 해소할 수 있도록 해주는 집단 치유의 요람이자 그것을 사회변혁의 에너지로 전환시키는 보루이다. 직장 상사에게 부당한 대우를 받은 직원이 동료들에게 억울함을 하소연하면, 동료들은 그를 위로하고 격려하고 같이 욕해줌으로써 그의 상처를 치유해준다. 만일 그가 상사에게 너무 심한 학대를 당했다면 동료들이 다 같이 들고 일어나 상사를 몰아낸다. 이것이 공동체의 역할이다. 즉, 스트레스 해소를 도와 상처를 치유해주고, 스트레스가 과도하면 집단행동을 통해 사회변혁의 에너지로 분출시킬 수 있게 돕는다. 이런 점에서 1990년대 이후 공동체가 붕괴한 것이야말로 사람들의 고통을 극대화시키는 동시에 국민의 사회변혁 능력을 파탄시키는 원인이었다고 말할 수 있다.

현재 우리 국민을 가장 고통스럽게 만드는 것은 돈이 아니다. 따라서

대통령 선택의 심리학

각각의 개인에게 돈을 퍼부어준다고 해서 고통이 사라지지는 않는다. 한국인들은 사회를 근본적으로 개혁하고 공동체를 복원하는 과제를 동시에 추진함으로써만 고통에서 벗어날 수 있고 사람대접을 받으면서 존엄한 인간으로서의 삶을 영위할 수 있다. 한국인들은 이미 지난 대선 시기부터 자신의 본질적인 요구가 '사람답게 살고 싶다'는 열망임을 깨닫기 시작했다. 다음은 지난 대선 시기에 문재인 지지자들이 그의 트위터에 올린 글 중 일부이다.

"부자가 되기 위해 노력하는 사람보다 사람답게 살기 위해 노력하는 사람이 대접받는 사회를 만들어주세요."
"이젠 경쟁하는 사회보다 공존하는 사회 속에서 살고 싶습니다."
"저는 우리나라가 '사람들이 함께 어울려 살고 싶은 나라'였으면 좋겠습니다. 나와 생각이 다르다고 공격하고, 돈이 없다고 무시하고, 좋은 대학을 나오지 않았다고 끼워주지 않는 그런 사회가 되는 것이 무섭습니다."[5]

자신이 고통과 불행 속에서 사는 원인이 돈에 있지 않음을 자각한 사람의 수가 지난 대선 시기보다 훨씬 많아졌으며 계속 늘어나고 있다. 세월호 참사, 최순실 사건 등을 통해서 한국 사회의 민낯을 보았고, 적폐 청산 없이는 그 무엇도 가능하지 않음을 통렬히 깨달았기 때문이다. 또한 상당수 한국인은 촛불집회를 통해 이웃, 나아가 사람에 대한 신뢰를 회복하고 있고, 연대 의식과 공동체 의식도 빠른 속도로 회복 중이다. 무엇보다, 시민들이 직접 평화 시위로 박근혜를 권좌에서 끌어내리는 데 성공하고 나니 함께하면 더 큰 일도 해낼 수 있음을 새삼 자각하고 용기를 갖게 되었다.

19대 대선에서 개혁 세력이 시대정신을 올바르게 제시하는 문제는 매우 중요하다. 민주항쟁의 성과물로서 맞이하는 이번 19대 대선 결과는 한국의 미래를 결정할 것이다. 개혁 세력이 시대정신을 제시할 수 있다면, 19대 대선은 국민의 거대한 함성 속에서 치러질 것이고 이후 한국 사회가 근본적인 변혁으로 나아가는 길을 열어젖힐 것이다. 개혁 세력이 시대정신을 제시하지 못하고 경제민주화를 다시 우려먹으려 하거나 야권의 정권 교체 야욕에 휩쓸려 분열하고 반목한다면, 19대 대선은 그것이 설사 야당 후보의 당선으로 끝나더라도 반쪽짜리 승리에 머물 것이고 근본적인 변혁에서 오히려 멀어질 것이다.

현재 한국인들은 돈이 없어서 자신이 고통스럽다는 생각을 완전히 떨치지 못한 상태이다. 하지만 개혁 세력은 우리를 찍어주면 살림살이 더 나아지게 해주겠다는 식의 물질주의적 정책을 전면에 내걸어서는 절대 안 된다. 우리가 고통스러운 이유가 가난해서가 아니라 돈이 사람을 지배하는 반인간적 사회에 있음을 분명히 주지시켜야 한다. 그리고 고통을 끝내려면 극우 세력 청산을 핵심으로 하는 적폐 청산이 필수적임을 강조하고, 새 사회가 무엇이고 그것을 건설하려면 어떻게 해야 하는지를 간단명료하게 제시해야 한다.

나는 이번 대선이 미완의 민주주의를 완성시키는 중요한 계기가 되어야 한다고 생각한다. 앞에서도 지적했지만, 사람들이 진정으로 원하는 것은 국민 스스로가 권력을 장악해 국민이 주인이 되는 세상을 만드는 것이다. 그러나 현재 이 목표는 전혀 달성되지 않았다. 비록 민주 정부가 10년간 집권하기는 했지만, 다소 박하게 말하면 그것은 제도권 야당이 행정 권력을 차지하는 일부 변화만을 가져왔을 뿐이다. 다시 말해, 지배세력의 전면적인 교체와 같은 근본적인 변화는 없었다. 이런 맥락에서 1987년 이전 시기는 일제의 무단통치 시기, 1987년 이후 시기는 일제의 문화통치 시기와 본질적으로 동일하다고 생각한다.

어떤 이들은 정치적 민주주의는 달성했으니 경제민주화만 하면 된다고 말하지만, 국민의 입장에서 볼 때 정치적 민주주의의 과제도 여전히 실현되지 않았다. 학교는 여전히 재단이나 교장이 주인이고, 기업 역시 자본가가 주인이다. 극소수의 협동조합 등을 제외하면 국민이 주인인 영역이 과연 어디에 얼마나 있는가. 민주주의 국가로 평가받는 북유럽의 경우 학교의 주인은 재단이 아니라 학생, 교사, 학부모 대표이고 기업 경영에 노동자의 참여가 당연시된다.

한국인들은 여전히 기층 권력을 부분적으로도 장악하지 못한 무권리 상태에 머물러 있다. 국민이 일상의 삶을 영위하는 자기 삶의 터전에서 마치 노예나 마찬가지인 무권리 상태에 머물러 있는데, 정치적 민주주의가 완성되었다고 말하는 것은 잘못이다. 따라서 이번 대선에서는 국민의 기층 권력 장악의 중요성이 강조되어야 하고, 그것을 지원해주는 공약이 제시되어야 한다. 예를 들면, 검사장 직선제와 소환제, 학교 경영에 대한 학생 참여나 기업 경영에 대한 노동자 참여를 보장하는 공약 등을 제시할 필요가 있다.

2. 한국 사회의 트라우마

정치적 지지 성향을 기준으로 국민을 구분하면 다음과 같다. 첫째, 개혁 세력을 일관성 있게 지지하는 진보 성향 유권자들이 있다. 둘째, 극우 세력을 무조건적으로 지지하는 보수 성향 유권자들이 있다. 셋째, 어느 쪽도 일관되게 지지하지 않고 상황에 따라 지지 성향을 바꾸는 부동층 혹은 중간층이 있다.

한국인들이 이렇게 세 가지로 구분되는 이유는 무엇일까? 그 이유를 정확히 이해하는 것은 대선에서 승리하기 위해서뿐만 아니라 올바른 정치를 위해서도 필요하다.

합리주의 모델의
한계

전통적으로 미국의 주류 학계는 인간을 합리적인 존재로 간주하는 합리주의 모델을 강조해왔다. 즉 인간은 자기한테 이익이 되는지 손해가 되는지를 따져서 이익이 되는 쪽으로 행동하는 존재라고 믿었다. 합리주의 모델에 의하면 사람들은 어느 이데올로기가 자기한테 이익이 되는지를 이성적, 합리적으로 판단해 자신의 정치적 성향을 결정한다.

이 모델은 극소수 기득권 세력과 그들에게 밥줄을 의존하고 있는 부역자들의 정치 성향을 설명할 수 있다. 이들은 세상이 바뀌지 않고 그대로 있는 것이 이익이기 때문에 보수 이데올로기를 받아들인다. 이 모델은 또한 진보적 이데올로기를 신봉하는 사람들의 정치 성향도 설명할 수 있다. 세상이 바뀌는 것이 자기한테 이익인 사람들은 진보 이데올로기를 받아들일 것이다. 그러나 합리주의 모델은 극소수 극우 세력과 부역자들을 제외한 나머지 절대다수 보수는 설명하지 못한다.

보수 성향의 유권자는 한국인 중에서 약 30퍼센트 정도를 차지하는 것으로 평가된다. 그런데 평소에도 무조건적으로 극우 세력을 지지하며, 선거 때에도 극우 정당에 '묻지 마' 투표를 하는 보수 중에서 실제 극우 세력은 극히 일부이다. 오히려 그 30퍼센트 중 절대다수는 힘없고, 돈 없고, 뒷배 없는 빈곤층이거나 노인층이다. 사실 이들은 세상이 바뀌어야만 그나마 숨통이 트이는 사람들이다. 즉 그들이 자기 이익의 견지에서 이성적으로 판단해 정치 성향을 결정한다면 그들은 보수가 아니라 복지 증대를 강조하는 진보 진영을 지지해야 마땅하다.

이런 점에서 합리주의 모델의 눈으로 한국인을 바라보면 다음과 같은 의문을 제기하는 것이 당연할 것이다.

민주, 인권, 평화, 복지, 연대, 환경, 생명, 사람 등 좋은 가치가 모두 우리 쪽에 있습니다. 그런데 왜 선거에서 지는 것일까요? 왜 국민들이 더 많이 지지하지 않는 것일까요? 심지어는 왜 거리감을 느끼기까지 하는 것일까요? 불가사의한 일입니다. 도대체 무엇이 부족한 것일까요?[6]

　현실에 비춰볼 때, 사람이 이성적인 판단을 통해 자기한테 이익이 되는 이데올로기를 받아들인다는 합리주의 모델은 사실이라기보다는 소망에 가깝다. 즉 현실에서의 인간이 이데올로기 선택을 비롯해 매사에 합리적으로 행동할 것이라는 견해는 단지 막연한 기대나 소망일 뿐이다.

　북유럽 나라들의 노동조합 조직율은 70~80퍼센트 선을 훌쩍 넘는다. 노동자 대부분이 노동조합에 가입한 것이다. 반면 한국의 노동조합 조직율은 1995년에 민주노총이 건설된 이후 20퍼센트 수준을 반짝 넘어섰으나 이후 계속 하락하다가 현재 10퍼센트 대에 머물고 있다. 즉, 노동조합에 가입하는 노동자가 거의 없다. 그렇다면 북유럽 노동자들은 노조 가입이 자기한테 이익이라는 사실을 알아서 가입하는 것이고, 한국 노동자들은 그걸 몰라서 가입을 하지 않는 것일까? 한국 노동자들도 노조가 노동자에게 이익이 된다는 것쯤은 다들 알고 있다. 다만 노조에 가입하면 권력의 탄압을 받을 수 있고 불이익이 우려되며, 자칫 종북으로 몰릴 수 있음을 잘 알기에 가입을 꺼리는 것뿐이다.

　이것은 현실에서는 합리주의 모델이 통하지 않음을 보여준다. 물론 합리주의 모델에 현실에서의 탄압이나 불이익과 같은 요인들까지 포함시킨다면 그것이 맞는다고 우길 수도 있을 것이다. 어쨌든 반드시 기억해야 할 것은 이데올로기 선택이나 수용에는 공포와 같은 심리적 요인이 큰 영향을 미친다는 사실이다.

공포와
이데올로기 수용

인간이 단순하게 이성적인 판단에 기초해 이데올로기를 받아들이는 합리적인 존재가 되려면 다음의 두 가지 조건이 충족되어야 한다. 첫째, 사회가 건강해야 한다. 둘째, 개인의 정신도 건강해야 한다. 병적인 사회에서는 상당수의 사람들이 합리적인 판단을 통해 이데올로기를 선택하지 못한다. 정신 건강이 나쁜 사람도 마찬가지다. 그렇다면 한국인들은 무엇에 기초해 이데올로기를 받아들일까? 가장 대표적이고 결정적인 것은 '공포'이다.

공포가 자기 이익에 상반되는 이데올로기를 받아들이게 만드는 결정적 원인으로 작용할 수 있다는 사실을 가장 먼저 언급했던 심리학자는 프로이트다.(비록 가족 내 심리적 역동과 관련한 논의에 머물렀고 잘못된 학설인 성욕설에 기초하고 있다는 한계가 있지만.) 그는 그 유명한 오이디푸스 콤플렉스 이론을 제창했는데 그 핵심을 요약하면 다음과 같다.

어머니를 차지하고 싶어 하는 아들은 성적인 경쟁자인 아버지를 죽이고 싶어 한다. 하지만 아들은 아버지가 자신의 속마음을 알아챌까봐 불안해하며, 만일 아버지가 그것을 알게 되면 가위로 자기의 성기를 잘라버릴 것이라는 거세 공포에 짓눌린다. 힘으로는 도저히 아버지를 이길 수 없는 아들은 결국 공포에 압도당해 자신을 아버지와 동일시함으로써 아버지의 이데올로기를 수용한다.

프로이트의 주장을 '거세'와 같은 성욕설의 요소를 빼고 진실에 맞게 재구성해보면 다음과 같을 것이다. 어머니(진보)를 좋아하는 것이 아들에게는 이익이 되고 아버지(보수)를 좋아하는 것은 손해가 된다. 그러나 아들은 어머니를 좋아할 수 없다. 아버지가 엄청 화낼 것이기 때문이다. 결국 아들은 공포를 감당하지 못해 아버지의 이데올로기를 수용한다.

공포를 매개로 한 가족 내에서의 이러한 심리적 역동은 사회에서도 그대로 작동할 수 있다. 이와 관련해 심리학자 에리히 프롬은 다음과 같이 말했다.

인류 역사에서 인간이 허구를 실제로, 환상을 진리로 잘못 인식한 것은 바로 공포를 불러일으키는 폭력 때문이었으며 지금도 여전히 그러하기 때문이다. 폭력이야말로 인간이 자주성을 지킬 수 없게 만들며, 그로써 인간의 이성과 감성은 왜곡된다.[7]

심리학의 거장인 프로이트나 프롬이 정확히 지적했던 것처럼 현실에서 공포는 이데올로기 수용에 결정적인 영향력을 행사한다.

적어도 80년대까지의 한국은 잔인한 학살과 폭력이 판치는 공포사회였다. 해방 직후와 한국전쟁을 전후한 시기에는 많은 양민이 학살당했고, 인혁당 사건과 광주학살이 보여주듯 군사독재 시기에도 무고한 이들이 학살당했다. 한국은 또한 해방 이후부터 지금까지 백색테러와 폭력이 끊임없이 이어지는 공포사회이다. 한국전쟁을 전후한 시기에는 서북청년단 같은 잔인무도한 극우테러단의 테러가, 군사독재 시기에는 물고문이나 전기고문과 같은 공권력 테러가 민중을 공포로 몰아넣었다. 오늘날 군대는 물론이고 소위 지성의 전당이라고 불리는 대학에서도 선배가 후배의 군기를 잡겠다며 폭력을 행사하는 곳이 대한민국이다. 만일 공포가 이데올로기 수용에 결정적인 영향을 미치는 것이 옳다면 한국 사회는 나이가 많은 세대일수록 당연히 보수 성향을 갖게 될 것이다. 나이가 많은 세대일수록 공포 경험이 많기 때문이다.

일진이 지배하는 중학교 학급이 있다고 해보자. 일진들이 날마다 각목을 들고 돌아다니면서 학생들을 마구 때리면, 학생들은 끔찍한 각목 공포에 시달릴 것이다. 이럴 경우 각목 공포에서 벗어나려면 어떻게 해야 할까? 다수의 학생이 단결해 저항하는 것이 불가능하다면, 길은 한 가지다. 일진의 '꼬붕'이 되는 것이다. 사실 일진의 꼬붕이 되는 것이 학생들에게는 이익이 되기보다는 손해막심한 일이다. 일진한테 무시당하며 빵셔틀을 해야 하고, 삥까지 뜯기면서 가난하고 비굴하게 살아야 하기 때문이다. 하지만 그렇게 살면 각목 공포는 회피할 수 있다. 결국 일부 학생은 일진의 부하가 된다. 긴 세월이 지난 후 일진에 저항하기 시작한 일부 학생이 일진의 꼬붕들에게 '너희들이 일진을 지지해서 얻을 건 하나도 없잖아. 우리 힘을 합쳐서 일진을 몰아내자.'라고 논리적으로 타당한 설득을 했다. 과연 이런 말을 들으면 그들이 '그렇구나. 이제라도 진실을 알게 해줘서 고마워.'라며 힘을 합칠까? 아마 '이 빨갱이 새끼들아. 저리 꺼져!'라고 말하며 불같이 화를 낼 것이다.

일진 부하들을 설득하기가 대단히 어렵고 그들과 소통하기조차 어려운 것은 다음의 두 가지 이유 때문이다. 첫째, 일진 부하들은 여전히 각목 공포를 가지고 있다. 그들은 일진의 부하가 됨으로써 각목 공포를 회피하고 있을 뿐이지, 각목 공포를 극복한 것이 아니다. 따라서 이들이 일진 편에서 이탈하려고 하면, 그 순간 무의식에서 각목 공포가 다시금 올라온다. 그들이 정치적 반대자들과 정상적인 소통을 하지 못하고 격하게 화를 내는 이유가 바로 여기에 있다. 둘째, 일진 부하로 살아온 세월이 너무 길다. 일진 부하로서 사는 삶은 당연히 정신 건강에 해롭다. 각목이 무서워서 깡패의 부하가 되었다는 사실로 인해 굴욕감, 자기 모멸감, 죄책감 등에 시달린다. 그리고 이것이 장기화되고 심해지면 고통스러운 감정이나 생각들을 방어하기 위해서 자기 합리화 등을 시도할 가능성이 그만큼 커진다. 예를 들면 '나는 빨갱이들로부터 나라를 구한 사람' '나는 베트남 참전 군인'과 같은 가짜 정체성으로 스스로를 괜찮은 사람이라고 합리화하는 것이다.

사람이 잘못 사는 것 그리하여 정신 건강이 나빠지는 것에도 어떤 임계치 같은 것이 있다. 흔히 말하는 돌아오지 못하는 다리가 있다는 말이다. 스스로를 자랑스러워할 수 없는 삶, 행복하지 않은 삶을 살 수밖에 없었던 일진 부하들이 나이를 먹어 노인이 되는 것은 마치 돌아오지 못하는 다리를 건너는 것과 같다. 이제 와서 진보가 옳다고 인정함으로써 가짜 정체성을 포기하는 것은 자기가 완전히 잘못 살았음을 인정하는 것이자 지금까지의 자기 인생을 전면 부정하는 것이다. 이미 노인이 되어버린 후에는 대부분 그것이 주는 고통을 감당하지 못한다. 죽음을 앞둔 나이에 자신이 잘못 살아왔음을 인정하는 것은 스스로의 인생이 아무런 의미도 없다는 허무감과 직면하는 일이자 자신이 갑자기 먼지처럼 분해되어 사람들의 기억 밖으로 흩어져버리는 것만 같은 자기붕괴를 의미하기 때문이다.

보수는
진보가 될 수 있을까?

한국의 보수는 기본적으로 공포로 인해 자기 이익에 반하는 보수 이데올로기를 수용한 이들이다. 사실 한국의 보수는 진보 이데올로기가 무엇이고 보수 이데올로기가 무엇인지 잘 알지 못하며, 그것을 알고 싶어 하지도 않는다. 그들은 이성적인 사고 과정을 통해 보수 이데올로기를 받아들인 합리적 보수가 아니라 폭력과 공포가 너무 무서워서 보수가 된 '공포형 보수' 혹은 '생존형 보수'이기 때문이다. 이 점을 고려한다면 보수의 정치 성향을 합리적인 설득을 통해 바꾸기란 거의 불가능하다는 사실을 인정할 수밖에 없을 것이다.

그나마 보수 가운데서 마음을 바꿀 가능성이 있는 이들은 정신 건강이 악화되어 돌아올 수 없는 다리를 건넌 보수가 아니라 아직 공포에 짓눌려 있는 보수이다. 논의를 위해 임시방편으로 전자를 악성 보수로 후자를 양성 보수로 부르기로 하자. 양성 보수는 무의식에 깊이 자리하고 있는 학살이나 폭력에 대한 공포로 인해 보수에 머물러 있는 사람들이다. 이들은 민중항쟁으로 무엇인가 될 것 같은 순간이 오면 군대가 몰려나와 모든 것을 우르르 쓸어버리는 장면을 반복적으로 경험해왔다. 그 결과 한국 노인 세대의 무의식에는 다음과 같은 믿음이 자리 잡았다. '네놈들이 아무리 많이 광장에 몰려나와 난리를 쳐도 다 소용없어. 지금은 뭔가가 될 것 같지? 좀 이따 군대가 출동하면 네놈들은 다 죽는 거야. 내가 그런 꼴을 한두 번만 본 줄 알아? 바보 같은 빨갱이 놈들.' 권력자 쪽에 줄을 서서 어떻게든 살아남아야 한다는 것은 한국의 노인 세대에게는 공포를 회피하는 방법이자 생존 비법이기도 했다. 이런 양성 보수가 마음을 바꾸는 상황은 단 하나뿐이다. 공포가 사라지거나 완화되는 것이다.

민주 정부가 연달아 집권했을 때, 많은 이들은 극우 세력이 집권하는 시절은 영영 끝날 거라고 믿었다. 그러나 한국의 보수층은 여전히 '설마?' 하며 반신반의했을 것이다. 이명박 정부의 실정에도 불구하고 박근혜 정부가 탄생했을 때, 그들은 '내 그럴 줄 알았어!'라고 무릎을 치며 자신이 정치 성향을 바꾸지 않았던 것에 크게 안도했으리라. 그리고 이제 한국은 마치 자민당이 장기 집권하는 일본처럼 영원히 극우 세력이 지배할 거로 믿는다. 즉, 박근혜 정부의 탄생이 보수층의 공포를 더욱 부채질해 이들의 정치적 입장은 콘크리트처럼 단단해졌을 것이다. 그런데 철권을 휘두르며 폭주하던 박근혜 정부가 최순실 국정농단 사건을 계기로 폭발한 촛불항쟁에 의해 하루아침에 몰락하고, 기세등등했던 새누리당까지 공중분해되는 사건이 발생했다. 더욱이 촛불집회에 참여하는 인원은 최대기록을 계속 경신했다. 이런 상황은 보수층의 공포를 상당 부분 경감시킬 수밖에 없다.

촛불집회가 지속되는 동안 박근혜의 지지율은 10퍼센트, 심지어는 5퍼센트 선까지 떨어졌다. 절대로 붕괴되지 않는다고 자타가 공인하던 30퍼센트의 콘크리트 지지층이 마음을 바꾼 것이다. 그러나 탄핵안이 가결되고 촛불이 잠깐 숨을 고르는 사이 극우 세력의 반격이 시작되자 탄핵 반대 여론이 다시 고개를 쳐들고 박근혜의 지지율도 소폭 상승했다. 이것은 공포를 얼마나 심하게 느끼는가가 보수층의 정치 성향을 상당 부분 좌우한다는 것을 시사해준다. 촛불이 맹위를 떨칠 때, 박근혜 지지율이 5퍼센트 선까지 떨어진 것으로 미루어볼 때, 30퍼센트의 보수 중에서 양성 보수를 대략 20~25퍼센트 정도로 추산할 수 있을 것 같다. 이들은 당장은 아니더라도 국민의 민주항쟁이 지속되는 과정에서 정권이 교체되고 세상이 바뀌기 시작하면 보수의 족쇄를 끊고 정치적 성향을 아예 바꿀 가능성이 있다.

한국에서 종북몰이가 힘을 발휘하는 이유

혁명적인 정세가 오지 않는 한 고정적인 진보 성향 유권자와 보수 성향 유권자의 표심은 바꾸기란 매우 어렵다. 하지만 이들의 지지만으로는 어느 쪽도 대선에서 승리할 수 없다. 이 때문에 중간층의 표심을 얻어야만 대선에서 승리할 수 있다고 믿는 대선 후보들은 중간층 공략에 집중하는 경향이 있다. 쉽게 말해 어차피 자기를 찍을 사람들은 신경 쓰지 않아도 찍을 테니, 중간층의 표심을 끌어오는 데 주력하겠다는 것이다. 일단 이 전략이 옳은가의 여부는 논외로 하고, 어떻게 해야 중간층 표심을 얻을 수 있을지에 대해 생각해보자.

어떤 이들은 중간층이 이데올로기 집단이라고 생각하는 것 같은데, 그렇지가 않다. 이들은 간단히 말해 딱히 지지할 만한 정치 세력을 찾지 못하고 있는 집단이다. 즉 극우 세력은 싫지만 그렇다고 해서 야당도 지지하기 싫은 사람들 집단이 바로 중간층이다. 따라서 이들의 마음을 얻으려면 야당이 과거와는 다른 모습을 보여줘야 한다. 그런데 이것 말고도 반드시 해야만 하는 더 중요한 일이 있는데, 그것은 극우 세력의 종북몰이를 결딴내는 것이다.

비록 보수층처럼 공포에 굴복해 보수가 되지는 않았지만, 중간층이라고 해서 공포에서 자유롭지 않다. 이들은 그나마 다른 공포에서는 좀 자유로운데 종북몰이 공포에는 대단히 취약하다. 한국에서 시대착오적인 종북몰이가 위력을 발휘하는 까닭은 절대다수의 한국인이 공포증을 앓고 있어서다. 이 주제에 대해서는 이미 『트라우마 한국사회』를 비롯한 여러 글에서 자세히 다뤘기 때문에 여기에서는 간단히 요약만 하고 넘어가겠다.

강호동이 어렸을 때 개에게 물려 개 공포증을 갖게 되었다고 가정해보자. 어른이 된 천하장사 강호동은 아무것도 무서워하지 않는다. 그러나 치와와 앞에서는 꼼짝 못한다. 치와와가 이를 드러내고 짖으면 그는 부들부들 떨고, 치와와가 '굴러' 하면 대굴대굴 굴러다닌다. 이렇게 강호동은 치와와 앞에서는 겁에 잔뜩 질려 이성적인 사고를 하지 못한다. 하지만 치와와가 사라지면 이성적인 사고가 가능해진다. 강호동은 스스로를 한심하게 여기면서 이렇게 생각한다. '내가 치와와 따위한테 꼼짝 못하다니. 한 대면 깨갱 하고 도망갈 텐데.' 그러나 그것도 잠시뿐, 다시 치와와가 나타나서 '굴러' 하면 강호동은 또 굴러다닌다. 이것이 바로 공포증이 유발하는 가장 큰 악영향이다.

공포증은 과도하고 비합리적인 공포로 인해 사람이 이성적인 사고를 하지 못하게 만든다. 누군가에게 공포증이 유발되는 순간 그 사람은 바보가 되는 것이다. 한국사회에서 색깔 공격, 종북몰이가 맹위를 떨쳐왔던 것은 한국인들이 색깔 공포증 환자이기 때문이다. 빨갱이나 종북으로 몰리는 것을 과도하게 두려워하는 색깔 공포증을 극복하지 못하면, 종북몰이가 시작되는 순간 겁에 질려 이성적인 사고를 하지 못하게 된다. 그래서 로마 병사들이 베드로에게 예수의 제자가 아니냐고 묻자 그가 세 번이나 예수를 부인하며 배신했던 것처럼 자기방어에 급급한 행동을 한다.

한국인들이 색깔 공격, 종북몰이만 퍼부으면 꼼짝하지 못한다는 사실을 잘 알고 있는 극우 세력은 국민의 저항이 거세질 때마다 종북몰이를 통해 그것을 진압해왔고 그 덕에 장기 집권에 성공할 수 있었다. 한마디로 필승의 무기인 종북몰이로 70여 년간 장기 집권을 해온 셈이다. 2017년의 대권에 출사표를 던진 야권의 대선주자들은 대체로 이 점을 인식하고 있다. 지난 대선에서 종북몰이로 큰 피해를 봤던 문재인은 이렇게 말했다.

> 지난 대선을 지배하면서 결과에 영향을 미쳤던 가장 강력한 프레임은 역시 새누리당의 '종북'몰이였습니다. 특히 노령층과 영남, 그리고 농촌 지역에서 굉장한 위력을 발휘했습니다.[8]

종북몰이를 돌파하려면

야권의 대선주자들은 2017년의 대선에서는 종북몰이를 돌파할 수 있을까? 종북몰이가 통하는 것은 그것을 사용했을 때 상대방이 겁을 먹어서다. 만일 색깔 공포증이 완화되어 종북몰이를 당해도 겁을 먹지 않고 정면대응할 수 있으면 그 위력은 현저히 떨어진다. 앞의 비유를 가지고 말하자면, 치와와가 아무리 짖어대도 강호동이 겁을 먹지 않으면 그 순간 치와와의 시대는 끝나는 것이다. 과거에 김대중과 노무현이 대통령에 당선할 수 있었던 것은 그들이 색깔 공격, 즉 오늘날의 종북몰이를 두려워하지 않고 정면으로 맞섰던 정치인이라는 사실과 무관하지 않다. 김대중 전 대통령은 기나긴 세월 동안 빨갱이라는 말을 들었지만, 그 말을 듣지 않기 위해 중요한 소신을 굽히는 짓은 하지 않았다. 그는 독재 정권이 간첩단 사건을 조작해 종북몰이를 시도하자 공안통치 반대를 외치며 장외 집회로 맞서기도 했다. 노무현도 마찬가지다. 김대중과 노무현을 제외하면 종북몰이에 정면으로 맞서는 정치인을 발견하기가 쉽지 않다.

지난 대선에서도 야권은 종북몰이에 제대로 대처하지 못했다. 노무현은 장인어른이 빨치산이었다는 공격을 받으면 '그래 장인어른이 빨치산이었다. 그래서 어쩌라고. 아내를 버리라고?' 하며 맞받았고, 반미주의자라는 공격을 받으면 '반미가 어때서. 반미 하면 왜 안 되는데?' 하며 대들었다. 전혀 겁먹지 않고 오히려 상대방을 거세게 몰아붙였다. 반면에 지난 대선에서 야권의 대선주자는 안보에 무능하다는 비판을 받으면 군복을 입고 전방을 돌아다니거나 특전사 전력을 부각시키는 등 일종의 보수 코스프레를 시도했다. 비유하자면 치와와가 짖자 노무현은 몽둥이를 들고 치와와한테 달려들었다면 문재인은 치와와가 '너 바보지?'라고 공격하면 바보가 아님을 증명하기 위해 애를 썼다고 할 수 있다. 그렇다면 이런 차이는 득표에 어떤 영향을 미쳤을까?

색깔 공격이나 종북몰이에도 겁을 먹지 않고 오히려 극우 세력을 거세게 밀어붙였던 노무현은 2002년의 대선에서 5060세대로부터 깜짝 놀랄 만한 지지를 받았다. 특히 보수의 표밭으로 간주되었던 50대는 절반 정도가 보수에서 이탈해 노무현을 지지하는 이변을 연출했다. 반면에 2012년의 대선에서 보수 코스프레로 종북몰이를 극복해보려고 시도했던 문재인은 5060세대에서 노무현보다 훨씬 못한 지지를 얻었다. 특히 50대로부터 37.4퍼센트밖에 득표하지 못했다.

대선에서 보수표를 야권으로 끌어올 수 있는가 없는가는 공포를 완화시킬 수 있느냐에 상당부분 달려 있다. 국민 절대다수가 개 공포증이 있는 상황에서 대권주자가 개가 짖어대도 겁먹지 않고 오히려 개를 공격하면 공포는 줄어들고 그 결과 보수표는 이탈한다. 반대로 대권주자가 개가 짖어대자 겁을 먹고 개한테 잘 보이려고 애쓰면 국민의 공포는 한층 심해지고 그 결과 보수표는 결집한다. 지난 대선에서 보수표가 유례없이 결집하고 5060세대에서 지지율을 끌어올리지 못한 것은 이와 관련이 있다. 즉 개 공포증이 있는 국민 앞에서 대선주자가 개를 대하는 태도는 대선 결과에 엄청난 차이를 초래할 수 있다.

한국인은 그가 진보이든 중간층이든 보수이든 거의 다 색깔 공포증을 가지고 있다. 다만 그 정도에서 차이가 날 뿐이다. 개혁 세력이 종북몰이를 박살내며 극우 세력을 계속 코너로 밀어 넣으면 공포가 완화되어 중간층은 물론이고 심지어는 보수까지도 끌어당길 수 있다. 반대로 개혁 세력이 종북몰이를 두려워해 보수 코스프레를 하면 공포가 자극되어 중간층과 보수는 극우 세력 쪽으로 끌려갈 가능성이 커진다. 이번 대선에서는 야권이 대선 후보의 군복 입은 모습 따위를 부각시키는 어리석은 짓은 제발 하지 않기를 바란다.

사상의 자유와
파시즘 체제의 청산

한국에서 시대착오적인 색깔 공격이나 종북몰이가 통한다는 것은 한국이 자유민주주의 국가가 아닌 파쇼 국가임을 의미한다. 자유민주주의의 핵심은 사상의 자유이다. 따라서 사상의 자유를 부정하는 것이야말로 파시즘의 본질이라고 해도 무방하다. 일찍이 김수영 시인은 시를 통해 김일성 만세를 외치는 자유만 허용되면 민주주의의 과제가 달성된다고 설파했고, 노무현 전 대통령 역시 재임 중인 2003년 6월 일본을 방문한 자리에서, 한국 사회가 공산당을 허용할 수 있어야 진정한 민주주의가 실현될 수 있다는 취지의 발언을 했다. 유럽 자유민주주의 국가 사람이 이런 말을 들으면 '그런 당연한 말을 왜 하지?' 하며 웃었을지도 모른다. 하지만 너무나도 당연한 자유민주주의적 신념을 피력했던 노무현은 황당하게도 한나라당에 의해 공산주의자로 몰렸다.

극우 세력은 반민주적인 파시즘 논리를 끊임없이 선전해왔고, 그로 인해 한국인 상당수가 사상의 자유를 허용하면 나라가 망한다고 외치는 극우 세력의 터무니없는 궤변을 믿고 있다. 사상의 자유를 허용하거나 공산당을 허용하면 마치 큰일이라도 날듯이 우려하는 것이다. 그러나 인류 역사에서 사상의 자유를 인정해 나라가 망한 사례가 있었을까? 사상의 자유를 가장 적극적으로 인정했던 나라는 북유럽 나라들이다. 그래서 북유럽 국가들이 망했는가? 오히려 행복국가 순위 상위권을 휩쓸고 있다. 이는 사상의 자유가 인정되면 나라가 망하기는커녕 국민들만 행복해진다는 것을 보여준다.

그렇다면 인류 역사에서 사상의 자유를 허용하지 않아 망한 사례는 있었을까? 아주 많다. 유럽의 중세시대 나라들은 기독교적 세계관만 인정했고, 다른 사상은 이단으로 몰아 탄압했다. 그 결과 유럽의 중세시대는 역사가들이 암흑기로 부를 정도로 발전이 더뎠고 오히려 과거보다 후퇴하기도 했다. 20세기 이후만 보더라도 사상의 자유를 부정했던 히틀러의 독일, 무솔리니의 이탈리아, 군국주의 일본은 어떠한가? 사상의 자유를 불허한 지 수십 년도 되지 않아 나라가 망했을 뿐 아니라 그 짧은 기간 동안 인류 앞에 씻을 수 없는 죄까지 저질렀다.

사상의 자유가 부정되는 사회는 필연적으로 반이성적인 야만 사회, 획일적인 공포 사회로 전락한다. 원래 사회주의 계열의 정당이 집권하고 있던 독일이 히틀러가 정권을 잡은 지 얼마 되지도 않아서 끔찍한 광기가 온 사회를 휩쓰는 정신병적 사회로 전락한 것은 사상의 자유를 부정한 것에서부터 출발했다. 사회주의 사상을 금지했던 히틀러는 사회주의 정당들을 해산시켰고 백색테러를 일삼으며 정치적 반대자와 민중을 탄압했다. 히틀러에게 대드는 사람은 모두가 사회주의자로 몰려 죽임이나 박해를 당했다. 야만적인 색깔 공격으로 사회가 공포 분위기에 빠져들자 독일 국민들은 하나둘 히틀러에게 줄을 서기 시작했고, 그 결과 독일은 중세기적 마녀사냥이 횡행하는 반이성적인 야만국으로 전락했다. 극우 세력이 지배하는 한국, 사상의 자유를 인정하지 않는 한국은 히틀러의 독일과 본질적 유사성을 지닌다.

극우 세력은 국민에게 이렇게 말한다. 한국은 자유민주주의 국가이므로 당연히 사상의 자유를 인정하지만, 남북이 대치하고 있는 상황이므로 사회주의나 종북은 허용할 수 없다고. 놀라운 것은 한국인 상당수가 이런 말을 듣고 고개를 끄덕인다는 사실이다. 아버지가 성인이 된 딸에게 이렇게 말했다. "이제 너도 다 컸으니 여행의 자유를 주겠다. 가고 싶은 곳은 다 가도 좋다. 단, 아빠가 가지 말라는 곳은 가면 안 된다." 과연 이 아버지는 딸에게 여행의 자유를 준 것일까? 그 어떤 제한도, 예외도 없어야 자유이다. 단 하나라도 금지된다면 그것은 이미 자유가 아니다. 더욱이 딸이 갈 수 없는 곳을 아버지가 마음대로 정하듯이 한국에서는 극우 세력이 종북이냐 아니냐를 자기네들 내키는 대로 정하고 있다. 이것은 극우 세력의 마음에 들지 않으면 언제라도 종북으로 몰릴 수 있음을 의미한다. 이런 한국적 상황에서 종북의 자유만큼은 인정하지 말아야 한다는 것은 곧 극우 세력이 허용하는 것만 할 수 있다는 것이나 다름없다. 이런 점에서 야당이 종북이든 그 무엇이든 예외 없이 사상의 자유를 전면적으로 인정해야 한다고 당당하게 외치지 못하는 한 극우 세력의 눈치나 살피면서 해야 할 싸움을 하지 못하는, 야성을 상실한 정당으로 전락한 것은 당연한 귀결이라고 할 수 있다.

사상의 자유조차 누리지 못하면서, 그래서 다들 자기검열의 도사가 되었으면서도 한국인들은 자신이 자유민주주의 국가에서 살고 있다고 믿는다. 하지만 그것은 크나큰 착각이다. 한국인들은 70여 년 넘게 자유민주주의 국가가 아니라 마녀사냥의 광기가 지배하는 파쇼 체제에서 살아왔다. 그래서 사상의 자유가 얼마나 소중한지도, 다양성이 왜 필요한지도, 의견이 다른 사람을 왜 존중해야 하는지도 모르고 있다.[9] 한국인들이 대화나 소통을 잘하지 못하고 걸핏하면 '나이도 어린 것이, 감히 여자가, 못 배운 주제에' 따위의 비합리적 이유를 대며 반대의견을 묵살하는 것은 이와 관련이 있다. 또한 온 사회에 무저항과 무권리, 무기력감이 팽배하고 모든 조직에는 획일적인 권위주의 문화가 만연하며, 창의성이나 도전정신도 날로 저하되고 있다. 만일 이 파쇼 체제를 청산하지 못하면 한국은 새로운 도약을 시도조차 하지 못한 채 그대로 주저앉게 될 것이다.[10] 오히려 한국인들이 가져야 마땅한 것은 시급히 파쇼에서 민주주의로 이행하지 못하면 나라가 망할 것이라는 위기감이라고 생각한다.

현 시점에서 종북몰이를 일삼는 파시스트들을 정치권에서 몰아내고 진정한 민주주의로 나아가는 유일한 길은 정면으로 맞서는 것뿐이다. 이재명의 지적처럼 종북몰이는 단순한 정치 전략이 아니라 민주주의의 근간을 파괴하는 극악한 범죄행위이기 때문이다.

> 권력을 위해 반대편 정치 세력을 죽이려고 종북 딱지를 아무런 제제 없이 붙이도록 허용하면 민주주의는 심각하게 위협받는다. 종북몰이는 부패 기득권 세력의 고지를 지켜주는 기관총이자 토치카다. 이것을 깨부수지 않고 고지를 점령하는 건 불가능하다. (…) 분단을 악용하는 불의한 세력들에게 전가의 보도가 된 종북몰이를 무력화시키지 않으면 정상적인 민주공화국을 만드는 일은 전혀 불가능하기 때문이다.[11]

2017년 대선에서 야권의 대선주자들은 종북몰이나 북풍 공작을 시도할 것이 분명한 극우 세력을 단호히 사상의 자유, 자유민주주의를 파괴하는 반민주주의자이자 파시스트로 규정하고 강력한 공격을 퍼부어야 한다. 다시 한 번 강조하지만, 파시스트들에게 '저는 종북이 아니에요.'라고 말하며 비굴하게 굴지 말고, 그들을 적극적으로 공격해야만 공포를 완화시켜 중간층과 보수층을 개혁 세력 쪽으로 끌어당길 수 있고 대선에서 승리할 수 있다. 이와 더불어 야권 대선주자들은 장기간 지속되어온 파쇼 체제를 청산하기 위해 국가보안법 폐지를 공약으로 내걸어야 한다. 그리고 대선에서 승리한 다음에는 '파시스트 청산법' 혹은 '민주주의 수호법'을 만들어 종북몰이, 여론 조작, 관제 데모, 백색테러 등 민주주의를 위협하고 파괴해온 범죄행위들을 가중처벌헤서 파시스트들이 다시는 발을 붙이지 못하게 만들어야 할 것이다.

3. 시민들은 달라졌다

이번 대선에서 야권 후보가 당선될 가능성은 그 어느 때보다도 높다. 그렇기 때문에라도 2017년의 대선은 단순한 정권 교체에 머물러서는 안 된다. 앞으로도 극우 세력은 한편으로는 총반격을 하고 다른 편으로는 제도권 야당과 연대하거나 그 속에 스며들어 가 살아남으려 할 것이다.

혹시라도 박근혜 탄핵 이후 극우 세력의 준동은 미미하지 않겠냐고 생각한다면 그것은 너무도 안이하고 순진한 생각이다. 과거 노무현 정부 때의 사례를 보면, 김대중에 이어 두 번이나 정권을 놓친 보수 세력은 노무현 집권 초기부터 집요하게 그를 대통령 자리에서 끌어내리려 안간힘을 썼다. 노무현 취임 후 불과 보름 정도가 지난 2003년 3월, 김대중 대통령 재임 당시의 대북 송금을 조사하는 특검법이 국회를 통과한 직후 이규택 당시 한나라당 의원은 "대통령의 특검 거부권 행사는 탄핵소추 대상이 될 수 있다."라며 대통령을 압박했다. 다시 3개월 후 노무현 대통령의 일본 방문시 앞에서도 언급한 '공산당도 허용할 수 있어야 완전한 민주주의' 발언이 나오자 한나라당은 김용갑, 현경대 의원을 중심으로 또다시 탄핵소추 카드를 거론했다. 극우 세력이 자신의 과오를 반성하며 자중하는 시간을 가질 거라는 기대 따위는 아예 접는 것이 바람직하다.

이번 대선에서 야권 후보가 당선된다면 취임 이후 단호하게 적폐를 청산하고 개혁 과제를 흔들림 없이 추진함으로써 극우 세력의 준동을 초기부터 제압하며 국민이 나아갈 길을 열어줘야 한다.

이제 종북몰이는 안 먹힌다

촛불항쟁 이후 2017년 대선은 물론이고 한국의 정치 환경은 과거와는 크게 달라질 것이 분명한데, 그것은 기본적으로 일반 국민에게는 유리하고 극우 세력에게는 불리한 방향으로 작용할 것이다. 앞에서 언급했듯이, 종북몰이가 먹히려면 한국인들이 색깔 공포증을 심하게 앓고 있어야 한다. 그런데 현재 시점에서 볼 때, 국민들이 이 병에서 치유되고 있는 흐름이 뚜렷이 감지된다. 한국인들이 색깔 공포증을 갖게 된 것은 빨갱이라는 말이 단순한 언어적 폭력이 아니었기 때문이다. 보도연맹 사건 등이 보여주듯이, 과거에 극우 세력은 평소에는 빨갱이라는 공격을 퍼붓다가 기회가 오면 그들을 죽였다. 한국에서는 극우 세력에 의해 빨갱이로 낙인찍히는 것이 곧 살인 예고장을 받는 것이나 마찬가지였다. 색깔 공격이 단순한 언어적 공격으로 끝나지 않고 목숨을 위협하는 폭력으로 대부분 이어졌던 것이다.

그러나 1980년 5.18민주화운동으로 인해 극우 세력은 색깔 공격을 총칼로 뒷받침하기가 어려워졌다. 이전까지만 해도 민중이 들고 일어나면 색깔 공격을 퍼부으며 여론전을 펼치다가 군대를 투입해서 싹 쓸어버리곤 했다. 그러면 그야말로 한순간에 모든 것이 해결되었다. 그러나 1980년 광주에 군대를 투입했지만 광주 시민은 총칼에 굴복하지 않고 총을 들고 맞서 광주를 해방구로 만드는 위대한 투쟁을 전개했다.

아내에게 마구잡이로 폭력을 휘둘러온 남편이 있다고 해보자. 아내는 어떻게 해야 남편한테 맞지 않을 수 있을까? 맛있는 반찬을 해주면 어떨까? 아마 남편은 더 맛있는 반찬을 해내라고 때릴 것이다. 매일 맞기만 하던 아내가 어느 날 칼을 들고 죽기 살기로 덤벼들어 남편의 몸에 상처를 낸다면 어떨까? 평소보다 훨씬 더 심하게 맞아 병원에 입원할지도 모른다. 그러나 그 사건은 남편과 아내의 관계를 크게 바꿔놓을 것이다. 퇴원 후에 아내가 집에 돌아와도 남편은 폭력을 쉽게 휘두르지 못한다. 폭력을 사용하려는 충동을 느낄 때마다 아내가 휘두르던 시퍼런 칼날이 떠오르고 그때 입었던 상처가 따끔거릴 것이기 때문이다. 폭력은 정면으로 저항을 해야만 중지시킬 수 있다.

5.18은 국민에게는 영원한 민주주의의 이정표이지만 극우 세력에게는 치명적인 트라우마다. 군대를 투입하자 광주 시민들은 무장투쟁으로 맞섰고 그것을 겨우 진압했지만, 광주는 80년대 내내 민주화운동의 마르지 않는 원천으로 작용했다. 군대를 동원하면 오히려 된통 당하는 수가 있고, 설사 진압에 성공하더라도 두고두고 골치 아픈 빌미가 된다는 경험이 초래한 트라우마로 인해 80년대 이후부터 극우 세력은 군대 동원을 포기하게 되었다. 1987년 6월항쟁이 벌어졌을 때 결국 군대 투입을 포기한 것은 이 때문이다. 80년대까지는 육사 생도가 가장 인기 있는 신랑감이었지만, 90년대부터는 찬밥이 되어버린 현상도 이와 무관하지 않다.

1980년의 광주항쟁을 분기점으로 한국은 민주항쟁을 군대로 진압하는 것을 용인하지 않는 수준으로 도약했다. 오늘날의 한국에서는 설사 독재자가 시민의 저항을 진압하기 위해 군대를 투입하라는 명령을 내리더라도 국민의 호응은 물론이고 군대의 호응조차 얻기 힘들 것이다. 무엇보다 한국인들은 적어도 군대가 정치에 개입하는 것을 절대로 인정하지 않을 정도로는 성숙했기 때문이다. 또한 괜히 독재자 말을 듣고 총대를 멨다가 실패하면 내란범이 되어 처벌을 받을 수도 있는데, 군인들이 바보가 아닌 이상 독재자를 위해 나서기도 힘들다.

80년대를 거치며 군대의 정치 개입을 원천봉쇄한 이후 국민은 계속 전진해 민주 정부를 탄생시켰다. 민주 정부가 연속적으로 집권하는 기간 동안 구시대적인 구타나 고문 등도 자취를 감췄다. 더 이상은 총칼과 같은 물리적 폭력으로 종북몰이를 뒷받침할 수 없게 되었고, 달리 말해 적어도 오늘날 한국에서는 설사 종북으로 몰리더라도 죽을 위험은 없다는 이야기다. 물론 국가보안법이 남아 있으니 종북으로 몰리면 감옥에 갈 수는 있을 것이다. 하지만 그것이 주는 공포감은 예전보다 훨씬 못하다.

종북몰이가 예전처럼 무서운 것이 아니라는 사실, 다소 속된 말로 종북몰이가 단지 주둥이 공격에 불과하다는 사실을 국민은 알고 있을까? 사회의 변화는 어떤 식으로든 국민에게 감지되기 마련이다. 한국인들은 꽤 오랜 기간, 최소한 민주 정부가 들어선 이후의 20여 년 동안은 종북몰이가 물리적 폭력과 이어지지 않는 현실을 목격했고 경험해왔다. 그렇게 생난리를 치던 통합진보당의 내란음모 사건도 법원이 내란혐의에 대해 무죄판결을 내리는 바람에 주동자들만 억지로 감옥에 보내는 수준에 그쳤다. 간첩 사건 조작도 예전 같지 않아서 사건을 터뜨려도 얼마 지나지 않아 조작질이 백일하에 드러나는 일이 반복되었다. 한국인들은 종북몰이의 위력이 예전 같지 않다는 사실을 경험을 통해서 이미 알고 있다. 심리학적으로 표현하자면, 한국인의 무의식은 이미 다 알고 있다!

대중이 종북몰이를 예전만큼 겁내지 않는다는 사실은 세월호 사건에서부터 분명히 드러나기 시작했다. 세월호 참사가 터지자 새누리당은 어김없이 종북몰이를 시도했다. 하지만 전혀 먹혀들지 않았다. 2016년 4월 총선에서는 해외 북한식당 종업원들을 집단으로 입국시키는 깜짝쇼를 벌였으나 총선 결과에 큰 영향을 미치지 못했다. 사드 반대 집회가 벌어졌을 때에도 새누리당은 재차 종북몰이를 시도했으나 주민들에게 조롱과 야유만 받았다.

종북몰이의 위력이 저하된 것은 역설적으로 박근혜 정부 덕이기도 하다. 예전의 독재 정권들은 비장의 무기로 아껴두었다가 중요할 때, 크게 한 방씩 터뜨리곤 했다. 반면에 박근혜 정권은, 통치 능력이 한계에 부딪혀서 그랬겠지만, 집권 초기부터 종북몰이를 남발했다. 지나친 남발은 공포를 줄이는 결과를 낳았다. 호랑이가 옆집에 살고 있어서 매일 보면 무섭기는커녕 만만하게 느껴질 수도 있다. 심리학적으로 말하자면 둔감화 효과가 나타나는 셈이다.

박근혜 정권이 말도 안 되는 것에다 종북 딱지를 붙여대다 보니 이제는 마치 일일연속극 대하듯이 '그저 그런갑다.' 하는 식상한 반응을 보이거나 비웃게 되었다. 박근혜의 퇴진을 요구하는 촛불집회가 막 시작되었을 때, 새누리당 의원들은 결의대회를 열고 촛불 배후에 종북 세력이 있다고 주장하며 빨갱이들로부터 나라를 지키자고 악을 썼다. JTBC에서 이를 보도하는 과정에서 기자가 이 대목을 언급하자 손석희 앵커는 웃음을 참지 못해 키득거렸다. 예전 같았으면 공포로 얼굴색이 하얘질 법한 상황에서, 어이가 없어서 웃음을 터뜨리는 이 장면은 꽤 상징적이다.

지역주의는 급속히 퇴조할 것이다

지역주의가 한국의 발전을 가로막아온 요인의 하나임을 부정하는 사람은 많지 않을 것이다. 그런데 이 지역주의를 언급하면서 괴상한 양비론을 펼치는 사람들이 있다. 예를 들면 영남이 새누리당에 몰표를 주는 것을 지역주의라고 비판하는 데 머물지 않고 호남이 야당에게 몰표를 주거나 새누리당을 찍지 않는 것까지 지역주의로 매도하는 것이다. 영남의 새누리 지지는 분명 지역주의가 맞다. 가난한 다수의 영남인들이 새누리당을 지지하는 것은 자기한테 손해가 되는 일종의 계급 배반 행위이기 때문이다. 그러나 호남이 새누리당에게 표를 주지 않는 것은 새누리당이 영남당이어서가 아니라 극우 정당이어서다. 호남이 민주당을 호남당이라서 무조건 지지해온 것이 아님은 지난 총선에서 국민의당을 선택함으로써 분명하게 드러났다. 따라서 호남의 극우 세력 비토는 칭찬받을 일이지, 지역주의로 매도당해서는 안 된다.

영남의 지역주의는 왜 생겨났을까? 이 주제는 『트라우마 한국사회』에서 다뤘으므로, 지역주의에 영향을 미친 심리적 요인을 세 가지로 간단히 요약해본다.

첫째, 공포. 영남, 특히 경북은 해방을 전후한 시기에 진보운동의 중심지였다. 해방 직후의 10월 민중항쟁에서부터 1960년의 4.19혁명 시기까지 경북은 항상 진보운동의 선봉에 서 있었다. 수많은 진보운동가를 배출했던 안동은 한때 한국의 모스크바로 불리기도 했다. 그러나 해방 정국에서부터 6.25 전쟁을 전후한 시기에 경북 지역의 진보운동가들은 극우 세력의 가혹한 탄압과 학살로 엄청난 피해를 입었다. 여기에 더하여 박정희가 집권하면서 진보운동의 중심지였던 경북에는 또다시 피바람이 몰아쳤다. 박정희의 전통적 지지 기반이 경북이 아니라 호남이었던 사실이 보여주듯, 경북은 박정희 정권하에서도 야성을 잃지 않고 저항했으나 결국에는 큰 피해를 입으며 패배했다. 대표적인 것이 1, 2차 인혁당 사건이다. 박정희 정권은 쿠데타 집권 이후 1964년 인민혁명당 사건을 조작 발표했고 또한 1972년 10월 유신으로 종신 독재를 꾀하던 중 1974년 이른바 인혁당 재건위 사건을 만들어낸다. 후일 1, 2차 인혁당 사건은 국민의 레드 콤플렉스를 자극하고 공포 통치를 강화하기 위한 조작 사건으로 모두 밝혀졌지만, 경북 지역 진보 세력의 씨를 말리는 효과를 발휘했다. 인혁당 재건위 사건으로 사형을 선고받고 대법원 확정 판결 이후 20시간 만에 사형에 처함으로써 국제적인 비난을 샀던 이른바 '사법 살인'의 희생자 도예종, 서도원, 하재완, 이수병, 김용원, 우홍선, 송상진, 여정남을 비롯해 실형을 선고받은 사건 관계자 상당수가 영남 특히 경북 지역의 진보운동가이거나 본적이 경북인 사람들이었다. 빨갱이로 찍히면 죽는다는 공포가 경북을 뒤덮었음은 물론이다. 이것은 경북이 보수의 아성이 된 과정이 공포로 인한 이데올로기 수용임을 보여준다.

둘째, 우월감과 죄의식. 아버지가 큰아들을 편애하고 작은아들을 차별하면 큰아들은 아주 못된 사람이 될 수 있다. 즉 큰아들은 기고만장해져 아버지와 자신을 동일시하며 동생을 괴롭히는 우월감의 화신이 될 수 있다. 영남은 소위 개발경제의 수혜자인 반면 호남은 피해자다. 즉 박정희 정권은 영남은 편애하고 호남은 차별했다. 그 결과 영남인 일부는 우월감에 물들어 박정희 정권과 자신을 동일시하며 호남을 깔보게 되었다. 한편, 아버지가 큰아들을 편애하고 작은아들을 차별하면 큰아들은 죄의식에 시달릴 수 있다. 차별은 곧 학대이므로 아버지가 동생을 차별하는 장면을 지켜보는 것은 괴롭기 짝이 없다. 그 괴로움을 방어하기 위해 영남을 추어올리고 호남을 깎아내리는 합리화를 시도하는 과정에서 서서히 편견에 물들게 된다. 또한 큰형은 아버지의 사랑을 독차지한 자신을 동생이 미워하지 않을까 노심초사하고, 언젠가는 동생이 자기한테 보복을 하려 들지도 모른다는 생각에 불안해진다. 그 결과 호남을 더 미워하며 공격하게 된다. 김대중 정권이 탄생하던 무렵, 영남인들이 무슨 큰일이라도 날 것처럼 호들갑을 떤 것은 이런 심리 기제와 무관하지 않다.

셋째, 심리적 유착. 심리적 유착이란 누군가에게 마음을 주고 정을 줌으로써 그와 심리적으로 떨어질 수 없게 되는 것을 말한다. 어떤 지도자를 응원하고 지지하는 것 역시 심리적으로는 정을 주는 것이므로 정치적 지지도 유착으로 이어진다. 정을 주는 것과 심리적 유착은 정비례 관계이다. 정을 많이 주면 그만큼 심리적 유착이 강하다는 것이다. 따라서 처음에는 경북 출신인 박정희나 전두환이 정치를 잘 했으면 하는 마음에서 지지를 하더라도 일단 지지를 하기 시작하면 심리적 유착 관계가 형성되므로 정치 성향을 바꾸기 어려워진다.

상대방에 대한 강한 심리적 유착을 끊을 수 있으려면 그에게 정을 줄만큼 줬다고 느끼는 동시에 더 이상 정을 줄 가치가 없는 사람임을 깨달아야 한다. 영남, 특히 경북은 박정희, 전두환 등에게 심리적 유착을 형성해왔다. 박근혜에게는 퍼스트레이디 시절부터 정을 주기 시작했고 그녀가 정치인이 되자 박정희에 대한 유착 관계가 박근혜에게로 전이되어 합쳐졌다. 부산은 김영삼이 야당 지도자였을 때만 해도 야도였다. 그런 부산이 왜 여도가 되었을까? 긴 세월 동안 부산이 마음과 정을 주며 밀어준 김영삼은 1990년, 극우 세력과 야합하는 3당 합당을 단행했다. 그는 부산 시민에게 호랑이를 잡으러 호랑이 굴에 들어가는 것이라며 자기를 믿어달라고, 도와달라고 호소했다. 김영삼과 이미 심리적 유착 관계에 있는 부산 시민은 그를 외면할 수 없었다. 이것은 마치 아버지의 후원에 힘입어 줄기차게 민주화운동을 하던 아들이 어느 날 호랑이를 잡기 위해 새누리당에 들어간다고 하자 아버지가 차마 자식과의 연을 끊지 못하는 상황과 유사하다. 부산은 김영삼과의 심리적 유착 관계로 인해 그의 배신을 지지했고, 김영삼의 배신을 지지한 것으로 죄의식에 시달리자 자기를 합리화하기 위해 계속 극우 세력을 지지하게 되었다.

지역주의가 퇴조할 수밖에 없는 것은 그것을 뒷받침하는 심리적 요인들이 사라져가고 있는 것과 관련이 있다. 첫째, 공포가 줄어들고 있다. 이 부분은 종북몰이 부분에서 설명을 했으니 생략하겠다. 둘째, 우월감과 죄의식도 축소되고 있다. 정권의 영호남 차별이 아직 남아 있기는 하지만, 과거에 비하면 현저히 줄어들었다. 자연히 영남이 우월감이나 죄의식을 느낄 필요도 줄어든다. 영남이 특별대우를 받지도, 호남이 노골적인 차별을 당하지도 않는 상황이 지속되면 될수록 영남의 우월감이나 죄의식은 그에 비례해 경감될 것이다. 김대중 정부가 탄생했어도 별다른 일이 없었으므로 호남에게 보복 당할지도 모른다는 불안이 자취를 감췄는데, 그 결과 두려움 때문에 호남을 미워하고 차별할 이유도 없어졌다.

셋째, 심리적 유착도 끊어졌거나 끊어지고 있다. 영남과 박근혜의 유착은 끝났다고 해도 과언이 아니다. 영남이라고 해서 과연 박근혜가 자격 미달임을 몰랐을까? 박근혜를 지지하던 사람들이 주로 '불쌍해서 찍어준다.' '여자니까 찍어준다.'라는 말을 했던 것은 그녀가 대통령감이 아님을 알고 있었음을 반증한 것이 아닐까. 함량 미달인데도 찍어준 것은 정을 줄 만큼 준 것이라 할 수 있다. 더욱이 박근혜는 최순실 사건으로 더 이상 정을 줄 가치가 없는 사람이라는 통렬한 깨달음을 영남에 안겨줬다. 따라서 영남의 극우 세력에 대한 무조건적 지지는 지속적으로 퇴조할 것이다. 영남에서도 부산은 김영삼과의 심리적 유착을 끊지 못해 극우 세력을 계속 지지해온 경향이 강하다. 그러나 이제 김영삼은 없다. 부산의 지역주의를 떠받치던 심리적 요인들이 사라지고 있고 노무현 효과까지 있으므로 부산은 대구보다 빠른 속도로 야성을 회복해나갈 것이다.

지역주의가 퇴조하고 있다고 해서 하루아침에 한국인의 정치적 성향이나 투표 성향이 바뀌지는 않을 것이다. 그러나 지역주의의 퇴조는 거스를 수 없는 대세이다. 이 흐름은 지역에 기반을 두고 있는 구시대적 정당의 몰락을 가져오는 대신, 이념 지향적인 전국 정당의 건설을 가시화시킬 것으로 예상된다.

세대 갈등은 약화할 것이다

지난 대선에서 2030세대는 문재인을 전폭적으로 지지했다. 하지만 5060

세대는 박근혜를 압도적으로 지지했다. 이를 두고 '세대투표'라는 말이 나왔고, 대선 직후 분개한 일부 젊은이들은 노인들의 무임승차를 반대하는 서명운동을 전개하기도 했다. 그리고 세대투표가 계속되는 한 야당이 승리하기가 점점 더 어려워질 거라는 비관적인 전망도 나왔다. 출산율 저하로 젊은 세대의 수는 줄어드는 반면 나이든 세대의 비중은 높아질 것이 그 근거로 제시되었다.

한국 사회의 세대 갈등이 심각하다는 것은 재론의 여지가 없다. 그러나 세대투표가 계속될 것이라는 주장은 재고되어야 한다. 현재 60~70년대 출생자들이 4050세대를 구성하고 있는데, 이들은, 상대적인 의미에서, 어린 시절에 실컷 놀면서 자라난 에너지가 강한 세대이다.[12] 에너지가 강하다는 말은 곧 이들의 저항 의지가 쉽게 꺾이지 않을 것임을 의미한다. 70년대 출생자들은 30대 무렵에 전 세대를 통틀어 가장 진보적인 정치 성향을 가지고 있던 세대다. 이들은 청소년기에 전교조의 영향을 받았고 노무현에 열광했으며, 연거푸 촛불집회를 경험하며 40대로 진입했다. 60년대 출생자들은 청년기에 학생운동을 중심으로 하는 민주화운동에 참여하거나 목격했고, 6월항쟁에서 시민이 승리하는 장면을 경험했던 세대다. 이들은 점차 나이를 먹어가면서 진보성을 상실하기도 했지만, 노무현 전 대통령의 비극적 서거와 세월호 참사 그리고 최순실 국정농단 사태로 인해 제자리로 돌아오기 시작했다. 나는 『트라우마 한국사회』에서 민주화 세대는 언제라도 진보로 돌아올 잠재력을 가지고 있다고 평가했는데, 최근 조사들에 의하면 이 세대에서 그런 경향이 실제로 나타나고 있다.

현재 2030세대는 시대착오적이고 권위주의적인 극우 세력을 꼰대라

고 부르면서 매우 싫어한다. 한때 2030세대에서 박근혜 지지율이 0퍼센
트가 나왔던 데서 알 수 있듯이, 벼랑 끝에 몰려 있는 젊은이들은 변화를
원하고 있다. 이런 조건에서 최순실 사건을 기점으로 진보로 빠르게 회
귀하고 있는 4050세대가 2030세대와 힘을 합치면 어떤 결과가 나타날
까? 적어도 지난 대신처럼 2030세대는 야권에, 5060세대는 여권에 몰표
를 던지는 투표 행태는 사라질 가능성이 크다. 50년대 출생자인 60대는
분명히 보수 성향이 강하기는 하지만, 이 세대 역시 유신독재에 어느 정
도 저항했던 경험을 가지고 있다. 또한 이들은 맹목적으로 극우 세력을
지지하지는 않는, 상대적으로 합리적인 성향을 가지고 있다. 소위 꼴통
보수 세대는 아니라는 것이다.

결론적으로 개혁 세력이 어떻게 싸우느냐에 따라 달라지겠지만, 이번
대선의 경우 60대 이전까지의 세대가 야권 후보를 지지할 잠재력은 그
어느 때보다 높다고 보는 것이 타당하다.

청년기에는 진보적이지만 중년기 이후에는 보수화되는 것이 자연스러
운 현상이라고 하지만, 항상 예외는 있다. 한국의 나이 든 세대가 대선에
서 보수를 찍지 않게 만들고 그들이 보수화되는 것을 방지하는 결정적인
동력은 개혁 세력이 압도적인 힘의 우위를 가지고 극우 세력을 계속 밀
어붙이는 데 달려 있음은 분명하다.

파시스트에게
페어플레이는 없다

오늘날의 한국이 자살률 1위, 출산율 꼴찌의 헬조선이 된 것은 한국을 70여 년 넘게 지배해온 사대매국, 부정부패, 극우파쇼 집단을 청산하지 못한 것에 그 원인이 있다. 한국의 극우 세력은 보수가 아니고 보수가 될 자격도 없다. 이들은 털끝만큼의 애국주의나 민족주의도 없는 사대매국 노들이다. 이들은 탐욕은 끝이 없는 반면 도덕성과는 담을 쌓은 부정부패에 찌든 도적들이다. 이들은 기득권을 유지하기 위해서 국민을 빨갱이, 종북으로 몰아 학살하고 탄압해온 극우 파시스트들이다. 이 극소수 집단은 시민이 세상을 바꾸기 위해서 일어설 때마다 그들을 종북몰이로 잔인하게 진압하면서 잔명을 유지해왔다. 애국심도 능력도 도덕성도 민주적 소양도 없는 세력이 모든 권력과 부를 거머쥐고 있는 한, 한국에 미래는 없다. 따라서 2017년 대선은 이들을 청산하는 결정적인 계기가 되어야 한다.

국민에게 버림받을 때마다 극우 세력은 가면을 바꿔 쓴 채 다시 나타나 국민을 속여 왔다. 그러나 늑대가 양의 탈을 쓴다고 해서 양이 될 수는 없듯이 파시스트가 민주주의자의 가면을 쓴다고 해서 민주주의자가 될 수는 없다. "파시스트는 페어플레이의 대상이 아니다."라는 말을 반드시 명심해야 하는 이유가 바로 여기에 있다. 김동춘 성공회대 교수의 글 일부를 옮긴다.

일찍이 중국의 대문호 노신이 말했고, 리영희 선생도 여러 번 인용했던 것처럼 "파시스트는 페어플레이의 대상이 아니다." 노신은 1911년 신해혁명으로 완전히 물러날 것 같던 중국의 군벌들이 잠시 죽은 시늉을 하다가는 다시 살아나 민주주의를 유린하고, 선량한 국민이 군벌 권력자들의 먹이가 되는 참담한 상황을 겪었다. 노신은 사람을 물었던 개는 물에 있거나 물속에 빠졌거나 모조리 몽둥이질을 해서 혼을 내야 한다고 말했다. 왜냐하면 그 개들이 너무나 불쌍해 보여, 이제 다시는 사람을 물지 않을 것이라고 동정한 나머지 살려주면, 나온 다음 도망을 가거나 다시 사람을 물게 된다는 것이다. 개의 본성은 '도의'라는 것이 없기 때문이라는 것이 그의 주장이다. 70년 한국의 역사가 노신의 경고를 확신시켜주었다.[13]

2016년, 우리 국민은 기나긴 어둠을 뚫고 촛불을 치켜듦으로써 파시스트들과의 일대 결전에 떨쳐나섰고, 이제 행복을 위한 행군을 멈추지 않을 것이다. 파시스트들 역시 다시금 잃어버린 그들의 지배력을 되찾기 위해 총력전을 펼칠 것이다. 2017년 대선의 본질이 바로 여기에 있다. 국민과 파시스트 집단이 정면으로 맞부딪치는 전쟁이다.

전쟁의 승패를 좌우하는 요인에는 여러 가지가 있지만, 그중 가장 중요한 요인은 정신력 혹은 사기이다. 맨손 맨주먹의 국민이 권력과 부를 독점하고 있는 파시스트들과의 전쟁에서 승리하려면 정신력에서 상대를 압도하고 사기가 충천해야 한다. 따라서 2017년 대선에서 야권 대선주자의 역할은 무엇보다 국민의 정신력을 고양시키고 사기를 진작시키는 것이어야 한다. 즉 올바른 시대정신으로 국민을 일깨워 정치의 주체로 세우고, 종북몰이에 종지부를 찍고, 파시스트들을 궁지로 몰아넣는 막중한 임무가 그에게는 놓여 있다.

이제 한국은 새 시대, 새 사회로 나아갈 준비를 끝마쳤다. 차디찬 혹한의 추위 속에서도 촛불을 끄지 않은 채 기어이 봄을 맞이하는 국민들에게 최대한의 경의를 표한다! 미래는 싸우는 우리 국민의 것이다.

박근혜 심리분석

헌정 사상 처음
파면당한 대통령

· 편집자 주

지난 2015년 4월, 최순실의 국정농단이 드러나기도 한참 전 저자는《프레시안》과의 인터뷰를 통해 당시 박근혜 대통령의 심리분석을 내놓았는데, "연산군과 유사한 심리 상태" "대통령 하기 싫은 대통령"이라는 요지의 주장을 펼쳤다. 이 인터뷰는 상당한 화제를 모았다. 당시 온 국민이 대통령의 정신 상태를 궁금해했기 때문이다. 도무지 상식으로는 그의 행태를 이해할 수 없었으니까. 1년여가 흐른 뒤, 저자의 분석은 사실로 드러나며 다시금 회자되었다.

이 인터뷰는 권력을 가지려는 자, 대통령 후보의 심리분석 필요성을 새롭게 불러일으켰다. 헌정 사상 최초로 탄핵 당한 대통령, 박근혜와 같은 문제적 정치인을 더 이상 역사의 무대로 불러올리지 않기 위해 정치인의 심리 상태와 내적 동기를 들여다볼 필요가 드러난 것이다.

2015년 4월에서 2016년 10월까지, 약 1년 반에 걸쳐 세 차례 진행된 인터뷰 기사 중 박근혜 전 대통령에 관한 내용을 모아 책의 부록으로 게재한다. 앞에서 다룬 2017 대선후보 심리분석과 비교하여 읽어도 유의미하다.

기사는《프레시안》기자 이명선과 전홍기혜가 작성했고, 저작권자에게 사용 허락을 받았음을 밝힌다.

"박근혜는 연산군, 대통령 하기 싫다"

인터뷰·1 2015년 4월 29일, 5월 1일[1]

박근혜 대통령의 집권 기간 동안 이상하게도 풍문과 음모론이 난무한다. 사상 첫 여성 대통령(그것도 미혼인)에 대한 저급한 관심 수준이 아니다. 기존의 정치적(더 좁히자면 정치공학적) 분석만으로는 이해가 안 되는 대통령의 행태가 원인이다.

세월호 참사, 청와대 문건 파동, 성완종 리스트 파문 등 정치적으로 큰일이 터질 때마다 박 대통령은 늘 문제를 직면하지 않고 회피했다. 몰리고 몰려서야 한마디 툭, 그것도 '유체이탈' 화법을 구사하는 게 다였다. 그리고 책임을 물어야 할 참모들을 내치는 게 아니라 오히려 더 꼭꼭 감싸안았다. "이해가 안 되니, 각종 음모론이 난무"할 수밖에 없었다.

『트라우마 한국사회』, 『싸우는 심리학』 등의 저자인 김태형 '심리연구소 함께' 소장을 찾은 것도 박근혜 대통령의 통치 행태에 대한 '이해'를 좀 더 깊이 하고 싶다는 생각에서다. 인터뷰 첫 질문에서부터 기자는 '멘탈 붕괴'에 빠졌다. 하지만 그의 충격적인 심리분석은 들으면 들을수록 설득력이 있었다.

박근혜, 대통령 하기 싫다?

프레시안 박근혜 정부 들어, 정치학적이 아닌 심리학적·정신분석학적으로 대통령을 해석하고 이해해야 하는 일이 늘고 있다. 2012년 대선 당시 박근혜 후보와 2015년 집권 3년 차 박근혜 대통령 사이에는 엄청난 간극이 있는데, 통치자 박근혜의 심리와 정치 행위를 설명한다면?

김태형 박근혜 대통령의 국정 운영 스타일을 보면, 대통령 하기 싫은 사람이 대통령이 된 경우다. 박근혜라는 사람은 대통령이 되고 싶거나 대통령 할 생각을 하지 않았을 것이다. 다만, 표를 얻을 힘이 있기 때문에 극우 보수 세력이 일종의 '정치 상품'으로 키웠고 그렇게 대통령까지 됐다고 보여진다. 어쨌든 박근혜 개인은 하기 싫은 배역을 맡아서 억지로 하고 있는 상황이다.

해프닝에 그쳤지만, 대통령 후보 출마 선언 당시 무의식적인 상태에서 "대통령직을 사퇴합니다."라고 말했다. 사실은 하기 싫었던 거다. 프로이트가 봤다면 "쟤, 대통령 하기 싫어해!"라고 했을 것이다. (웃음) 그런 말이 그냥 실수로 쉽게 나올 수 없다. 프로이트는 "실수에도 다 뜻이 있다(Freudian slip)."라고 했다. 대선에 출마하기도, 대통령 하기도 싫었던 것이다.

프레시안 '박근혜에게 대통령에 대한 의지가 없다.'라는 분석이 흥미롭다. 하지만 일반적으로 박 대통령은 독선적이고 권력욕이 강한 사람

대통령 선택의 심리학

으로 알려졌다. 특히 18년 가까이 은둔 생활을 하다 정치권으로 돌아온 데에는 어떤 욕망이 있기 때문 아닐까?

김태형   심리학자가 보기에 박 대통령은 권력욕이 없으며 사람을 믿지 못하는 성향이 있다. 물론, 권력에 대한 욕망이 어느 정도는 있을 것이다. 무엇보다 아버지인 박정희 전 대통령에 대한 세간의 평가를 자신의 기준으로 바로잡아야 한다고 생각하고 있기 때문이다. 그러나 극우 보수 세력의 설득이 없었다면 박 대통령은 정치권에 다시 발을 디딜 사람이 아니었다.

정치하는 사람은 사람을 만나고 세를 확장하려고 한다. 그런데 박 대통령은 정치권에 들어와 지금까지 '내 역할 다 했지? 그럼, 집에 가 쉴래.'라는 태도를 보였다. 이런데, 어떻게 정치에 대한 욕망이 있다고 볼 수 있겠는가. 대통령직을 수행하기 싫은 사람이다.

또 박 대통령은 주도성이 없다. 자신이 나서서 무언가를 하려고 하거나, 어떤 일이 닥쳤을 때 이를 감당할 뚝심이 없다. 맡은 일을 하기 싫어하는 사람의 전형적인 모습이다. 어려움이 닥치면 회피하고 이 말 했다 저 말 했다 하며 빠져나갈 궁리만 한다.

박근혜는 연산군이다?

프레시안   역대 왕이나 대통령 중 박 대통령과 유사한 심리를 가진 사람은?

김태형 『심리학자, 정조의 마음을 분석하다』에서 성종의 장남이자 폐비 윤 씨의 아들인 연산군(조선의 10대 왕)의 심리를 분석했는데, 박 대통령의 심리 상태는 연산군과 비슷하다.

연산군은 예닐곱 살 어린 나이에 어머니를 잃었다(1482년 성종 13년 폐비 윤씨 사사賜死사건). 이후 그는 생존 위협에 시달리며, 세상에 대한 불신감 · 정서 불안 · 애정 결핍 · 자신감 결여 · 방어적 태도 · 의존심 · 심한 분노 감정 등을 갖게 됐다. 당시 수구 보수 세력인 훈구파는 그런 연산군을 기어이 왕으로 옹립해 이용했다. 연산군은 기본적으로 사람을 믿지 못하고 의심하는 한편, 자신을 보호해줄 사람에게 지독히 의존했다.

박 대통령은 22세에 어머니를 잃고, 5년 뒤 아버지마저 잃었다. 무서운 세상에 홀로 남겨진 경우다. 기본적으로 겁이 많을 수밖에 없다. 그래서 권좌에 앉았어도 정권에 비판적인 세력을 두려워한다. 연산군이 무오사화와 갑자사화를 일으킨 이유이기도 하다. 왕에게 불만을 품은 무리들이 늘 자신을 죽일 것으로 생각했다. 선제공격한 것이다. 잔인한 성품이라서가 아니라, 정신적으로 약하고 겁이 많아서다.

또 연산군이 할머니인 인수대비와 친인척에게 의존하다 자신의 인생을 망쳤는데, 박 대통령 역시 측근 중에서도 최측근에게만 의존하는 정치를 하고 있다. 지난해 '비선 실세' 의혹에 휘말린 정윤회 씨를 비롯해 청와대 김기춘 전 비서실장, '문고리 권력'으로 불리는 이재만 총무비서관과 안봉근 행정관 등을 제외한 다른 사람은 심리적으로 아예 믿지도 않고, 또 믿을 수도 없다.

프레시안   김기춘 전 비서실장을 포함한 일명 '십상시'가 국정을 농락하고 있다는 풍문이 어느 정도 일리 있다는 말인가.

김태형   박 대통령은 심리적으로 의존 상대가 필요하다. 하지만 사람을 믿지 못하기 때문에 그마저도 극소수다. 그리고 이들 소수는 박근혜를 다룰 줄 아는 사람들이다. 박 대통령 본인도, 심리적으로 굉장히 의존하고 있을 것이다.

박 대통령이 말을 더듬거리는 모습이 TV에 자주 노출된다. 말의 앞뒤가 맞지 않는다. 이 정도면 심각하다. 정서적으로 불안정할 뿐 아니라, 사안을 대하는 태도도 긍정적이지 않다는 신호다. 정서적으로 이미 패닉 상태(공황 상태)에 들어간 것으로 보인다.

프레시안   그렇다면 현 정권의 주인, 실질적 권력자가 정말 누구인지 의문이 든다.

김태형   박근혜 정권은 수구 보수 세력의 공동 정권일 수 있다. 물론, 실세가 누구냐에 따라 정권의 주인이 달라질 테지만…. (웃음)

참, 비극이다. 박근혜는 지도자로 유례없는 정말 특수한 유형이다. 아마 극우 보수 세력은 박근혜라는 정치 상품이 없었다면, 이명박 전 대통령 이후 재집권하기 어려웠을 것이다. 2007년 대선은 돈을 향한 사람들의 욕망이 하늘을 찌를 때였다. 여기에 노무현 정권의 실정(失政)이 겹치면서 이명박 씨가 대통령이 됐다. 하지만 역대 최악의 정부라고 해도 과언이 아니지 않나. 이때 극우 보수 세력은 정권 재창출용으로 박근혜라는 카드를 요긴하게 썼고, 또 성공했다.

선거에서는 '심리적 결합'이라는 게 중요하다. 60세 이상 노년층은 '영애 박근혜'에게 측은지심이 있다. 감정적 유대가 한번 형성되면 끊기 어렵다. 반면 젊은층은 이런 유대가 전혀 없다. 박 대통령과 주변 사람들이 시대착오적인 인물이기 때문에, 무슨 일을 벌여도 표를 주지 않는다. 극우 보수 세력은 박근혜가 집권을 위한 마지막 카드였을 것이다. 그래서 이후를 위해 내각제 개편 등을 고려하는 것이다.

박근혜, 7시간 동안 멘붕에 빠지다?

프레시안 현재 박 대통령의 심리 상태는 말이 아닐 것 같다. 하고 싶지도 않은데, 책임질 일이 많은 위치다. 국정원 대선 개입 사건, 세월호 참사, 정윤회 문건 파동 등 자아분열을 겪지 않을까 걱정될 정도다. 심리적으로 극복할 수 있을까?

김태형 지난해 4월 16일 세월호가 침몰하는 과정에서 7시간 동안 사라진 것도 관련이 있다고 본다. 다른 일정이 있어서가 아니라, 일단 상황을 피하고 본 것이다. 사건 자체가 워낙 충격적이었기 때문에 어쩔 줄 몰라 하며, 일 처리를 측근에게 맡긴 후 7시간 동안 제정신이 아니었을 수도 있다(멘탈 붕괴). 그러니, 그날의 행적을 밝힐 수가 없었던 것이다.

프레시안 　대중 앞에 도저히 나설 수 없는 상황이었다는 말인가.

김태형 　'대통령 실종 7시간'은 정신적 붕괴를 진정시킨 시간이었을 것이다. 추측이지만…. 박 대통령 임기 중 세월호 참사와 같은 국가 재난 상황이 또 발생한다면, 아마 비슷한 태도를 보일 것이다.

프레시안 　박 대통령이 지난해 5월 19일 세월호 대국민 담화 때 눈물을 흘렸다. 일부 비판에도 불구하고, 여론을 반등시킨 효과가 있었다.

김태형 　당시 상황에서는 어쩔 수 없이 눈물을 흘렸어야 했다. 박근혜의 위치가 대통령이 아니었다면 세월호 참사에 대한 물리적, 정서적 접근이 달랐을 것이다. 하지만 국정 운영을 주도적으로 하는 대통령도 아니고, 직(職)에 대한 애정이 있는 것도 아닌 데다가 시련을 이겨낼 힘도 없다. 그래서 1년이 지난 오늘까지도 세월호 참사를 은폐하려고만 하는 것 아닌가. 해결 능력이 없는 것이다. 박 대통령이 정말 통치 능력이 있었다면 세월호 참사와 관련한 논란을 1년 전에 어떻게든 끝냈다. 주변 측근에게 책임을 물어서라도 사건을 정리했어야 했다. 1년이 넘도록 진전도 없이 세월호 논란을 끌고 가는 것 자체가 미련한 짓이다. 쉽게 사그라질 성질이 아닌데, 세월호 참사를 유야무야 1년 이상을 끌고 왔다는 것은 통치자로서 굉장히 미련한 짓이다. 사건 수습을 주도적으로 할 의사가 없다고 봐야 한다.

'친박' 올드보이의 한계

프레시안 집권 여당이 세월호 유가족에게 종북 공세를 한 것 자체가 사건의 진상을 규명하고 관계를 회복할 의지가 없다는 것을 단적으로 보여준 것 아닐까?

김태형 박근혜 측근의 정치력이 박근혜의 정치력이라는 점을 보여주는 것이다. 박 대통령을 위시한 극우 보수 세력도 그렇게 정치력이 있는 집단은 아닌 것 같다. 사실 극우 보수 세력은 무능하고 부패해 한국을 통치할 능력이 없다고 본다. '박근혜'라는 카드가 아니었다면, 이미 교체됐어야 했다.

김기춘 전 비서실장은 박정희 유신 정권 시대, 이완구 전 국무총리는 전두환 군사 정권 시대 인물이다. 모두 옛날 방식이다. 현안에 대한 사고도 보수 언론인 《조선일보》《중앙일보》《동아일보》보다 느리다. 이슈를 주도하기보다 따라가는 스타일 아닌가. 이들이 기껏 할 수 있는 정국 주도법은 종북 공세 아니면, '이석기 내란 음모 사건'처럼 의외의 일을 터트려 충격을 주는 것이다. 시대착오적인 인물들이 정권을 잡았을 때 나타날 수 있는 한계가 명확하게 드러나고 있다.

프레시안 사건이 발생할 때마다 끊임없이 음모 혹은 공작설이 나온다. 이유가 뭘까?

대통령 선택의 심리학

김태형 정권을 잡은 극우 보수 세력 자체가 국가 철학이 없다. 박근혜를 중심으로 한 집단이 자신의 철학을 일관성 있게 추진해야 하는데, 그런 게 없다. 그저 순간의 위기를 넘기는 식으로만 처신하고 있다. 2012년 대선 당시 민주통합당 문재인 후보가 '경제민주화'를 들고 나오자, 새누리당 박근혜 후보가 '나도 할래요.'라고 했다. 줏대 있는 사람이라면 '나는 보수니까 안 한다.'라며 선을 분명히 그었어야 했다. 그런데 현 집권 세력은 그런 철학이나 정체성이 없다. 그래서 '순간의 위기를 어떻게 넘길까?'에만 골몰한다.

통치 철학의 부재가 결국 음모와 공작설 등 온갖 이야기의 배경이 되고 있다. 그런 점에서 박정희·전두환보다 능력이 부족하다. 이들은 나쁜 사람이었지만 자기 철학을 바탕으로 한 리더십이 있었다. 그런데 박 대통령은 철학이 없다 보니 일 역시 투명하게 집행되는 게 없다. 측근이나 내부에서도 쑥덕쑥덕해서 순간의 위기를 넘길 카드 하나를 꺼내는 식이다. 이 카드가 실패하면 또 쑥덕쑥덕하고. 그러니 예측이 안 되고, 예측이 안 되니, 사람들은 추측하고 상상하게 된다.

(중략)

프레시안 다른 지도자의 캐릭터도 궁금하다. 이명박 전 대통령은 어떤 사람이라고 말할 수 있나?

김태형　양아치다. 그것도 아주 교활하고 색깔이 분명한…. 그런데 철학이 있다. 다름 아닌, 돈! 돈을 벌기 위해 대통령이 됐고, 돈을 벌었기 때문에 퇴임 후에도 만족하며 살고 있다. 아주 일관성 있다. 2008년 촛불 집회 당시 청와대 뒷산에 올라가 노래 '아침이슬'을 불렀다고 했다. 이런 점에서는 박 대통령보다 조금 유연하다고 할까? 교활하다고 할까? 아무튼 처세술이 뛰어난 사람이다. MB가 늘 "나도 해봐서 아는데!"를 외치지 않았나. 수준 높은 처세가 아닌, 저급한 처세다.

프레시안　박 대통령의 아버지 박정희 전 대통령은?

김태형　박정희 전 대통령은 야심가이면서 기회주의자였다. 콤플렉스가 많아 내면이 복잡한 사람이었다. 무엇보다 정체가 불투명한 사람이었는데, 당시 미국과 북한 모두 그가 좌파가 아닐까 의심할 정도였다. 한 마디로, 현대사가 만든 괴물 또는 기형이라고 볼 수 있다.

박정희-박근혜 부녀 모두 인간을 깊이 있게 신뢰할 수 없는 캐릭터다. 박정희 전 대통령은 상대방을 배신했던 경험이 많았던 만큼 기본적으로 사람을 믿지 못했다. 특히 여자에 대한 불신이 상당해 여성 편력을 보이기도 했다. 결국 자신의 오른팔이었던 김재규 중앙정보부장에게 배신당해서 죽었다.

'이런' 지도자를 기대한다

프레시안 시대를 대변할 지도자에게 요구되는 점은?

김태형 민주 정부 10년, 보수 정부 10년을 거친 한국 사회는 현재 과도기다. 21세기형 새로운 리더가 나와야 한다. 새로운 시대를 이끌어갈 철학을 가진 사람이 나와야 한다. 물질주의를 인간 중심주의로, 대중적으로 전환할 수 있는 지도자가 나와야 한다. 무엇보다 극우 보수 세력의 마지막 발악을 제압할 수 있는 전투력이 필요하다.

재벌이 강고하다고 하지만 극우 보수 세력처럼 통치에 목매며 종북을 무기로 삼는 이들이 아니다. 재벌은 실용주의가 우선이라 돈이 된다면 통일도 마다치 않을 사람들이다. 남북 간이 협력해 살 수 있다면 기득권을 내려놓을 가능성이 큰 쪽은 오히려 재벌, 즉 한국의 자본가들이다. 민주 진보 세력의 힘이 세지면, 이들의 동맹은 해체될 가능성이 크다.

새 지도자에 의해 인간 중심주의로 패러다임이 전환되면, 자본가 중 상당수는 이탈할 것이다. 극우 보수 세력이 한국 사회를 지배하고 있기 때문에 어쩔 수 없이 결탁하고 있는 모양새다. 이들은 극우 보수 세력이 형편없다고 생각하면 언제든 대안 세력을 찾을 것이다.

그나마 한국 재벌은 미국의 경우와 반대다. 재벌이 극우 보수 세력을 만들고 조정하는 게 아니라, 정치권이 권력을 앞세워 재벌에게 횡포를 부려가며 돈을 뜯었다. 그래서 한국 자본가들은 극우 보수 세력을 싫어한다. 이병철 전 삼성그룹 회장이 박정희 전 대통령을 싫어한 것은 유명하다. 정주영 전 현대그룹 회장은 전두환 전 대통령에게 돈을 하도 많이 뜯겨 노골적으로 싫어했다. 그리고 이건희 회장은 1995년 중국 베이징에서 "기업은 2류, 행정은 3류, 정치는 4류"라고 말했을 정도로 정치에 부정적이다.

또한 미국이 쇠퇴하면서 한국에서의 영향력도 퇴조하고 있다. 민주 정부의 성과인 개성공단을 둘러싼 재벌과 극우 보수 세력 간 알력도 지켜볼 일이다. 재벌 상당수는 개성공단 정상화를 바라고 있다. 이런 측면에서 극우 보수 세력이 시대에 뒤처진 집단으로 인식되는 순간, 인간 중심주의를 바탕으로 한 극적 변화의 가능성도 내다볼 수 있다.

대통령 선택의 심리학

"박정희·전두환보다
더 배신당할 것"

인터뷰·2 2016년 4월 27일[2]

꼭 1년 만이다. "박근혜 대통령은 연산군, 대통령 하기 싫다."라는 파격적인 심리분석으로 화제를 모았던 김태형 소장을 다시 만났다. '선거의 여왕'이라던 박근혜 대통령이 처참하게 깨진 4.13 총선에서 드러난 민심을 어떻게 보고 있는지, 또 이런 충격적인 결과를 박 대통령은 어떻게 받아들이고 국정 운영을 할 것이라고 전망하고 있는지 궁금해서다.

4월 13일, 애인과 헤어지다

프레시안   4.13 총선이 '새누리당 완승, 개헌 가능한 의석 수 차지'와 같은
기존 예측을 빗나갔다. 집권 여당인 새누리당은 원내 제2당이 됐
고, 여소야대 국면이 마련됐다. 선거 전, 이런 결과를 예상했나?

김태형   새누리당이 아닌 야당 쪽으로 표가 많이 갈 것을 예상했다. 야권
후보 단일화가 안 돼서 새누리당이 어부지리로 다수당이 될지언
정, 정당 득표율은 야당이 우세할 것으로 내다봤다.(중앙선거관리

위원회에 따르면, 지난 4월 13일 치러진 제20대 국회의원 선거에서 새누리당은 33.50%, 더불어민주당은 25.54%, 국민의당은 26.74%, 정의당은 7.23%의 정당 득표율을 기록했다.)

하지만 유권자들은 현명했다.(웃음) 개인적으로는 국회의원 당선 가능성이 높은 사람에게 표를 주고, 집단적으로는 집권 여당을 견제할 수 있도록 야권에 힘을 줬다. 그 결과 새누리당이 원내 1당에서 2당으로 떨어졌다. 놀라운 일 아닌가. 그런 점에서 예측의 일부는 빗나갔고, 일부는 맞았다.

프레시안 이번 선거 결과에 대한 민심, 어떻게 봐야 할까.

김태형 1년 전 인터뷰에서 "현재 집권 세력은 시대착오적인 유신 잔당들"이라고 했다. '시대착오적'이라는 말은 시대가 흘러가면서 점점 어려운 상황에 부닥친다는 것을 의미한다. 박근혜 정권 4년차인 현재 가시화되고 있다. 청와대와 새누리당은 새 시대를 감당할 수 없는 정치 세력이라는 점이 분명해졌다.

새누리당 입장에서 보면, 통치 역량의 부재가 그대로 드러난 선거였다. 새누리당이 정국을 주도하거나 국민을 통치하는 데 썼던 수법은 크게 두 가지였다. 첫 번째는 공안정국 조성과 종북몰이, 두 번째는 거짓말과 사기. 새누리당은 국민과 시대를 대변할 수 있는 이데올로기가 없기 때문에 두 가지로 버텨왔다.

그런데 이번 선거에서는 전혀 통하지 않았다. '북한 해외 식당 종업원의 집단 탈북'과 '북한 정찰총국 출신 대좌 망명' 등 선거

대통령 선택의 심리학

에 영향을 미치지 않았다. 외신도 '4.13 총선에서 북풍의 영향력이 없었다.'라며 놀라워했다. 앞으로 집권 세력의 종북몰이는 점점 더 통하지 않을 것이다.(미국의 《워싱턴 포스트》는 한국의 이번 총선에서 북풍은 별 영향을 미치지 못한 반면, 경제가 표심을 좌우했다고 분석했다.)

선거 막판, 새누리당은 엎드려 절하며 '잘 하겠다'고 반성했지만 국민들은 속지 않았다. 거짓말인 게 너무 뻔하니까. 새누리당의 한계가 드러난 셈이다. 새누리당은 이 시대를 무엇으로 헤쳐나갈 것인지, 고민하지 않을 수 없게 됐다. 선거 패배에 대한 내부 수습책도 없지 않나. 있을 수가 없다.

국민의 입장에서 보면, 고통이 더 이상 참을 수 없는 한계치에 다다랐다. 사람이 상처를 입고 고통을 느끼더라도 처음에는 버틴다. 하지만 어느 정도 한계에 이르면 표출한다. 참고 참았던, 누적된 고통이 이번 선거를 통해 '더 이상은 못 참겠다.'라는 민심으로 폭발한 것이다.

사실 애인과 헤어질 때도 한 번에 이별하는 것은 아니지 않나.(웃음) 여러 번에 걸쳐 불신이 쌓이고, 믿었다가 또 배신당하기를 반복하면 분노에 이른다. 그러다가 어느 순간 '이젠 안 되겠다.'라는 생각이 든다. 지금 민심이 그 상태다.

'선거의 여왕', 그 힘을 다하다

프레시안 지난 인터뷰에서 '박근혜 대통령은 집권 의지가 없는 사람'이라고 했다. 또 정권은 잡았지만 집권 의지가 없어 정국 운영에 손을 놓고 있다고 했다. 기존 생각과 너무 달라서 반응이 컸는데…. 김태형 소장의 말대로, 박근혜 대통령이 집권 의지는 없었을지 모르지만 권력 유지에는 강한 의욕을 보였다. 그리고 선거를 통해 권력을 유지해왔다. 하지만 사실상 전패했다. 이유가 무엇일까?

김태형 박근혜에 대한 지지는 '박근혜 정치력'에 대한 지지가 아니었다. 국민들이 '박근혜'에게 표를 주며 도왔던 것은 뛰어난 정치가여서가 아니다. 일단 기득권층의 박근혜 옹립 과정이 있었고, 민심에서는 어릴 적부터 박근혜를 봐왔던 심리적 유착 관계가 있었다. 애잔함, 또는 불쌍하다는 정서가 밑바탕이 된 '영애 박근혜가 한 번은 대통령을 해야 하지 않을까?' 하는…. 하지만 이 애잔함이 가진 위력은 단 한 번, 영애가 대통령이 될 때까지였다. '선거의 여왕'이라는 별명도 그래서 생긴 것이다.

하지만, 지지가 두 번 세 번 이어지려면 영애 박근혜는 정치력을 보여줬어야 했다. 그래야 '한 번 도와주고 끝낼 게 아니구나. 박근혜, 괜찮은 사람이네. 더 도와줘야겠다.'라는 마음이 생길 텐데, 대통령이 된 이후 그의 모습은 후회스러웠다. '그저 불쌍하다는 생각에 지지했는데, 내 생각이 틀렸구나.'라는 내면의 반성마저 불러왔다. '선거의 여왕'은 그래서 끝난 것이다.

박근혜 지지자들도 할 수 있는 한 다 해줬다고 생각할 것이다. '대통령 될 때까지 지지해줬으면 심리적으로 빚진 것 없지 않나. 이제는 그만 내려와라.'라는 심리로 유착 관계가 끝난 것이다.

대통령 선택의 심리학

이번 선거에서 보수 유권자 다수가 기권한 것은 이런 의미다. '선거의 여왕'을 더 이상 도와주지 않겠다는 뜻이다.

박근혜의 정치력은 굉장히 허구적이다. 국민적 지지 또한 허구적이다. 이성적인 판단에 근거한 지지라기보다는 심리적 유착 관계에 의한 일시적인 지지였기 때문에 한 번 붕괴하기 시작하면 굉장히 빨리 무너질 것이다.

프레시안　4.13 총선을 기점으로 붕괴되고 있다고 보는 건가.

김태형　그렇다.

프레시안　선거 전만 해도 박근혜 지지율은 무너지지 않는 '콘크리트 지지율'이라고 했다. 그런데 오늘(22일) 발표된 여론조사 결과, 박근혜 대통령 지지율이 20퍼센트대로 떨어졌다. 전통적인 지지층 중 상당수가 '선거'라는 시점에 맞춰 '더 이상 지지하지 않겠다.'라고 판단했다는 사실이 잘 이해되지 않는다. 조금 신기하다.

김태형　평상시 박근혜 대통령을 지지하는 것과 다시 국가를 맡기는 것은 차원이 다르다. 이때는 정말 신중하게 생각할 수밖에 없다. 유권자들이 이번에도 박근혜 대통령을 지지했다면 국민적 심리가 정상이 아니라고 생각했을 것이다.(웃음) 4.13 총선 전에는 이해 가능한 수준이었지만, 집권 3년 동안 이어진 실정에도 불구하고 또 새누리당에게 국가를 맡겼다면 이해 불가능이다. 나라의 존립이 위험하다고 본다. 다행히도 민심은 늘 납득할 정도만 움직인다.

'떨고 있는' 박근혜, 자기 세계에 갇히다

프레시안 수구 보수 세력의 옹립으로 대통령에 오른 박근혜, 그는 선거에서 질 수 있다는 생각을 한 번도 해보지 않았을 것이다. 지금 어떤 마음일까?

김태형 조금 과장하면 일종의 자폐 상태가 아닐까? 박근혜 대통령은 두려움이 많고 불안감이 크다. 이런 유형은 세상을 향해 방어막을 치고 산다. 그래서 갈수록 시야가 좁아진다. 바깥세상은 위험한 곳이고, 방어막을 친 안쪽만 안전하다고 생각하게 된다. 그러면서 자기 세계에만 빠지는 자폐 성향을 보일 수 있다. 인식도 당연히 왜곡된다.

심리학에서 인간의 인식이 왜곡되는 것은 사실 지적인 문제가 아니다. 심리적인 문제다. 망상(妄想)은 지적 수준이 낮은 사람에게만 생기지 않는다. 정신적으로 문제가 있다면, 피해망상에 사로잡히는 것 아닌가. 자폐 성향이라는 것도 지적 수준보다는 정신 건강과 관련이 있다. 박근혜 대통령은 정신 건강이 좋지 않기 때문에 심리적으로 폐쇄성을 띤다. 자기 안에 갇힌 사고, 즉 우물 안 사고를 하는 셈이다.

아마도 4.13 총선 결과를 받아들이지 못할 것이다. 자신에게 불

대통령 선택의 심리학

리한 결과나 비판을 받아들인다는 것은 정신 건강이 좋다는 의미다. '나에게 불리한 결과를 인정해도 나는 무너지지 않는다. 나는 버틸 수 있다. 나를 바꿔서 앞으로 더 나아갈 수 있다.'라는 자신감이 있어야 받아들일 수 있다. 하지만 정신 건강상 '난 붕괴될 것 같아. 더 이상 견디지 못하고 무너질 것 같아.'라는 생각이 들면, 못 받아들인다.

일반적으로 비판 수용을 잘하는 사람은 내면이 센 사람이다. 하지만 받아들이는 못하는 사람은 내면이 약한 사람이다. 비판을 받아들이면 스스로 무너질까, 두려워한다. 박근혜 대통령은 당연히 후자다. 선거 결과를 절대로 받아들일 수 없는, 자아가 약한, 마음에 기둥이나 힘이 전혀 없는, 두려움으로 가득 찬 사람이다. 앞으로 점점 더 인식이 왜곡될 가능성도 없지 않아 있다.

프레시안 선거 결과 권력이 의회로 넘어갔지만, 대통령의 임기가 1년 반이나 남은 상황에서 염려되는 게 있다. 국민은 이번 선거를 통해 '국정 운영의 방향을 바꿔달라'고 주문했다. 정상적인 대통령이라면, 더군다나 단임제이기 때문에 자신의 남은 임기를 국민의 마음을 달래는 쪽에 초점을 맞춰야 한다. 그래야 자신의 소속 정당이 다음 대선을 도모할 수 있다. 하지만 박근혜 대통령은 그럴 마음이 없어 보인다.

김태형 전혀 없다. 박근혜 대통령은 기본적으로 세상을 무서워하는 사람이다. 오히려 4.13 총선 이후 겁이 더 많아졌을 것이다. 박 대통령 입장에서는 이번 총선에서 의석을 많이 확보해서 중임제나 의원내각제 등 개헌을 노렸을 것이다. 왜냐하면? 무서우니까. 그런데 실패했다.

이 경우 합리적인 사고를 한다면, 표심을 파악해 국정 운영의 방향을 바꿀 것이다. 최소한 흉내를 내서라도 대통령 임기 말까지 국정을 안전하게 운영해야 한다. 하지만 박 대통령은 반대다. '앗, 이것 봐라? 존위를 보장하기 위해 시나리오를 세워놨는데, 이대로는 너무 위험하다.'라고 생각할 것이다. 그러면 자신의 권력에 더 집착하게 된다. 박 대통령은 오히려 무리수를 두는 방향에서라도 장기 집권이나 후기 구도에 집착할 가능성이 높다.

단, 새누리당 내 지지가 없을 가능성이 있다. 박 대통령의 정치력이라는 것, 사실 실체가 없지 않나. '선거의 여왕'의 유일한 이용 가치는 득표력이었다. 그런데 이번에 득표력이 없다는 사실이 판명 났다. 이용 가치가 떨어졌기 때문에 주변에서 박 대통령과 거리를 둘 것이다.

집권 세력과 지지층이 '박근혜'를 버리는 정도는 과거 박정희나 전두환 등 여권의 지도자를 배신한 것에 비하면 아무것도 아닐 것이다. 하이에나 떼가 엄청난 속도로 달려들어 물어뜯을 것이다. 그리고 박 대통령은 독자적인 지도력이 없기 때문에 민심 이반을 너머 여권 내부의 반란이 제어가 불가능한 수준으로 폭발할 가능성이 있다. 이런 권력 누수가 박 대통령의 무리수와 충돌하면, 내부에서 직접 '박근혜 제거'를 생각할 수도 있다.

대통령 선택의 심리학

프레시안 대통령에게 탈당을 요구한다거나 하는 방법으로?

김태형 그렇다. 또는 권력을 완전히 무력화시킬 수도 있다. 전혀 도움이 안 되니까. 선거 후유증을 겨우 잊고 나름 잘 진행되고 있는데, 박 대통령이 또 빨간 옷 입고 등장해 망칠 수도 있으니까.(웃음) 상황이 아주 이상하게 돌아갈 것이다. 흐름상 예측이 그렇다.

'박근혜 대통령 당선', 구(舊) 세력 마지막 작품

프레시안 새누리당의 대권 잠룡들, 오세훈-김문수-김무성 등이 이번 선거에서 무너졌다. '새누리당이 자생력을 잃었다.'라는 표현까지 나왔다. 박근혜 대통령이 다음 대선주자로 누군가를 세우고 싶어도 인물이 없는 곤란한 처지다.

김태형 그게 바로 '집권 여당이 시대착오적 세력'이라고 말한 이유다. 그나마 대선 이후 '박근혜의 득표력'으로 보궐선거 한 번 더 한 것 아닌가. 그런데 이 특수가 사라졌다. 새누리당 입장에서는 멘붕이 될 수밖에 없다.

결국 외부에서 수혈해야 하는데, 곤란해졌다. 반기문 유엔 사무총장은 '김대중 동행 보고' 건으로 위치가 불안정해졌다. 견제 세력이 조금만 흔들면, '반기문 바람'이 쉬 꺼질 수 있다. 새누리당은 안철수 대표 영입도 고려했을 텐데, 호남에서 가지 말라며 국민의당 발목을 잡았다.

그렇다면, 아주 참신한 인사를 영입해야 하는데 지금 어떤 사람이 초상집에 가겠나. 대권을 준다고 해도. 굉장히 곤란한 상황에 처할 것이다. 개인적으로는 울산 북구 윤종오 당선인 선거사무소를 압수수색한 것처럼 박 대통령이 무리한 행동을 할까봐 걱정된다. 눈에 뻔히 보이는 정치 탄압과 정치 공작, 앞으로 더 심하게 일어날 수도 있다.

민심 이반과 권력 누수, 그리고 반란이 이미 시작됐다. 언론에서 계속 흘러나온다. 어버이연합과 전경련의 커넥션은 시작일 뿐이다. 세월호 참사의 진상이 밝혀지면 분위기는 걷잡을 수 없을 것이다.

프레시안   설마, 임기도 못 채우는 것은 아닌지….

김태형   그건 예측 불가다. 박근혜 대통령 본인이 현명한 방향으로(4.13 총선 결과대로) 움직이지 않으리라는 것은 확실하다. 누가 코치를 해도 받아들일 수 있는 심리 상태가 아닐 것이다.

프레시안   박근혜 정부 1기는 김기춘 전 비서실장 등 올드 세력이 보좌했다. 이들은 '정치 공작의 달인'이기 때문에 시나리오대로 비교적 잘 진행해왔다. 사태를 수습하려 하지 않을까?

김태형   정치 공작의 달인은 맞는데, 어버이연합이나 서북청년단과 같은 시민단체를 만들어 친정부 집회를 하고 국정원을 통해 민간인을 사찰하고 댓글을 조작하는 것은 유신시대 방식이다. 구시대적이고 시대착오적이다. 2016년 현재를 살아가는 이들에게 통용되는 방식이 아니다. 좀 더 세련된 방식이라면 모를까, 유신시대 방식의 정치 공작으로 얻을 수 있는 것은 박근혜 대통령 당선이 끝이다. 그들이 나선다고 해도 현 사태를 수습하기는 어려울 것이다.

'비겁해진' 야당, 새누리당 적수 될까?

프레시안   이번 총선 결과를 긍정적으로 보면, 국민이 박근혜라는 구 정치 세력을 심판한 것이다. 그러나 다른 한편으로는 원내 1·2·3당의 정치적 색깔이 보수화되면서 진보정당의 몫은 더 줄어들었다. '민심이 정확하게 반영된 것일까?'라는 의문이 생긴다. 그리고 더불어민주당이나 국민의당이 기존 야당의 위치보다 더 오른쪽으로 이동했다. 국민에게 또 어떤 실망감을 줄지, 앞으로 민생을 얼마나 힘들게 할지 등 걱정이다. 선거 후 나타난 이런 흐름을 어떻게 보고 있나.

김태형   야당에 대한 불만도 집중적으로 표출된 선거였다. 사실 더불어민주당이 좋아서 표를 준 유권자는 많지 않다고 생각한다. 새누리당이 미워서 더불어민주당을 찍은 것이다. 호남이 이런 정서를 집중적으로 드러냈다. 일반적으로는 '더불어민주당, 너희들은 야당이 아니다.'라고 지적한 것이고, 진보적인 유권자들은 '더불어민주당, 너희는 새누리당 2중대 아니냐?'라며 정체성을 따져 물은 것이다.

특히 지난해 세월호 특별법 협상 당시 비상대책위원장 겸 원내 대표였던 박영선 의원이 선거 전, '더불어민주당(구 새정치민주연합)이 다수당이 아니라서 새누리당과 타협할 수밖에 없었다.'라며 (더불어민주당을) 찍어 달라고 했다. 선거가 끝난 지금, 더불어민주당은 새누리당을 제치고 원내 1당이 됐으며, 여소야대 국회가 됐다.(제20대 국회의원 의석수 현황은 더불어민주당 123석, 새누리당 122석, 국민의당 38석, 정의당 6석, 무소속 11석이다.)

그런데 세월호 문제에 적극적이지 않은 것 같다. 문재인 전 대표가 지난 16일 팽목항을 찾아 세월호 유가족을 만나고 자신의 트위터에 "이제야말로 세월호 특별법 개정하고 진상 규명이 필요하다."라고 했지만, 글쎄…. 유권자들은 이런 모습을 보면, 또 '너희도 (새누리당과) 똑같다.'라는 생각을 가질 수밖에 없다.

비례대표 정당 득표율만 놓고 보면, 더불어민주당(25.5%)이 국민의당(26.7%)에게 졌다. 더불어민주당에 대한 지지가 높지 않다는 뜻이다. 얼마나 말이 안 되는 일인가. 전국적으로 두 당의 득표율은 큰 차이가 나지만(더불어민주당 34.93%, 국민의당 6.85%), 정당 득표율은 국민의당이 높다. 국민이 더불어민주당에 대해 엄중한 심판을 내린 것이다. 그런데 과연 정신차릴까?

2017년에 있는 대통령 선거를 낙관하기는 어렵다. 야당의 우경화 현상뿐 아니라, 비겁화 현상 때문이다. 야당들이 겁이 많아졌다. 다른 말로 하면, '겁 도둑'이 됐다. 대선에서 어떻게 용감하게 싸울 것인지 우려된다. 그런 점에서 새로운 지도자의 부상이 요구되는 시점이다.

"정신 파괴된 박근혜,
폭주가 두렵다"

인터뷰 · 3 2016년 10월 27일[3]

대통령 한 사람으로 인해 민주주의 국가에서 샤머니즘 국가로 전락한 대한민국 국민들은 집단적 멘붕(멘탈 붕괴) 사태를 겪고 있다고 해도 과언이 아니다. 대통령이 특정인을 향한 '순수한 마음'으로 헌정 질서를 무너뜨린 작금의 사태를 1년 6개월 전에 예언(?)한 사람이 있다.

정확히 말하면 '예언'이 아닌 과학적 분석에 기반한 '예측'이었다. 그는 인물 심리분석을 통해 박근혜 대통령을 "심리적으로 의존 상대가 필요"하며 "대통령 하기 싫은 사람"으로 연산군에 비유했다. 이 인터뷰는 최근 '최순실'이라는 박 대통령의 '조종자'가 명확해지면서 페이스북 등을 통해 많은 이들에게 회자됐다.

다시 만난 김태형 소장은 박 대통령에 대해 최태민-최순실 부녀에 의해 40년간 (정신적) "포로 상태"였다고 말했다. 박 대통령의 심리적 특징은 '두려움'과 '의존성'이었고, 최 씨 부녀에게 장기간 조종 및 이용 당해오면서 정신적으론 더 망가졌다고 볼 수밖에 없다는 것.

"포로 박근혜, 풀어줘야 한다"

프레시안 2015년 4월 첫 인터뷰에서 '박근혜 대통령은 대통령 하기 싫은 사람이 대통령이 된 경우'로 '심리적으로 의존 상대가 필요하며 정서적으로 이미 패닉 상태'라고 주장했다. 그리고 1년 6개월이 지난 지금, 박 대통령의 심리분석이 너무 정확했다는 생각이 든다.

김태형 그때는 박근혜 대통령이 의존하고 있는 인물이 누군지 특정하지 못했다. 지금이라도 알게 돼 속 시원하다.(웃음) 당시 박 대통령은 사람을 믿지 못하기 때문에 '그마저도 극소수'일 것이라고 말했다. 정윤회-최순실-김기춘 세 사람 사이에서 감을 못 잡았는데, 비로소 확인됐다. 체증이 다 내려간 것 같다.

1년 6개월 전, 박 대통령은 이미 패닉 상태였다. 그리고 올해 4월 두 번째 인터뷰에서 '자기 세계에만 빠지는 자폐 성향을 보일 수 있다.'라고 했다. 두려움이 많고 불안감이 커 세상을 향해 방어막을 치고 살았기 때문이다.

사실 박 대통령은 정치적 위기 국면마다 해외 순방을 갔다. 알고 보면 누군가 내보낸 것 아닐까? 박 대통령 멘탈이 약해서 감당하지 못할 것 같으니까 일의 수습 차원에서 말이다. 뭐, 최순실 씨가 박 대통령에게 '가라'고 하면 가야지. 박 대통령이 최순실 씨 말은 잘 들었으니까.(웃음) 이제 박 대통령을 쉬게 해줘야 한다. 너무 오랫동안 최태민-최순실 부녀에게 이용당하고 조종당했다.

프레시안   박근혜 대통령이 지난 25일 긴급 기자회견에서 "순수한 마음으로 한 일"이라고 했다. 박 대통령은 "최순실 씨는 과거 제가 어려움을 겪을 때 도와준 인연으로 지난 대선 때 주로 연설이나 홍보 등의 분야에서 저의 선거운동이 국민에게 어떻게 전달됐는지에 대해 개인적인 의견이나 소감을 전달해주는 역할을 했다."라고 얘기하면 사람들이 다 이해해줄 것이라고 생각했던 것 같다.

김태형   그 연설문도 최순실 씨가 쓰지 않았을까? 박 대통령 심리가 지금 글을 직접 쓸 수 있는 상태가 아닐 것 같다.(웃음) 기자회견도 녹화로 1분 정도에 그치지 않았나. 생방송을 감당하지 못하는 상태라는 말이다.

설령, 박 대통령이 직접 썼다고 해도 주변에서 검토했을 것 아닌가. "그럼, 이건 안 됩니다. 큰일 납니다."라고 해야 하지 않을까? 자신들도 박근혜-최순실 두 사람의 관계가 "순수한 마음"이라고 생각했던 것이다.(웃음) 청와대 참모들이 최순실 씨 수준으로 떨어졌다.

말을 버벅거리고, 행사에 불참하고, 위기 때마다 해외에 나가는 등 이미 징후가 나타났다. 측근들은 박 대통령이 통치할 수 있는 상황이 아니라는 것, 심지어는 정상적인 사회생활도 어렵다는 것을 눈치채고 있었을 것이다. 그날 기자회견도 아마 굉장히 힘들게 소화했을 것이다.

심하게 말하면 포로로 잡힌 상태다. 지금 상황도 박 대통령 혼자 수습하지 못한다. 최순실 씨가 도와줘야 하는데, 현실적으로 불가능한 상태니 박 대통령은 조금 있으면 멘붕에 빠질 것이다. 박 대통령이 죄를 지었지만 달리 보면 치료받아야 할 사람이다. 광신도 집단에 포로로 잡힌 사람을 사회가 구출해 치료해주는 것과 비슷한 경우다. 지금 한 종교집단의 무당에게 잡혀 있으니, 빨리 구출해야 한다.

프레시안 멘붕에 빠진 박 대통령, 지금 어떤 상태일까? 무기력한 가운데, 극단으로 치달을 수 있을 것도 같다.

김태형 박 대통령이 정신적으로 감당할 수 있는 임계점을 넘었다. 무기력과 폭주가 오락가락할 것이다. 불안감에 몸서리치다 대포도 쏘고 계엄령도 선포하고 싶을 것이다.
최소한의 양심과 동정심이 남아 있다면 '포로 박근혜'를 이제라도 풀어줘야 한다. 물론, 본인은 세뇌를 당해서 아니라고 할 수 있다. 하지만 요양을 거쳐 시간이 지나면 서서히 안정을 되찾을 것이다. 치료된다는 게 아니라, 개인의 극단적인 선택은 막을 수 있다는 말이다. 이것이 인간 '박근혜'를 위하는 길이고, 국민을 위한 길이다.

프레시안 박 대통령과 최태민-최순실 부녀와의 관계는 상식적으로 이해하기 어렵다. 그래서 일각에서 종교적인 관계를 의심하는 것 아닌가. 국민의당 박지원 비상대책위원장도 "박근혜 대통령께서 최태민-최순실의 사교에 씌어 이런 일을 했다고밖에 볼 수 없다."

라고 주장했다.

김태형   박 대통령의 기본 심리는 두려움이다. 종교적인 걸 떠나서 누군가에게 의존하게 되어 있다. 어머니인 육영수 여사는 대통령이 참석한 행사장 경호를 뚫고 들어온 공작원(문세광)의 총에 죽었다. 그리고 아버지 박정희 전 대통령도 최측근이자 실세 중 한 명이었던 사람(김재규)의 총에 죽었다.

이 상황에서 인간 '박근혜'는 누굴 믿어야 할까? 두 번의 사건만으로도 박 대통령이 세상을 두려워할 이유는 충분하다. 자신을 보호해주며 정신적 안정을 주는 사람이 있다면 의탁할 수밖에 없다. 그게 최태민 목사였다. 최 목사는 특히 종교(영세교)를 도구로 효과를 극대화했다. 최순실 씨 또한 그런 최 목사의 후계자로 알려져 있다. 최 씨 일가와 박 대통령의 관계가 교주와 교인이라면, 더욱 강력할 것이다.

일반 사람들이 이해하지 못하는 것은 '어떻게 저렇게 망가질 수 있나?' 하는 측면인데, 최 씨 일가와 박 대통령의 관계를 기간으로 따지면 짧지 않다. 1974년 육영수 여사가 서거한 뒤, 최 목사가 자신의 꿈에 육 여사가 나왔다며 "나(육영수)는 아시아의 지도자가 될 너(박근혜)를 위해 자리를 비켜준 것이다. 더는 슬퍼하지 마라."라고 편지를 보내면서 시작된 것 아닌가. 40년이 넘은 관계다. 누군가에게 40년 동안 이용당하고 조종당하면, 사실상 본성이 망가진다.

'윤 일병 사건'을 심리학적으로 조사했는데, 건강한 청년들도 군대에서 1~2년간 학대를 당하면 망가진다. 윤 일병을 구타해 죽게 한 상병 두 명도 처음에 군대에 왔을 때와 달리 정신적으로 망가진 상태였다. 단적으로, 5년 동안 상사에게 매일 편잔을 들으며 회사 생활을 했다고 하면? 또 매 맞는 아내의 경우는 어떤가. 10년 동안 남편에게 맞고 살았다면? 피해자 대부분이 '남편이 훌륭한 분이라서 절 때린 거예요.'라고 한다.

프레시안 박 대통령의 의사소통 방식을 놓고 '눈에서 레이저를 쏜다'는 우스갯소리가 있을 정도다. 또 '문고리 3인방도 박 대통령에게 가까이 다가서지 못한다'고 한다.

김태형 박 대통령이 최측근도 멀리한 채 지키고자 한 게 무엇인가. 자신이 유일하게 믿는 '최순실'이었다. 박 대통령 뒤에 최순실 씨가 있다는 것을 몰랐기 때문에, 박 대통령의 언행만 봤다. "나쁜 사람"이나 "이 사람들이 아직도 있어요?"와 같은 말, 그동안 박 대통령의 생각이라고 여겼던 것 아닌가. 그런데 알고 보니 박 대통령의 내면적 동기는 '순실이(순siri) 말 잘 듣기'였다. '이 세상에서 날 사랑하는 사람은 순실이밖에 없어. 순실이 없으면, 난 죽을 거야.'라는 심리다. '지구가 망해도 순실이만은 살려야 한다'는 마음이다.(웃음)

프레시안 정말, 대한민국 최고 통수권자가 어떻게 그럴 수 있나.

대통령 선택의 심리학

김태형 그래서 박 대통령 같은 사람은 대통령을 시키면 안 되는 경우다. 미국 영화를 보면, 지구가 위기에 처해도 가족을 지키는 게 우선 인 주인공이 나온다. 그와 비교해 박 대통령에게 뭐라고 할 수 있 나? 박 대통령에게는 순실이가 전부다. 그럼에도 책임은 있다. 영화 주인공들은 재난을 먼저 수습하고 가족을 지키기 위해 떠나 는데, 박 대통령은 순실이만을 구한다(지킨다)는 생각이니까.

이기적인 사람들은 보통 세상을 못 믿기 때문에, 위기 상황일수 록 가족부터 살리려 한다. 이런 사람을 대통령에 앉히면 되겠는 가. 인간 '박근혜'가 대한민국 18대 대통령이 아니었다면, 순실 이와의 관계를 누가 비난하겠는가. 수구 보수 세력은 왜 대통령 이 될 수 없는 수준 이하의 사람을 데려다가 민주공화국 수장에 앉혔을까.

"'새누리당 일파'가 저지른 범죄…박근혜, 임기 못 채운다"

프레시안 1년 6개월 전 인터뷰에서 "박근혜 정권은 수구 보수 세력의 공 동 정권일 수 있다."라며 "'실세가 누구냐?'에 따라 정권의 주인 이 달라질" 것이라고 했다. 당시 "극우 보수 세력은 '박근혜'라 는 정치 상품이 없었다면, 이명박 전 대통령 이후 재집권하기 어 려웠을 것"이라고도 말했다.

김태형 그렇다. 한국의 극우 보수 세력과 친미 사대 세력은 선거 때문 에 '박근혜'라는 카드가 필요했다. 이 사람들도 '박근혜를 선거판(정치판)에 끌어들이려면 누굴 만나야 하지?'라는 생각으로 주변 조사를 했을 것이다. 1990년대 초반까지는 최태민 목사(1912~1994)였을 것이고, 이후에는 최순실 씨 아니었겠나.

추측인데 김기춘 전 비서실장으로 대표되는 수구 보수 세력이 '같이 정권을 잡아보자. 공동 정권을 창출해보자.'라고 하며 삼성동에 칩거 중인 '박근혜'에게 접근했을 것이다. 1997년 이회창 한나라당 대선 후보를 만났고, 이듬해 4.2 재보궐선거에 당선돼 정치인의 길을 걷기 시작했다. 정치인 '박근혜'가 대통령이 되자, 최순실 씨의 위치도 달라졌을 것이다. 사실상 왕비가 된 것이나 다름없다. '박근혜' 곁에서 왕이 될 때까지 보좌한 셈이니 그 위세가 더욱 올라갔을 것이다.

정권 초기, 김기춘 비서실장과 최순실 씨 사이에 문제가 발생했을 때 박 대통령이 누구 편을 들었을까? 무조건 순실이 편을 들었을 것이다. 김기춘 전 비서실장이 2015년 2월 물러난 이유다. 박 대통령의 심리가 곁에 사람을 오래 두지 않는다. 믿지 못하기 때문에 계속 쳐내는 식이다. 최 씨 일가 사람만 주변에 남을 것이다.

프레시안 그럼, 문고리 3인방도 최 씨 일가라고 봐야 할까?

김태형 그렇다. 사실상 최 씨 일가라고 볼 수 있다. 최순실 씨와 정호성, 이재만, 안봉근 비서관은 '한통속'이라고 이해하면 된다.

프레시안   김기춘 전 비서실장과 문고리 3인방은 박 대통령의 심리 상태를
알고 있었을 것 같다. 최근에는 우병우 민정수석도 박 대통령이
최순실 씨에게 모든 것을 다 의존하고 있다는 사실을 알았을 것
이다. 대통령의 사적 관계에 있는 사람에게 국정이 좌지우지됐
는데, 여기에 동조한 사람들의 심리는 뭘까?

김태형   수구 보수 세력과 친미 사대 세력의 장기 집권이 낳은 폐해다.
간단하게 '새누리당 일파'라고 칭해보자. 이들은 김대중-노무현
민주 정부 10년을 기점으로 퇴장했어야 한다. 그런데 사기를 쳐
서 정권을 잡은 사람이 이명박 전 대통령이었다. 이후 정신이 불
안정한 사람을 대통령으로, 꼭두각시로 세우면서 억지 집권 연
장에 따른 폐단이다.

현 집권세력인 '새누리당 일파'는 조선시대 '한명회 일파'와 같
은 찌꺼기들이다. 70년 동안 집권했기 때문에 이제는 찌꺼기
들밖에 남지 않았다. 악당도 질과 급이 있는데, 역사의 무대에
서 퇴장할 때가 되니까 고급 악당들은 사라지고 찌꺼기만 남았
다. 이정현 새누리당 대표만 봐도 알 수 있다. "나도 연설문 쓸
때 친구 얘기 듣고 쓴다."라고 말하는 사람이니, 얼마나 수준 있
나.(웃음)

'이명박근혜' 정권에서 경제를 총괄한 최경환 전 부총리만 봐도
새누리당 일파가 경제를 안다는 것은 거짓말이다. 세월호 참사
와 메르스 사태와 같은 국가적 재난에는 또 어떻게 대처했나. 심
지어 도덕성도 없다. 그렇다고 민족성과 자주성이 있나? 아니

다. 할 줄 아는 것은 오로지 종북몰이와 사욕을 채우는 일이다.

프레시안 새누리당 일파는 최 씨 일가가 조종하는 '박근혜'를 통제할 수 있다고 생각하지 않았을까?

김태형 욕망이 크면 판단력이 흐려진다. 또 욕망이 강력하면 사고가 왜곡된다. 이들은 권력에 빌붙어서 한몫 잡겠다는 욕망, 자기들이 정권을 연장하겠다는 욕망으로 박근혜-최순실을 통제할 수 있다고 믿었을 것이다.

하지만 통제하고 절제해 욕망을 없애는 것보다 '건전한 욕망을 가지고 있는가'가 더 중요하다. 건전한 욕망을 가진 사람들이 권력의 최고 자리에 올라야 한다. 정치인이면, 욕망이 기본적으로 공익을 우선해야 하는 것 아닌가. 그런데 사익을 우선하는 사람들이 차지했다. 본인들이 알았어도 인정하기 싫었을 것이고, 또 다른 방식으로 합리화했을 것이다.

인간의 욕망이 건전하지 못하고 마음이 병들면, 현실을 있는 그대로 보지 못한다. 대표적인 게 망상이다. 망상은 욕망에서 시작된다. '내가 별 볼 일 없는 사람인 것 같다.'라고 생각하면 과대망상이 나오는 것이고, '사람들이 날 너무 괴롭혀.'라고 생각하면 피해망상이 생긴다. 이렇게 된 것이다. 박근혜-최순실의 순수한 마음에 현실 왜곡이 들어간 이유다.(웃음)

프레시안 새누리당 유승민 의원이 "어떻게 강남 사는 웬 아주머니가 대통령 연설을 뜯어고치는 일이 일어날 수 있느냐."라고 했다. 국민이 느끼는 멘붕도 바로 이런 것이다. '강남 아주머니에게 국정을 농락당했다'는 데서 오는 자괴감.

김태형　최순실 씨는 '강남 아주머니'에 불과했지만, 그래도 청와대를 자기 집처럼 드나들었다. 그리고 영애 박근혜를 조종하는 아버지를 보고 자랐다. 어렸을 때부터 로열 패밀리 수준의 심리를 가졌을 것이다. 흔히 하는 말로 간이 부어서 배 밖으로 나온 격이다. 최순실 씨가 '동네 아줌마만도 못하다'라는 얘기가 나오는 이유는 민주주의가 뭔지도 모른 채, 최소한의 절차도 외교적 상식도 없이 국정에 관여했다는 것이다. 그런 아주머니가 국정을 쥐락펴락하다 보니, 박근혜 정부는 굉장히 비상식적인 행동을 많이 했다. 박 대통령은 최순실 씨의 관여를 심리적으로 제동할 힘이 없었을 것이다. 순실이 말을 잘 들어야 하니까.

문제는 박 대통령이 그런 사람이었다는 것을 새누리당 일파는 알고 있었다는 점이다. 알면서도 대통령으로 옹립했다. 나라가 망하든 말든, 국민이 어떤 일을 당하든 말든 정권만 연장하면 된다고 생각한 것이다. 이들이 박 대통령보다 더 나쁜 사람들이다.

새누리당 일파가 추종하지 않았으면, 영애 박근혜는 대통령을 하지 않았을 사람이다. 사회적, 심리적으로 자립할 능력도 없지 않나. 자신의 야심을 위해서 국민을 기만하고, 꼭두각시로 내세운 사람의 단물을 빨아먹은 이들이야말로 국정농단 사태에 책임을 져야 한다.

프레시안 박근혜 정권 초기 대통령 자문그룹이라고 불렸던 '7인회'가 대표적이고. 정윤회 씨가 부각되면서 박 대통령의 동생인 박지만 EG회장과 이재만 청와대 총무비서관을 포함한 '만만회'가 알려졌다. 이어 '십상시'까지.

김태형 그렇다. 그런 식으로 드러난 것이다. 지금은 최순실 씨를 정점으로 하는 '8선녀' 얘기가 나오는 것이고.

프레시안 새누리당 내에서도 분화가 일어나고 있다. 선상 반란 또는 배신의 바람이 불고 있다는데, 유승민 의원과 김무성 의원 등은 결이 좀 다르다고 봐도 될까?

김태형 같은 새누리당 일파다. 배가 난파할 것 같으니까 빨리 탈출하려고 쥐떼들이 아우성하는 꼴이다. 양심이 있는 사람들이었다면, 새누리당에 몸담고 있었겠는가. 물론, 야당에 속해 있다고 다 훌륭한 건 아니다.
'조중동'이 모두 최순실 게이트를 다루고 있다. 단독과 특종이 연일 쏟아지고 있다. 이는 차기 선거에서 표가 떨어진다는 말이다. 박 대통령 지지율이 계속 하락하고 있다. 누가 봐도 지금은 탈출해야 하는 때다. 추가 폭로와 양심선언 등 정권 말기 붕괴 현상이 가속화될 것이다. 굉장히 빠른 속도로 레임덕이 올 것이다.

프레시안 그런데 아직 박 대통령의 임기가 1년 이상 남았다. 걱정된다.

김태형 　지난 4월 인터뷰에서 박근혜의 정치력도 국민적 지지도 허구라고 했다. 그래서 한번 붕괴하기 시작하면, 굉장히 빨리 무너질 것이며 집권세력과 지지층이 박근혜를 버리는 정도는 과거 박정희·전두환 등 여권의 지도자를 배신한 것에 비하면 아무것도 아닐 것이라고 했다. 박 대통령에 대한 지지는 정치 영역에서는 새누리당 일파의 대통령 옹립 과정, 그리고 민심에서는 영애 박근혜에 대한 심리적 유착 관계를 바탕으로 한 것이기 때문에 독자적인 지도력이 없다. 따라서 "권력 누수가 박 대통령의 무리수와 충돌하면, 내부에서 직접 '박근혜 제거'를 생각할 수도 있다."라고 예견했다.

결국 맞았다. 박근혜 정권이 임기를 못 채울 것이라고 한 우려가 맞았다. 지금은 버텨봤자 의미도 없다. 중간에 내려오든지, 쫓겨나든지 사달이 날 것이다. 이미 게임은 끝났다.

프레시안 　20대는 최순실 씨의 딸 정유라 때문에 분노하고 있고, 4050세대 아줌마들은 최순실 씨와 자신을 비교하며 목소리가 높아졌다. 또 대한민국 남녀 모두 박근혜 정권이 사실상 '최순실 정권'이었다는 데 화가 치밀어 오르고 있다.

김태형 　말한 대로 심리적 저지선이 붕괴됐다. 이번 사태는 정치적 정통성이 완전히 부정된 사건이다. 적어도 심리적으로는 박 대통령은 통치가 불가능하다. 끝난 상황이다. 박근혜 정권이 너무나 극적으로, 그것도 아주 충격적으로 끝났다.

프레시안 그럼에도 불구하고, 야당은 눈치 보기에 급급할 것 같다.

김태형 민중의 분노가 임계점을 넘었기 때문에 11월 12일 민중총궐기와
같은 민심이 폭발적으로 일어나 야당을 견인해야 한다. 야당도
독자적으로 움직이는 게 아니고, 국민의 힘을 등에 업고 정국을
수습해야 한다.
단기적으로는 '최순실 국정 농단 의혹'을 밝혀내는 게 중요하지
만, 장기적으로는 정신이 박약한 사람을 이용한 세력들(수구 보
수 세력, 친미 사대 세력, 7인회, 만만회, 문고리 3인방, 8선녀 등 새누
리당 일파)도 처벌해야 한다. 이건 범죄다. 특히 알고 한 짓이기
때문에 '확신범'이다. 그렇게 청소하고 다시 시작한다면, 한국
사회도 좀 나아지지 않을까?

_____ 1장. 문재인

1   문재인, 『문재인의 운명』, 2011, 가교출판, 201쪽.

2   문재인, 『문재인의 운명』, 2011, 가교출판, 223쪽.

3   문재인, 『문재인의 운명』, 2011, 가교출판, 282쪽.

4   문재인, 『문재인의 운명』, 2011, 가교출판, 330-332쪽.

5   문재인, 『문재인의 운명』, 2011, 가교출판, 338쪽.

6   문재인, 『문재인의 운명』, 2011, 가교출판, 384쪽.

7   문재인, 『문재인의 운명』, 2011, 가교출판, 445쪽.

8   문재인, 『사람이 먼저다』, 2012, 퍼플카우, 27쪽.

9   문재인, 『사람이 먼저다』, 2012, 퍼플카우, 21쪽.

10   문재인, 『1219 끝이 시작이다』, 2013, 바다출판사, 111쪽.

11   김성곤, 『문재인, 행동하는 리더』, 2012, 무한, 44쪽.

12   문재인, 『1219 끝이 시작이다』, 2013, 바다출판사, 83-84쪽.

13   문재인, 『1219 끝이 시작이다』, 2013, 바다출판사, 87쪽.

14   문재인, 『1219 끝이 시작이다』, 2013, 바다출판사, 136-137쪽.

15   김성곤, 『문재인, 행동하는 리더』, 2012, 무한, 5쪽.

16   문재인, 『1219 끝이 시작이다』, 2013, 바다출판사, 142쪽.

17   문재인, 『1219 끝이 시작이다』, 2013, 바다출판사, 292쪽.

18   문재인, 『1219 끝이 시작이다』, 2013, 바다출판사, 50쪽

19   김성곤, 『문재인, 행동하는 리더』, 2012, 무한, 75쪽.

20   문재인, 『문재인의 운명』, 2011, 가교출판, 118쪽.

21   문재인, 『문재인의 운명』, 2011, 가교출판, 121쪽.

22   문재인, 『문재인의 운명』, 2011, 가교출판, 465쪽.

23   문재인, 『문재인의 운명』, 2011, 가교출판, 139쪽.

24   문재인, 『문재인의 운명』, 2011, 가교출판, 124쪽.

25   문재인, 『문재인의 운명』, 2011, 가교출판, 129쪽

26   문재인, 『문재인의 운명』, 2011, 가교출판, 140쪽

27   문재인, 『문재인의 운명』, 2011, 가교출판, 122쪽

28   문재인, 『문재인의 운명』, 2011, 가교출판, 167쪽

29   문재인, 『문재인의 운명』, 2011, 가교출판, 169쪽

30   문재인, 『문재인의 운명』, 2011, 가교출판, 128쪽

31   김성곤, 『문재인, 행동하는 리더』, 2012, 무한, 72쪽

32   문재인, 『문재인의 운명』, 2011, 가교출판, 183쪽

33   문재인, 『문재인의 운명』, 2011, 가교출판, 169쪽

34   문재인, 『문재인의 운명』, 2011, 가교출판, 174쪽

35   문재인, 『문재인의 운명』, 2011, 가교출판, 48쪽

36   문재인, 『문재인의 운명』, 2011, 가교출판, 76쪽

37   김성곤, 『문재인, 행동하는 리더』, 2012, 무한, 9쪽

38   문재인, 『1219 끝이 시작이다』, 2013, 바다출판사, 225쪽

39   문재인, 『문재인의 운명』, 2011, 가교출판, 192쪽

40   문재인, 『문재인의 운명』, 2011, 가교출판, 443쪽

41   문재인, 『문재인의 운명』, 2011, 가교출판, 9-10쪽

42   2016년 11월 8일, "문재인 '朴대통령에 연민의 정 들어'",《조선일보》.

43   2016년 11월 20일, "문재인 전 대표 '명예로운 퇴진' 발언에 '시끌'",《부산일보》.

44   2014년 3월 29일 트위터에 올린 글; 문재인, 『사람이 먼저다』, 2012, 퍼플카우,
      341쪽에서 재인용.

45   문재인, 『문재인의 운명』, 2011, 가교출판, 230쪽.

46   문재인, 『1219 끝이 시작이다』, 2013, 바다출판사, 30쪽.

47   문재인, 『1219 끝이 시작이다』, 2013, 바다출판사, 209-210쪽.

48   문재인, 『문재인의 운명』, 2011, 가교출판, 444쪽.

49   문재인, 『문재인의 운명』, 2011, 가교출판, 56쪽.

50   문재인, 『사람이 먼저다』, 2012, 퍼플카우, 16쪽.

51   문재인, 『1219 끝이 시작이다』, 2013, 바다출판사, 79쪽.

52   김성곤, 『문재인, 행동하는 리더』, 2012, 무한, 6쪽.

53   문재인, 『문재인의 운명』, 2011, 가교출판, 467쪽.

54   문재인, 『문재인의 운명』, 2011, 가교출판, 134쪽.

55   문재인, 『문재인의 운명』, 2011, 가교출판, 172쪽.

56   문재인, 『문재인의 운명』, 2011, 가교출판, 9쪽.

57   문재인, 『문재인의 운명』, 2011, 가교출판, 92쪽.

58   문재인, 『문재인의 운명』, 2011, 가교출판, 70쪽.

59   문재인, 『1219 끝이 시작이다』, 2013, 바다출판사, 37쪽.

60   문재인, 『1219 끝이 시작이다』, 2013, 바다출판사, 105쪽.

61   김성곤, 『문재인, 행동하는 리더』, 2012, 무한, 132-133쪽.

62   문재인, 『사람이 먼저다』, 2012, 퍼플카우, 338쪽.

63   문재인, 『사람이 먼저다』, 2012, 퍼플카우, 255쪽.

64   문재인, 『1219 끝이 시작이다』, 2013, 바다출판사, 184-185쪽.

65   문재인, 『1219 끝이 시작이다』, 2013, 바다출판사, 181쪽.

66   문재인, 『1219 끝이 시작이다』, 2013, 바다출판사, 22쪽.

67   문재인, 『사람이 먼저다』, 2012, 퍼플카우, 47쪽.

68   문재인, 『사람이 먼저다』, 2012, 퍼플카우, 20쪽.

69   문재인, 『사람이 먼저다』, 2012, 퍼플카우, 49쪽

70   문재인, 『1219 끝이 시작이다』, 2013, 바다출판사, 22쪽

71   문재인, 『사람이 먼저다』, 2012, 퍼플카우, 236-237쪽

72   김성곤, 『문재인, 행동하는 리더』, 2012, 무한, 81쪽

73   2015년 1월 2일, "야당 대표 & 되지 못해도 문재인 위기일발!", 《브레이크뉴스》.

74   2015년 11월 4일, "[인터뷰] 문재인 '내년 총선에 정치 운명 걸려 있다 생각'", JTBC 뉴스.

75   2015년 12월 14일, "'정치 안 할 수 있다' 배수진으로 사퇴론 맞섰던 문재인", 《한겨레》.

76   문재인, 『문재인의 운명』, 2011, 가교출판, 42쪽

77   문재인, 『문재인의 운명』, 2011, 가교출판, 190쪽

78   문재인, 『1219 끝이 시작이다』, 2013, 바다출판사, 131쪽

79   문재인, 『문재인의 운명』, 2011, 가교출판, 50쪽

80   문재인, 『문재인의 운명』, 2011, 가교출판, 447쪽

81   문재인, 『1219 끝이 시작이다』, 2013, 바다출판사, 17쪽

82   문재인, 『1219 끝이 시작이다』, 2013, 바다출판사, 158쪽

83   문재인, 『1219 끝이 시작이다』, 2013, 바다출판사, 341쪽

84   문재인, 『문재인의 운명』, 2011, 가교출판, 72쪽

85   문재인, 『문재인의 운명』, 2011, 가교출판, 441쪽

86   문재인, 『문재인의 운명』, 2011, 가교출판, 287쪽

87   김성곤, 『문재인, 행동하는 리더』, 2012, 무한, 6쪽

_____ 2장. 이재명

1   2017년 1월 23일, "이재명 대통령선거 출마기자회견문".

2   같은 글.

3   이재명, 『고난을 통해 희망을 만들다』, 2010, 청동거울, 4쪽

4   이재명, 『고난을 통해 희망을 만들다』, 2010, 청동거울, 4-5쪽

5   2016년 12월 16일, "이재명 해부③ 큰형은 광부, 동생들은 환경미화원", 《팩트올》.

6   2007년 9월 17일, "성격분석으로 본 이명박 vs 문국현", 《민중의소리》.

7   이 주제에 관심이 있는 독자는 『기업가의 탄생』(김태형, 2009, 위즈덤하우스)의 '정주영 편'을 참고하라.

8   2017년 1월 23일, "이재명 대통령선거 출마기자회견문".

9   이재명, 『오직 민주주의, 꼬리를 잡아 몸통을 흔들다』, 2014, 리북 9쪽

10 이재명, 『오직 민주주의, 꼬리를 잡아 몸통을 흔들다』, 2014, 리북, 34쪽

11 이재명, 『오직 민주주의, 꼬리를 잡아 몸통을 흔들다』, 2014, 리북, 33쪽

12 이재명, 『오직 민주주의, 꼬리를 잡아 몸통을 흔들다』, 2014, 리북, 34-35쪽

13 이재명, 『오직 민주주의, 꼬리를 잡아 몸통을 흔들다』, 2014, 리북, 34쪽

14 이재명, 『오직 민주주의, 꼬리를 잡아 몸통을 흔들다』, 2014, 리북, 32쪽

15 이재명, 『이재명, 대한민국 혁명하라』, 2017, 메디치미디어, 71쪽

16 이재명, 『고난을 통해 희망을 만들다』, 2010, 청동거울, 5쪽

17 이재명, 『오직 민주주의, 꼬리를 잡아 몸통을 흔들다』, 2014, 리북, 65쪽

18 이재명, 『이재명, 대한민국 혁명하라』, 2017, 메디치미디어, 180쪽

19 이재명, 『고난을 통해 희망을 만들다』, 2010, 청동거울, 5쪽

20 이재명, 『오직 민주주의, 꼬리를 잡아 몸통을 흔들다』, 2014, 리북, 8쪽

21 이재명, 『오직 민주주의, 꼬리를 잡아 몸통을 흔들다』, 2014, 리북, 11쪽

22 이재명, 『오직 민주주의, 꼬리를 잡아 몸통을 흔들다』, 2014, 리북, 141쪽

23 이재명, 『오직 민주주의, 꼬리를 잡아 몸통을 흔들다』, 2014, 리북, 52쪽

24 이재명, 『오직 민주주의, 꼬리를 잡아 몸통을 흔들다』, 2014, 리북, 42쪽

25 이재명, 『오직 민주주의, 꼬리를 잡아 몸통을 흔들다』, 2014, 리북, 44쪽

26 이재명, 『오직 민주주의, 꼬리를 잡아 몸통을 흔들다』, 2014, 리북, 77쪽

27 이재명, 『오직 민주주의, 꼬리를 잡아 몸통을 흔들다』, 2014, 리북, 64쪽

28 이재명, 『이재명, 대한민국 혁명하라』, 2017, 메디치미디어, 12쪽

29 이재명, 『오직 민주주의, 꼬리를 잡아 몸통을 흔들다』, 2014, 리북, 53쪽

30 이재명, 『오직 민주주의, 꼬리를 잡아 몸통을 흔들다』, 2014, 리북, 89쪽

31 이재명, 『오직 민주주의, 꼬리를 잡아 몸통을 흔들다』, 2014, 리북, 67쪽

32 "호암 이병철 탄생 100주년: 74세에 던진 승부수 '반도체 왕국' 초석 되다",《포브스》2010년 1월호.

33 정주영,『이 땅에 태어나서』, 1998, 솔, 346쪽

34 이재명,『오직 민주주의, 꼬리를 잡아 몸통을 흔들다』, 2014, 리북, 123쪽

35 이재명,『오직 민주주의, 꼬리를 잡아 몸통을 흔들다』, 2014, 리북, 56쪽

36 이재명,『오직 민주주의, 꼬리를 잡아 몸통을 흔들다』, 2014, 리북, 27쪽

37 이재명,『오직 민주주의, 꼬리를 잡아 몸통을 흔들다』, 2014, 리북, 166쪽

38 이재명,『오직 민주주의, 꼬리를 잡아 몸통을 흔들다』, 2014, 리북, 140쪽

39 이재명,『오직 민주주의, 꼬리를 잡아 몸통을 흔들다』, 2014, 리북, 141쪽

40 이재명,『고난을 통해 희망을 만들다』, 2010, 청동거울, 4쪽

41 2017년 1월 3일, "이재명 해부⑥ 아버지는 청소부, 어머니는 화장실 수금원… 모진 '성남살이'의 시작",《팩트올》.

42 이재명,『고난을 통해 희망을 만들다』, 2010, 청동거울, 4쪽

43 2017년 2월 15일, "〔국민면접〕 이재명 '자살시도 2번…아버지와 화해하고 싶다'", SBS 뉴스.

44 같은 기사.

45 이재명,『고난을 통해 희망을 만들다』, 2010, 청동거울, 5-6쪽

46 이재명,『고난을 통해 희망을 만들다』, 2010, 청동거울, 7쪽

47 이재명,『고난을 통해 희망을 만들다』, 2010, 청동거울, 7쪽

48 이재명,『오직 민주주의, 꼬리를 잡아 몸통을 흔들다』, 2014, 리북, 104쪽

49 이재명,『오직 민주주의, 꼬리를 잡아 몸통을 흔들다』, 2014, 리북, 66쪽

50 이재명,『오직 민주주의, 꼬리를 잡아 몸통을 흔들다』, 2014, 리북, 102쪽

51 이재명,『오직 민주주의, 꼬리를 잡아 몸통을 흔들다』, 2014, 리북, 103-104쪽

52 이재명,『이재명, 대한민국 혁명하라』, 2017, 메디치미디어, 137쪽

53 이재명,『오직 민주주의, 꼬리를 잡아 몸통을 흔들다』, 2014, 리북, 168쪽

54 이재명,『이재명, 대한민국 혁명하라』, 2017, 메디치미디어, 14쪽

55 이재명,『오직 민주주의, 꼬리를 잡아 몸통을 흔들다』, 2014, 리북, 58쪽

56 이재명,『오직 민주주의, 꼬리를 잡아 몸통을 흔들다』, 2014, 리북, 49쪽

57 이재명,『오직 민주주의, 꼬리를 잡아 몸통을 흔들다』, 2014, 리북, 169쪽

_____ 3장. 안철수

1 윤문원,『안철수를 알고 싶다』, 2012, 씽크파워, 138쪽

2 안철수 · 제정임(엮음),『안철수의 생각』, 2012, 김영사, 53쪽

3   윤문원, 『안철수를 알고 싶다』, 2012, 씽크파워, 31쪽

4   윤문원, 『안철수를 알고 싶다』, 2012, 씽크파워, 121쪽

5   안철수 · 제정임(엮음), 『안철수의 생각』, 2012, 김영사, 260쪽

6   안철수 · 제정임(엮음), 『안철수의 생각』, 2012, 김영사, 18쪽

7   안철수 · 제정임(엮음), 『안철수의 생각』, 2012, 김영사, 28쪽

8   안철수 · 제정임(엮음), 『안철수의 생각』, 2012, 김영사, 29쪽

9   안철수 · 제정임(엮음), 『안철수의 생각』, 2012, 김영사, 257쪽

10   윤문원, 『안철수를 알고 싶다』, 2012, 씽크파워, 140쪽

11   윤문원, 『안철수를 알고 싶다』, 2012, 씽크파워, 59/60쪽

12   안철수 · 제정임(엮음), 『안철수의 생각』, 2012, 김영사, 57쪽

13   안철수, 『별난 컴퓨터의사 안철수』; 김경환, 『안철수의 두 얼굴』, 2012, 책비, 86
쪽에서 재인용

14   안철수, 『별난 컴퓨터의사 안철수』; 김경환, 『안철수의 두 얼굴』, 2012, 책비, 86
쪽에서 재인용

15   윤문원, 『안철수를 알고 싶다』, 2012, 씽크파워, 46쪽

16   안철수, 『별난 컴퓨터의사 안철수』. 김경환, 『안철수의 두 얼굴』, 2012, 책비, 45
쪽에서 재인용

17   윤문원, 『안철수를 알고 싶다』, 2012, 씽크파워, 37쪽

18   안철수, 『별난 컴퓨터의사 안철수』; 김경환, 『안철수의 두 얼굴』, 2012, 책비, 115
쪽에서 재인용

19   김경환, 『안철수의 두 얼굴』, 2012, 책비, 117쪽

20   윤문원, 『안철수를 알고 싶다』, 2012, 씽크파워, 67쪽

21   윤문원, 『안철수를 알고 싶다』, 2012, 씽크파워, 51쪽

22   안철수 · 제정임(엮음), 『안철수의 생각』, 2012, 김영사, 29쪽

23   안철수 · 제정임(엮음), 『안철수의 생각』, 2012, 김영사, 52쪽

24   안철수 · 제정임(엮음), 『안철수의 생각』, 2012, 김영사, 11쪽

25   안철수 · 제정임(엮음), 『안철수의 생각』, 2012, 김영사, 121쪽

26   안철수 · 제정임(엮음), 『안철수의 생각』, 2012, 김영사, 90쪽

27   안철수 · 제정임(엮음), 『안철수의 생각』, 2012, 김영사, 91쪽

28   안철수 · 제정임(엮음), 『안철수의 생각』, 2012, 김영사, 91쪽

29   안철수 · 제정임(엮음), 『안철수의 생각』, 2012, 김영사, 57쪽

30   윤문원, 『안철수를 알고 싶다』, 2012, 씽크파워, 64-65쪽

31   김상훈, 『컴퓨터 의사 안철수, 네 꿈에 미쳐라』, 106-107쪽: 김경환, 『안철수의
두 얼굴』, 2012, 책비, 108-109쪽에서 재인용.

32 김상훈, 『컴퓨터 의사 안철수, 네 꿈에 미쳐라』, 106-107쪽; 김경환, 『안철수의 두 얼굴』, 2012, 책비, 108~109쪽에서 재인용

33 안철수 · 제정임(엮음), 『안철수의 생각』, 2012, 김영사, 73쪽

34 2009년 9월 10일, "〔인터뷰 In&Out〕 안철수 교수의 아내 김미경 카이스트 교수", 《국민일보》.

35 윤문원, 『안철수를 알고 싶다』, 2012, 씽크파워, 42쪽

36 윤문원, 『안철수를 알고 싶다』, 2012, 씽크파워, 78쪽

37 안철수 · 제정임(엮음), 『안철수의 생각』, 2012, 김영사, 51쪽

38 2012년 7월 17일, "안철수 머릿속이 궁금하다", 《시사IN》.

39 김경환, 『안철수의 두 얼굴』, 2012, 책비, 168쪽에서 재인용

40 김경환, 『안철수의 두 얼굴』, 2012, 책비, 121쪽

41 안철수, 『별난 컴퓨터의사 안철수』; 김경환, 『안철수의 두 얼굴』, 2012, 책비, 85쪽에서 재인용

_____ 4장. 유승민

1 2017년 2월 5일, 창업활성화에 중점을 둔 '혁신성장 1호 공약'을 발표하면서 한 말 중에서.

2 2017년 2월 8일, "〔주영진의 뉴스브리핑〕 유승민 대통령을 말하다", SBS뉴스.

3 2017년 2월 16일, "〔허핑턴인터뷰〕 유승민에게는 '제대로 된 보수'를 하겠다는 꿈이 있다", 《허핑턴포스트코리아》.

4 2016년 1월 3일, "〔와이드 인터뷰〕 유승민 전 새누리당 원내대표", 《중앙일보》.

5 2017년 2월 16일, "〔허핑턴인터뷰〕 유승민에게는 '제대로 된 보수'를 하겠다는 꿈이 있다", 《허핑턴포스트코리아》.

6 2015년 7월 10일, "'대통령에 맞선 자', 지인들이 말하는 유승민의 과거", 《한겨레》.

7 2015년 7월 10일, "'대통령에 맞선 자', 지인들이 말하는 유승민의 과거", 《한겨레》.

8 2015년 2월 7일, "〔여의도 인사이드〕'더 중도로 가야'… 무엇이 유승민을 변하게 했나", 《동아일보》.

9 1993년 4월 30일, "'게임의 룰' 확립 투철한 의지", 《매일경제》.

10 1998년 11월 22일, "클린턴, 시민대표와 '원탁간담회'", 《동아일보》.

11 2015년 7월 10일, "'대통령에 맞선 자', 지인들이 말하는 유승민의 과거", 《한겨레》.

12 2015년 12월 17일, "〔와이드 인터뷰〕유승민 전 새누리당 원내대표", 《월간중앙》 201601호.

13 2015년 6월 30일, "박근혜는 왜 유승민을 죽여야만 하나?", 아이엠피터, http://lmpeter.tistory.com/2827

14 2016년 1월 3일, 중앙일보

15 2015년 7월 10일, "'대통령에 맞선 자', 지인들이 말하는 유승민의 과거", 《한겨레》.

16 '위키나무' 유승민 항목.

17 2017년 3월 7일, 주간경향

18 2016년 10월 10일, "연속기획_20대를 부탁해⑥ 보수 혁명—유승민(새누리당)", 《한겨레21》제1132호.

19 2016년 3월 31일, "〔인물 분석〕유승민은 지금 무슨 생각을 하고 있을까 (下)", 《뉴데일리》.

20 2007년 7월 3일, "〔1000자 인물비평〕유승민 한나라당 의원", 《뉴스메이커》제731호.

21 2011년 7월 9일, "'많이 닮았죠…' 유수호 前의원 · 유승민 최고 父子 정치인생", 《매일신문》.

22 2016년 3월 31일, "〔인물 분석〕유승민은 지금 무슨 생각을 하고 있을까 (下)", 《뉴데일리》.

_____ 5장. 19대 대선과 집단심리

1 2016년 7월 24일, "'의존할 가족 · 친구 있다?'…한국, OECD 꼴찌", 《연합뉴스》.

2 안철수 · 제정임(엮음), 『안철수의 생각』, 2012, 김영사, 96쪽

3 신자유주의가 한국인의 심리에 미친 영향이 궁금한 분들은 졸저 『불안증폭사회』 (2010, 위즈덤하우스), 『트라우마 한국사회』(2013, 서해문집)를 참고하라.

4 문재인, 『1219 끝이 시작이다』, 2013, 바다출판사, 30쪽

5 문재인, 『사람이 먼저다』, 2012, 퍼플카우, 326쪽에서 재인용.

6 문재인, 『1219 끝이 시작이다』, 2013, 바다출판사, 285쪽

7 에리히 프롬 저, 이종훈 역, 1966, 『너희도 신처럼 되리라』, 휴, 2013, 19쪽.

8 문재인, 『1219 끝이 시작이다』, 2013, 바다출판사, 238쪽.

9 이 주제에 관해서는 「촛불항쟁과 진정한 민주주의」(국민정책연구원 계간지 《온(ON)》 창간호)를 참고하라. http://cafe.naver.com/psykimcafe/1376

10 이 주제에 관해서는 「분단체제와 망국」(계간 《민족》 2016 창간호)를 참고하라.

http://cafe.naver.com/psykimcafe/1362

11   이재명, 『이재명, 대한민국 혁명하라』, 2017, 메디치미디어, 173쪽.

12   세대 심리에 대해서는 『트라우마 한국사회』를 참고하라.

13   2017년 1월 11일, 김동춘, "진짜 적군 '김기춘 일파'를 청산할 절호의 기회"《프레시안》.

_____ **부록. 박근혜 심리분석**

1   2015년 4월 29일, 〔단박 인터뷰〕 김태형 '심리연구소 함께' 소장① "박근혜는 연산군…대통령 하기 싫다",《프레시안》, http://www.pressian.com/news/article.html?no=126011
      2015년 5월 1일, 〔단박 인터뷰〕 김태형 '심리연구소 함께' 소장② "MB는 교활한 양아치…문재인은 또 진다",《프레시안》, http://www.pressian.com/news/article.html?no=126077

2   2016년 4월 27일, 〔인터뷰〕 김태형 '심리연구소 함께' 소장① "박근혜, 박정희·전두환보다 더 배신당할 것",《프레시안》, http://www.pressian.com/news/article.html?no=135899

3   2016년 10월 27일, 〔인터뷰〕 김태형 '심리연구소 함께' 소장, "정신 파괴된 박근혜, 폭주가 두렵다",《프레시안》, http://www.pressian.com/news/article.html?no=143274

싸우는 심리학자 김태형의
대통령 선택의 심리학
ⓒ 김태형

2017년 3월 22일 초판 1쇄 발행

지은이 김태형
펴낸이 류지호
편집 정희용, 김경림, 양정희
디자인 [★]규, 정연남
제작 김명환 · **전략기획** 유권준, 김대현, 박종욱, 양민호 · **관리** 윤애경
표지사진 최배문 · **본문사진** ⓒ뉴시스

펴낸 곳 원더박스 110-140 서울시 종로구 우정국로 45-13, 3층
대표전화 02) 420-3200 · **편집부** 02) 420-3300 · **팩시밀리** 02) 420-3400
출판등록 제300-2012-129호(2012. 6. 27.)

ISBN 978-89-98602-44-4 03300

좋은 질문, 풍부한 지식, 새로운 통찰
읽을수록 선명해지는 세상을 만나세요

언어라는 도구를 사용해 파헤친
문제적 정치인의 내면과 한국 정치 흑역사

박근혜의 말

최종희 지음 | 286쪽 | 15,000원

트럼프에 절망한 미국인들의 희망
버니 샌더스 공식 정치 자서전

버니 샌더스의 정치 혁명

버니 샌더스 지음 | 416쪽 | 18,000원

미국 금리 인상, 중국 경제 보복…
지금은 경제 공부가 필요한 시간

유쾌한 이코노미스트의 스마트한 경제 공부

홍춘욱 지음 | 336쪽 | 16,000원

대통령 후보
이력이나 정책만큼
심리 상태가 중요하다는 것을,
원치 않았지만 우리는 알아버렸다

"박근혜는 연산군과 같은 심리, 대통령 하기 싫은 대통령"

"박근혜를 다룰 줄 아는 극소수에 심리적으로 굉장히 의존"

2015년 4월 진행한 한 언론과의 인터뷰에서 내가 내놓은 분석이다. 1년여가 지나고 2016년 최순실 국정농단 사건이 터지자 이 분석이 옳았음이 증명됐고 한동안 빗발치는 인터뷰 요청에 시달렸다. 만일 박근혜 대통령 당선 전에 그에 대한 심리분석서를 출간했다면 어땠을까? 대선 결과에 영향을 미치지는 못했다 하더라도, 그를 대하는 사람들의 태도는 조금이라도 바꿀 수 있었을지 모른다. 2017년 대선에 출사표를 던진 후보들의 심리분석을 진행하기로 결심한 것은 이 때문이다.

_ '들어가는 글' 중에서

값 15,000원

03300

9 788998 602444

ISBN 978-89-98602-44-4